tlandinseln
l der Kirke
o r d-
e e
Korsika
Sardinien
t e l- l ä n d i s c h e s M e e r
Sizilien
Ithaka
Malta
Stadt der Kikonen
Alexandrupolis
①
Troja
Kreta
② Land der Lotophagen
(Kleine Syrte)

Hans Steuerwald

Weit war sein Weg nach Ithaka

Neue Forschungsergebnisse beweisen:
Odysseus kam bis Schottland

Mit 13 vierfarbigen,
5 einfarbigen Abbildungen
und 3 Karten

Hoffmann und Campe

Abbildungsnachweis: Bildarchiv Hans Huber, Garmisch-Partenkirchen: Abb. 11; Bildarchiv Preußischer Kulturbesitz, Berlin: Abb. 3, 5, 6, 10, 13; Klaus D. Francke, Hamburg: Abb. 1; Gerhard Kerff, Hamburg: Abb. 17, 18; Raudia Werner Rau, Stuttgart: Abb. 16; Václav Reischl, Stuttgart: Abb. 2, 4, 7, 9; Susanne Schapowalow, Hamburg: Abb. 8 u. Umschlagfoto (Tom Nebbia); Dr. Hans Steuerwald, Berlin: Abb. 14, 15; ZEFA, Düsseldorf: Abb. 12 (Arthur Thill).
Vorsatzkarte und Karte Seite 121: final art center, Hamburg
Karte Seite 191: Lothar Walter, Hamburg

CIP-Kurztitelaufnahme der Deutschen Bibliothek

Steuerwald, Hans
Weit war sein Weg nach Ithaka: neue Forschungsergebnisse beweisen; Odysseus kam bis Schottland. – 1.–20. Tsd. – Hamburg: Hoffmann und Campe, 1978.
ISBN 3-455-08943-7

1. bis 20. Tausend 1978

Gesetzt aus der Korpus Garamond-Antiqua
Satz Otto Gutfreund & Sohn, Darmstadt
Druck- und Bindearbeiten Richterdruck, Würzburg
ISBN 3-455-08943-7 · Printed in Germany

Inhalt

Die wörtlichen Homer-Zitate sind der Prosa-Übersetzung der Odyssee von W. Schadewaldt, Die Odyssee, Rowohlt Verlag, 74.–80. Tsd., 1967, entnommen. Es erschien angebracht, eine bestimmte deutsche Prosa-Übersetzung zugrunde zu legen, damit der Leser die Argumentation leichter nachvollziehen kann.

Vorwort

Sie haben richtig gelesen: Schottland! Odysseus ist auf seiner von Homer geschilderten abenteuerlichen und so phantastisch anmutenden Irrfahrt durch ferne Inselmeere bis hinauf in die nordschottischen Gewässer gekommen.

Sie werden sagen, es gibt so viele Theorien über die Lokalisation der homerischen Irrfahrt, warum nicht auch die schottische Inselwelt. Es gibt tatsächlich eine Unmenge von »Lösungen« dieses alten Problems, doch haben sie leider alle – und darin ist sich die Wissenschaft erstaunlich einig – den gleichen Fehler: sie sind falsch, das heißt ihnen fehlt die Entsprechung in der geographischen Wirklichkeit.

Das ist eigentlich unverständlich, denn der Dichter der *Odyssee* liefert in seiner Beschreibung der Irrfahrt eine solche Fülle von Angaben geographischer Art, nautischer und klimatischer Verhältnisse, Beobachtungen aus dem Tier- und Pflanzenreich, aus der Himmelskunde und dem Leben verschiedener Völker, daß mit Recht seit dem Altertum immer wieder versucht worden ist, die Orte und Landmarken dieser abenteuerreichen Reise in der Realität festzulegen.

Alle diese Versuche bis in die jüngste Zeit sind jedoch vor allem daran gescheitert, daß niemand die Worte Homers in der *Odyssee* so ernst nahm wie etwa Heinrich Schliemann die *Ilias* im Falle Trojas. Die Lösungsversuche mußten daher fast zwangsläufig fehlschlagen, zumal wenn – wie dies meist geschieht – die Angaben des Dichters nur bruchstückhaft für die Bestimmung eines Landeortes herangezogen werden. Es ergibt sich dann eine Fülle von Lokalisierungsmöglichkeiten, je nachdem welche Fakten man aufgreift, um eine bestimmte Deutung zu stützen. Man braucht schließlich nur noch die übrigen, mit der eigenen These unvereinbaren Angaben Homers zu ignorieren oder als »Phantasie«, »Seemannsgarn«, »dichterische Übertreibung« abzutun.

Dieses Spiel mit den verschiedenen Lokalisierungsmöglichkeiten ändert sich jedoch mit einem Schlag, wenn man *sämtliche* Angaben Homers zu den einzelnen Landungsorten berücksichtigt. Man kommt dann bald zu der Erkenntnis: es gibt auf der Landkarte nicht zwei geographische Punkte, auf die alle Einzelheiten einer bestimmten Ortsschilderung zutreffen. Wohl aber gibt es Plätze – wie Homer sie beschreibt – jeweils einmal in der Realität. Sie lassen sich anhand der vom Dichter gegebenen charakterisierenden Merkmale so exakt einkreisen, daß alle anderen Identifizierungsmöglichkeiten auszuschließen sind und damit eine sichere Lokalisierung möglich ist.

Allerdings muß sich dabei der Blick über die Welt des Mittelmeeres hinaus auf den Atlantischen Ozean richten. Denn die Angaben Homers führen – wenn wir sie ernst nehmen – zwangsläufig in die atlantischen Gewässer Nordeuropas bis hinauf nach Nordschottland. Keine vorgefaßte Meinung also lenkt unseren Blick auf die britischen Gewässer, sondern das Ergebnis einer sorgfältigen Prüfung aller bisher vorgeschlagenen und möglichen Lokalisationen. Es bleibt einfach keine andere Wahl, als die Inseln und Küsten dieses Seegebietes für die Bestimmung eines großen Teiles der Landeorte heranzuziehen. Dabei ist bemerkenswert, daß nichts, was die Vorgeschichtsforschung der letzten Jahrzehnte über Völkerbewegungen und kulturelle Strömungen im Westen und Norden Europas ermittelt hat, diesem erweiterten Blickfeld widerspricht.

Mit der Einbeziehung der britischen Inselwelt in den Kreis der Betrachtung heißt es allerdings Abschied nehmen von der alten, liebgewonnenen Vorstellung einer Irrfahrt ausschließlich oder überwiegend innerhalb der Grenzen des Mittelmeeres. Es heißt aber zugleich, sich einem Gebiet zuzuwenden, das lange vor Homer ein kulturell bedeutsames Siedlungsgebiet gewesen ist, jedoch nach der Zeitrechnung in einen Dornröschenschlaf versank, aus dem es erst viele Jahrhunderte später erwachte. Wenn wir hören, daß im Altertum vor und nach Odysseus viele kühne Seefahrer dieses Seegebiet aufgesucht haben, dann überrascht uns eine Lokalisation der Irrfahrt in den Gewässern um Großbritannien nicht mehr so sehr.

Daß dieses Buch Odysseus als wagemutigen Seefahrer im Atlantik vorstellt, der bis an das nordwestliche Ende der damals bekannten Welt vorstieß und dessen nautische Leistung kaum geringer war als die des Kolumbus, ist auch kein Seemannsgarn. Es paßt in das Bild der seefahrenden Völker der Frühgeschichte und der Antike, die nachweislich glänzende seemännische Taten vollbracht haben, denen wir noch heute mit Staunen und Hochachtung begegnen.

Man könnte die faszinierende Irrfahrterzählung der *Odyssee,* die im Kern eine wirklichkeitsnahe Reisebeschreibung enthält, fast ein künstlerisch gestaltetes Logbuch nennen. Das tut dem Epos keinen Abbruch und auch nicht seinem Dichter. Es bleibt im Bericht über den Seehelden Odysseus noch genug an Abenteuer, wilder Erregung und farbiger Fülle wie auch an dichterischem Glanz und kunstvoller Darstellung.

Berlin, im Sommer 1977 — Hans Steuerwald

I

Der historische Hintergrund der Odysseusfahrt

Kein Märchen – ein Entdeckerbericht

Es hat seinen Reiz, an einer Meeresküste zu stehen und mit Blick auf ein Vorgebirge sagen zu können: Hier war Odysseus. Der listige König von Ithaka, dessen Idee mit dem hölzernen Pferd den Griechen half, Troja zu Fall zu bringen, gehört zu den großen Figuren der Weltgeschichte wie der Weltliteratur und hat zu jeder Epoche die Phantasie der Menschen beschäftigt. Zehn Jahre voller Abenteuer auf ihm unbekannten Meeren, an Küsten, die bis dahin keines Griechen Fuß betreten hatte – verständlich, daß solch ein Stoff seit der Antike zahlreiche Bücher angeregt und Bibliotheken von Kommentaren hervorgebracht hat. Und verständlich auch, daß immer wieder versucht worden ist, die Fahrt dieses kühnen Mannes zu rekonstruieren, die einzelnen Landungsorte und Stationen ausfindig zu machen.

Warum wohl? Bei aller Abenteuerlichkeit, bei allem, was die Phantasie zum Schwingen bringt: es stecken in der Odyssee so viele exakt beschriebene Details, eine solche Fülle genauer Angaben, daß gerade dies als Anreiz wirkt, nach der möglichen Realität hinter den farbigen Szenen und Bildern zu forschen. So ist denn immer wieder versucht worden, die Odyssee auf der Landkarte nachzuvollziehen. Aber keiner der bislang unternommenen Rekonstruktionsversuche ist ohne Widersprüche, Halbheiten und willkürliche Interpretationen geblieben. Da hatten es jene leicht, die schon immer der Meinung waren, die Odyssee sei ein Märchen, die pfiffige Erfindung eines Mannes von Phantasie und buntem Wissen, der sich viel habe erzählen lassen; sei Fabelei eines geschickten Kompilators, der aus einem Sammelsurium von Nachrichten und Seemannsgarn – in den Kneipen ionischer Fahrensleute und Fischer aufgelesen – zuletzt das phantastische Schicksal eines fiktiven Königs und Seefahrers zusammenbraute.

Seit aber Heinrich Schliemann, seinen Homer in der Hand, im Jahre 1871 Troja entdeckte – wobei er nichts weiter tat, als die Schilderung der *Ilias* ganz wörtlich zu nehmen – und später die Burgen von Mykenä und Tiryns ausgrub, ist man mit derlei Einwänden zurückhaltender geworden. Auch hat in jüngerer Zeit Carl W. Blegen durch seine Grabungen nach der homerischen Stadt Pylos und dem Palast des Nestor an der Westküste des Peloponnes erneut den Beweis erbracht, daß die Werke Homers einen historischen Kern besitzen. Um die Jahrhundertwende war zudem durch die Ausgrabungen des Engländers Arthur Evans auf Kreta deutlich geworden, daß sich hinter griechischen Sagen und Mythen ein reicher Hintergrund an realen Gegebenheiten versteckt: der Palast des Königs Minos, bis dahin als Ort der Fabel angesehen, trat unter Spitzhacke und Spaten zutage.[1]

Die schon im Altertum vertretene, scheinbar besonders kritische Auffassung, es sei müßige Spielerei, die Spur des Odysseus in der Wirklichkeit zu suchen, ist also mehr bequem als der Wissenschaft nützlich. Mag das eine oder andere Märchenmotiv oder mythische Element Eingang in die Odyssee gefunden haben, mag hier und da Übertreibung die Realität verzerren – angesichts der Fülle an konkreten Daten bedeutet das nichts. Die Berichte der frühen Entdekker lesen sich nicht weniger phantastisch als die Odyssee und enthalten doch mehr Fakten als Fabeln. Angaben, die sich auf topographische Merkmale der gesuchten Orte, auf die Kennzeichnung von Land und Leuten, auf Wasserverhältnisse, Wetterlage, Fauna und Flora oder den Stand der Gestirne beziehen, können schwerlich alle »Erfindungen« eines Dichters sein, der sich nur in den Wolkenflügen wuchernder Phantastik ergangen haben soll. Diese Angaben charakterisieren das Beschriebene nicht nur hinreichend – sie finden auch, wie gezeigt werden soll, in der Wirklichkeit ihren Platz. Allerdings kann diese Wirklichkeit nicht nur im engeren griechischen Siedlungsraum zwischen Kleinasien und dem Süden der italienischen Halbinsel gesucht werden. Sie liegt aber doch in erreichbarer Ferne – selbst nach den Maßstäben der Schiffahrt jener Zeit.

Für das Mittelmeer wären die in der Odyssee geschilderten Verhältnisse tatsächlich oft ungewöhnlich und unglaubhaft. Da werden Umstände recht anschaulich beschrieben, die ein Anwohner des Mittelmeers eigentlich gar nicht kennen kann: so etwa der starke Gezeitenwechsel im Strudel der Charybdis, die irritierenden Schwierigkeiten bei der Bestimmung der Himmelsrichtungen in den Gewässern um die Insel der Kirke; oder es erscheint eine so mittelmeerferne Szenerie wie das sonnenscheinarme Land der Kimmerer. Außerhalb des mediterranen Raumes aber gibt es diese Phänomene, und da der Dichter sie so zutreffend beschreibt, wußte er offenbar über Dinge Bescheid, die jenseits der Meerenge von Gibraltar – den »Säulen des Herakles oder Herkules« nach antikem Weltbild – einem vielbefahrenen Mann in den Blick geraten konnten. Jedenfalls ist das wahrscheinlicher als die Vermutung, solche Schilderungen entsprängen allein dichterischer Fabulierlust.

Wenn es bisher nicht gelungen ist, nach den Angaben der Odyssee die Irrfahrt überzeugend zu rekonstruieren, so besagt dies wenig. Die Mißerfolge der bisherigen Lokalisierungsversuche beweisen nicht mehr als deren Unzulänglichkeit. Erst wenn feststünde, daß eine Lokalisierung überhaupt nicht möglich ist, wäre der Schluß erlaubt, daß eine realgeographische Deutung mit dem Text der Dichtung unvereinbar ist.

Eine Rekonstruktion der Odysseusfahrt hat manches gemeinsam mit der Ermittlungsarbeit eines Kriminalisten: er ist um die exakte Nachzeichnung eines Hergangs bemüht, bei der er sich auf eine Reihe von Fakten stützt. Zunächst muß möglichst unvoreingenommen von den verfügbaren Angaben und Daten ausgegangen werden. Im Falle der Odyssee heißt dies aber: es ist auszugehen von den Einzelheiten, die Homer uns zur Hand gibt. Kein Ermittler kann ja gleich zu Beginn seiner Untersuchung alle Aussagen pauschal verwerfen, nur auf den vagen Verdacht hin, sie könnten vielleicht erlogen sein. Zumindest bis zum Beweis des Gegenteils muß er den vorhandenen Fakten Glauben schenken. Was jeweils Wirklichkeit ist und was nur Märchen oder Phantasie, mag sich *nach* der Untersuchung erweisen – darf aber nicht schon vorab unterstellt werden.

Wer war Homer?

Immer wieder sind Zweifel an der Person des Verfassers der Odyssee und an seiner Glaubwürdigkeit geltend gemacht worden. So wurde gezweifelt, ob es überhaupt jemals einen Dichter namens Homer gegeben habe, wurde Skepsis laut, ob sich hinter dem großen Namen nicht einfach ein Kollektiv namenloser Sänger und Rhapsoden verberge. Alle derartigen Fragen zur Urheberschaft der Odyssee sind für unsere Untersuchung nur von untergeordneter Bedeutung. Wer immer der Schöpfer gewesen sein mag – hier genügt die Feststellung, daß das Altertum dieses Werk einem Griechen namens Homer zugeschrieben hat. In diesem Buch ist daher immer die Rede von Homer als einer einzigen Person.

Wir wissen nicht sicher, woher dieser Homer stammt. Sieben Städte stritten sich in typisch griechischem Wetteifer nach Ehre und Ruhm um das Verdienst, sein Geburtsort zu sein: Smyrna, Chios, Kolophon, Ithaka, Pylos, Argos und Athen – doch auch Salamis und Rhodos machten Ansprüche geltend. Eines zumindest ist sicher: die homerischen Epen sind an der kleinasiatischen Westküste entstanden, denn ihre Sprache ist die Sprache der ionischen Griechen Kleinasiens.

Wichtiger scheint die Frage, *wann* Homer die Odyssee verfaßt hat. Die Altertumswissenschaft weiß das bis heute nicht sicher – nicht das Jahrhundert, geschweige denn das Jahrzehnt. Der griechische Dichter und Philosoph Xenophanes von Kolophon, der zwischen 570 und 480 v. Chr. in Kleinasien lebte, nennt den Namen Homer als erster. Herodot, der »Vater der Geschichtsschreibung«, dessen Lebensdaten zwischen 484 und 425 v. Chr. liegen, Kleinasiate wie Xenophanes, bemerkt etwas pauschal: »Homer lebte 400 Jahre vor meiner Zeit« – demnach im 9. Jahrhundert vor der Zeitrechnung. Die neuere Wissenschaft, die sich zumeist auf sprachliche Indizien stützt, ist da anderer Ansicht. Für sie hat Homer in der zweiten Hälfte des 8. Jahrhunderts gelebt.[2] Doch selbst diese Probleme sind für unsere Fragestellungen so wichtig nicht, auch wenn hier eine klare Antwort oft helfen könnte, die Fragen schärfer einzugrenzen.

Überlassen schon vielfach die Althistoriker die Diskussion einem engen Kreis von Spezialisten, so wird es auch hier erlaubt sein, sowohl die Frage nach der Identität Homers als auch die Frage nach der Entstehungszeit der Odyssee auszuklammern. Nicht minder kontrovers sind die Meinungen über mögliche Veränderungen am ursprünglichen Text der Dichtung. Sie sind angesichts der spärlichen Indizien nicht mit Sicherheit beweisbar; Hypothesen und Gegenhypothesen halten einander die Waage. Dies gilt natürlich auch für die hier besonders gewichtige Frage, inwieweit älteres, ja vielleicht uraltes Motivgut aus Mythos und Märchen in Homers Dichtung Aufnahme fand. Die Erzählung vom einäugigen Riesen Polyphem wie die Geschichten von der Insel des Windegebieters Aiolos sind als Ausgestaltungen mythischer Wandermotive bezeichnet worden, ebenso die Abenteuer bei den Laistrygonen – rohen Riesen und Menschenfressern – und bei den in Nacht und Nebel hausenden Kimmerern am Rande der Welt. Skylla und Charybdis sind gleichfalls als Mythen gedeutet worden.

Abgesehen von der Frage, ob nicht Mythen letztlich immer auf bestimmte Realitäten zurückzuführen sind: all die genannten Mythenmotive lassen sich in der Realität wiederfinden, sie müssen also nicht als reine Mythen interpretiert werden, sondern erlauben mit nicht geringerem Recht ihre Deutung als Abbilder der Wirklichkeit – Übertreibungen, Ausschmückungen ändern daran grundsätzlich nichts.

Weiter ist zu bedenken, daß Angaben zur Lokalisierung nicht allein dadurch ihren Wahrheitsgehalt einbüßen, daß der Ort als Stätte eines phantastisch-mythischen Geschehens geschildert wird – mit der Akropolis in Athen verbinden sich ja ebenfalls Mythen, und an der Realität dieses Burgfelsens wird niemand zweifeln wollen. Nicht zuletzt aber muß man sich vor Augen halten, daß Homer die Abenteuer eines Helden aus der Zeit des Trojanischen Krieges schildert, der im 12. oder 13. Jahrhundert vor der Zeitrechnung stattfand. Der Dichter beschrieb also Ereignisse, die für ihn so weit zurücklagen wie für uns heute die Entdeckung Amerikas. Homer verfügte aber nicht über die Ergebnisse exakter historischer Forschung, wie sie einem Menschen des 20. Jahrhunderts zur Verfügung stehen, wenn er über Kolumbus schreiben will. Anachronismen und kleine Ausschmückungen aus der Sicht seiner Zeit dürfen also nicht verwundern. Allerdings: Anachronismen, wie sie leicht etwa bei der Schilderung eines Gewandes, eines Palastes oder eines Brauches unterlaufen mögen, sind bei der Beschreibung geographischer Gegebenheiten kaum zu befürchten, da diese sich in großen Zügen selbst durch Jahrhunderte nur wenig ändern.

Streit um Theorien

Für die zwölf Orte, wo Odysseus an Land ging, legt die Forschung über hundert geographische Punkte fest – bis an die Grenzen der in der Antike bekannten Welt, die sich vom Nördlichen Eismeer bis zum Kap der Guten Hoffnung, von den Azoren bis nach Indien erstreckte. Abgesehen vom ersten Landungsort, der Stadt der Kikonen, streiten sich die Gelehrten über die Lokalisierung der einzelnen Schauplätze, wobei sich die Mehrzahl der Autoren mit sporadischen Zuweisungen begnügt hat, ohne eine zusammenhängende Route festzulegen.

Wo haben sich die Abenteuer des Odysseus abgespielt? Drei Theorien versuchen, eine Antwort auf die Frage zu geben. Nach der ersten, überwiegenden Auffassung ist das *Mittelmeer* der Raum, in dem sich der Held während seiner zehn Jahre dauernden Fahrt hauptsächlich aufhielt.[3] Nach einer zweiten Theorie liegt der Schauplatz im *Schwarzen Meer.*[4] Nach dritter Ansicht ereigneten sich die meisten Abenteuer im Bereich des *Atlantischen Ozeans.*[5]

Nun hat gewiß nicht Mangel an kritischer Vorsicht gegenüber den Aussagen der Odyssee einen brauchbaren Deutungsvorschlag bis heute verhindert, sondern im Gegenteil der fehlende Wille, die Angaben Homers als reale Gegebenheiten zu nehmen. Unbefriedigend sind die zahlreichen bisherigen Lösungsversuche – auf die im einzelnen leider nicht eingegangen werden kann – vor allem, weil Homers Angaben zur Lokalisierung nicht mit genügender Sorgfalt im Detail beachtet wurden. Deutungen, die zu einzelnen Angaben Homers klar im Widerspruch stehen oder wichtige Details einfach übergehen, sind nahezu die Regel, und es ist eine der häufigsten Unterlassungssünden, Angaben nur zu einem Teil zu berücksichtigen.

Die Unzulänglichkeit der einzelnen Verfahrensweisen sei an einigen Beispielen kurz verdeutlicht: es geht nicht an, die Insel des Aiolos in Elba und den nächsten Landungsort, das Land der Laistrygonen, in Norwegen (Oslo) zu lokalisieren, denn Homer nennt für diese Teilstrecke eine Fahrtdauer von nur sechseinhalb Tagen und Nächten. Diese Unstimmigkeit läßt sich schwer mit einem angeblichen »Bruch in der Erzählung« rechtfertigen.[6] Die Insel der Kalypso in Lipari, nördlich von Sizilien, zu sehen und den folgenden Landungsort vor der Stadt der Phäaken in Kalabrien zu suchen ist auch nicht vertretbar, da Homer für die Floßfahrt zwischen beiden Orten 17 Tage und Nächte ansetzt, obschon Lipari von Kalabrien nur etwa 80 Kilometer entfernt liegt. Vollends ungerechtfertigt ist es, die angegebenen 17 Tage auf einen Tag zu kürzen mit der unbelegten Behauptung, die überlieferte Zeitangabe gehe auf die Änderung eines späteren Sängers zurück.[7] Es ist gleichfalls ausgeschlossen, die über 14 Kilometer breite Straße von Gibraltar als die Enge der Skylla und Charybdis zu identifizieren, von der Kirke sagt, sie sei so schmal, daß Odysseus mit einem Pfeil zum Felsen der Charybdis hinüberschießen könne. Zudem bliebe dann Kirkes Ratschlag ganz unverständlich, Odysseus müsse sich entscheiden, ob er den Weg entlang den gefährlichen Prallfelsen oder durch die nicht minder gefährliche Enge wählen wolle; denn vor Gibraltar gibt es für ein aus dem Atlantik ins Mittelmeer (oder in umgekehrter Richtung) fahrendes Schiff als einzigen Weg nur den durch die Meerenge. Eine Alternative bietet sich nicht.

Die richtige Identifizierung der Odysseus-Orte gelingt nur, wenn man die deutlichen Hinweise Homers beachtet – auf starke Gezeiten (Charybdis), auf den Okeanos (Kirke), auf ungewöhnliche klimatisch-atmosphärische Bedingungen (Kimmerer), auf die

Schwierigkeiten bei der Bestimmung der Himmelsrichtungen (Insel Aia). Die Fahrt des Odysseus kann sich nicht ausschließlich im Mittelmeer abgespielt haben, weil all diese Angaben auf die Verhältnisse im Mittelmeer offensichtlich nicht zutreffen, sondern auf außermittelmeerische, weiter nördlich gelegene Breiten hinweisen.

Es mag ja ein recht hübscher und bildungsbeflissener Zeitvertreib sein, im Mittelmeer mit dem Segelboot von Küste zu Küste, von Insel zu Insel und von Hafen zu Hafen zu fahren, unentwegt guten Glaubens, daß Odysseus an diesen Orten auch gewesen ist. Wie aber, wenn diese Fahrt sich größtenteils tatsächlich nicht im Mittelmeer abgespielt hat? Man sollte sich mit dem Gedanken vertraut machen, den Atlantik zu befahren, wenn man die Spur des Odysseus nicht verlieren will.

Warum das Mittelmeer für Odysseus zu klein ist

Allein aus geographischen und topographischen Gründen ist es unmöglich, die Odysseusfahrt nur im Mittelmeerraum zu lokalisieren. Dies soll am Beispiel der Enge von Skylla und Charybdis gezeigt werden, da diese eine Art Schlüsselstellung einnimmt: wenn sie nicht im Mittelmeer zu lokalisieren ist, dann muß sich auch eine Reihe anderer Abenteuer ebenfalls außerhalb des Mittelländischen Meeres abgespielt haben. Homer schildert die äußerst gefährliche Durchfahrt einer sehr schmalen Meerenge; auf der einen Seite droht den Seeleuten ein menschenfressendes Meeresungeheuer, die Skylla, auf der anderen Seite ein gewaltiger Strudel, die Charybdis. Odysseus gelingt die schwierige Passage, doch verliert er sechs seiner Leute durch die »männermordende« Skylla.

Die meisten Verfechter der Mittelmeer-Theorie sehen diese gefährliche Meerenge in der Straße von Messina; ein kleinerer Teil der Autoren hält die Straße von Gibraltar für die unheilschwangere Passage, während einige wenige auf die Dardanellen oder den Bosporus verweisen.[8] Keine dieser Lokalisierungen läßt sich jedoch mit den Angaben Homers vereinbaren. Die wichtigsten:

1. Die Durchfahrt ist so schmal, daß ein guter Schütze mit einem Pfeilschuß das Ufer der Charybdis erreichen kann.

2. Zwei Felsen flankieren die Enge unmittelbar. Auf der Seite der Skylla befindet sich ein hoher Berg, dessen Haupt immer von einer Wolke umhüllt ist, während der Bergfelsen auf der Charybdis-Seite niedriger ist.

3. Die Klippe bei der Skylla ist glatt und ringsum wie behauen. Es könnte »kein sterblicher Mann hinaufsteigen noch sie betreten, und wenn ihm auch zwanzig Hände und Füße wären«.

4. Die Charybdis »schlürft« dreimal am Tage »gewaltig« das Meerwasser ein, und ebensooft sendet sie es empor. Wenn sie es ausspie, »brodelte sie ganz auf wie ein Kessel auf vielem Feuer herumstrudelnd, und hoch aufflog der Schaum bis auf die Spitzen der beiden Klippen und ringsumher brüllte fürchterlich der Fels, und unten wurde die Erde sichtbar, schwarz von Sand«.

5. Vor der Enge liegt die Insel der Sirenen. Hier muß sich Odysseus entscheiden, ob er den Weg entlang den Prallfelsen nimmt – eine durch Felsenriffe und hohe Wogen außergewöhnlich gefährliche Route, die bisher nur das schnelle Schiff »Argo« mit göttlicher Hilfe passiert hatte –, oder ob er die Fahrt durch die weniger gefährliche Enge wählt.

6. Eine kurze Fahrstrecke hinter der Enge liegt die unbewohnte, dreizackgeformte Insel Thrinakia, auf der die heiligen Rinder und Schafe des Sonnengottes Helios weiden.

Die Straße von Messina

Unglaublich, aber wahr: es trifft von den genannten wie von den weiteren Angaben des Dichters auf die Straße von Messina *keine einzige* zu!

Es gab weder in der Antike, noch gibt es heute einen Bogenschützen, der von der Mitte dieser Meeresstraße aus einen Pfeil ans Ufer schießen könnte. Denn sie ist noch an ihrer engsten Stelle gut 3000 Meter breit! Kirke aber betont die Nähe der beiden Felsen ausdrücklich. Da somit die Messinastraße als die fragliche Enge ausscheiden müßte, wird diese Angabe einfach übergangen – oder für dichterische Übertreibung erklärt. Hier aber soll Homer, soll Kirke beim Wort genommen werden.

Auch die Bemerkung des Dichters, auf der Seite der Skylla befinde sich ein hoher, unbesteigbarer Berg, findet keine Entsprechung am vermuteten Schauplatz. Folgt man der überwiegenden Auffassung, nach der die Höhle der Skylla auf dem italienischen Festland, also auf der kalabrischen Seite der Enge beim heutigen Dorf Scilla liegt, dann ist in unmittelbarer Nähe des Wassers kein hoher, unbesteigbarer Berg zu finden. Wird dagegen die Skylla auf die sizilische Seite der Messinastraße verlegt, läßt sich dort zwar der über 3 200 Meter hohe Ätna nennen, aber dieser Berg ragt viele Kilometer von der Enge entfernt auf und erscheint weder glattbehauen, noch ist er schwer zu besteigen. Es wird sich zeigen: Homers Angaben sind nicht einfach poetischer Zierat, sondern reale Beschreibung. Wenn sich hier Schilderung und Realität nicht decken, so deshalb, weil nach einer solchen Übereinstimmung offenbar gar nicht gefragt wurde.

Ohne Entsprechung bleibt auch der nächste Hinweis Homers, die hohe Klippe bei der Skylla sei von dunklen Wolken umhüllt: »niemals umfängt Himmelsheitre ihr Haupt, weder im Sommer noch zur Erntezeit«. Die Tourismus-Büros in Kalabrien und Sizilien wären alarmiert, träfe dies wirklich zu. Selbst bei großzügiger Auslegung dieser Bemerkung kann man ein solches Niflheim den Berghängen beiderseits der Straße von Messina nicht andichten. Gewiß steckt der Gipfel des Ätna zuweilen in Wolken – aber doch relativ selten.[9]

Meer ohne Gezeiten

Auch die Charybdis wird an der Straße von Messina schwerlich zu entdecken sein. Homer spricht davon, daß die Charybdis dreimal am Tage gewaltig das finstere Wasser einschlürft und ausspeit, und die meisten Beurteiler glauben mit Recht, daß der Verfasser der Odyssee damit Ebbe und Flut beschreibt. Keine Rede davon, daß es sich bei der Zahl drei um einen Irrtum des Dichters oder gar einen Schreibfehler handelt: tatsächlich ändern sich die Gezeiten innerhalb von 24 Stunden dreimal. Darauf hat bereits Buchholz in seinem Werk »Homerische Kosmographie und Geographie« hingewiesen.[10] Der Odyssee zufolge muß sogar ein sehr starker Gezeitenwechsel vorliegen, weil sonst Ausdrücke wie »fürchterlich« oder »gewaltig« keinen Sinn ergäben.

Nun kennt das Mittelmeer keinen starken Gezeitenwechsel. Ebbe und Flut sind dort nur unbedeutend. Der Tidenhub – also die senkrechte Wasserstandsänderung in regelmäßiger Zeitfolge – beträgt in diesem Binnenmeer fast überall weniger als 50 Zentimeter (!). Eine Ausnahme machen die Straße von Gibraltar (90 cm), der Golf von Gabès (190 cm) und die nördliche Adria (70 cm). Auch in der Straße von Messina ist nur ein bescheidener Tidenhub von 20–30 Zentimetern (!) feststellbar, der bestenfalls in einer Springtide, beim höchsten Flutstand zur Zeit von Voll- und Neumond, eine Höhe von 50 Zentimetern erreicht.[11] Der Straße von Messina mit ihren ganz sanften Gezeiten fehlt daher eines der entscheidenden Charakteristika der Enge von Skylla und Charybdis.

Daß zuweilen in der Straße von Messina ein widriger, für Segelboote nicht ungefährlicher Wellengang herrscht, macht das Fehlen ausgeprägter Gezeiten nicht wett. Dieser von Seglern möglichst gemiedene Wellengang wird einmal von den Strömungsgeschwindigkeiten ausgelöst, die der Gezeitenwechsel und der von Temperaturunterschieden bedingte Wasseraustausch zwischen dem Tyrrhenischen und dem Ionischen Meer hervorrufen. Dadurch verursachte Wasserstandsveränderungen können hier allerdings Geschwindigkeiten bis zu vier Seemeilen in der Stunde, also rund 7,5 km/h erreichen. Zum andern treten in der Messinastraße gelegentlich Fallwinde auf. Trafen beide Momente zusammen, konnte für antike Segelschiffe eine schwierige Situation entstehen. Doch solche nur manchmal auftretende Gefahren rechtfertigen es nicht, allgemein dieser Meeresstraße außergewöhnliche Gefährlichkeit zuzusprechen.[12]

Wenn Homers Schilderung weiter angibt, vor der Enge liege die Insel der Sirenen, bei der sich Odysseus für einen Weg entscheiden müsse, so ist auch dieses Kriterium bei der Straße von Messina nicht erfüllt.

Ob die Sireneninsel nun in einer der 18 Inseln der Liparen-Gruppe oder in einer Insel bei Neapel – Sirenusae, Galli oder Capri –, in der Insel Ustica oder in einer Insel am Nordeingang der Messinastraße selbst gesehen wird:[13] von keiner dieser Inseln ließe sich sagen, sie stelle den Seefahrer vor die Entscheidung, die nahezu unpassierbare Route entlang den Prallfelsen oder die durch die Meerenge zu wählen; denn ein anderer Weg böte sich nur durch die Fahrt um die Westspitze Siziliens. Dann wird aber die Bemerkung Homers unverständlich, allein das Argonautenschiff »Argo« habe dank göttlicher Hilfe die Fahrt entlang den Prallfelsen ohne Schaden überstanden. Die Route um die Westspitze Siziliens ist im Altertum nicht nur zur Zeit Homers, sondern bereits zur Zeit des Odysseus (13.–12. Jh. v. Chr.) von unzähligen Schiffen ohne Schwierigkeit befahren worden. Auf keinen Fall war dieser Weg schwieriger und gefährlicher als die Fahrt durch die Straße von Messina.

Ebensowenig paßt ins mittelmeerische Bild, daß sich der Odyssee zufolge »alsbald« nach der Durchfahrt durch die Enge eine unbewohnte Insel finden soll. Selbst der Gutwilligste müßte bei der Suche nach einer solchen Insel verzweifeln. Die nächste Insel ist Malta; sie liegt aber mehr als 250 Kilometer südlich der Straße! Schon deshalb scheidet sie als die Insel des Helios aus. Übrigens war sie damals nicht unbewohnt, sie ist im 2. Jahrtausend v. Chr. längst bevölkert gewesen, wie reiche archäologische Funde beweisen. Sizilien selbst oder die Mole von Messina als die Insel des Sonnengottes zu bezeichnen[14], ist nicht minder fragwürdig. Die Mole von Messina ist keine Insel, und die Insel Sizilien ist weder klein, noch war sie zur Zeit des Odysseus oder später eine unbewohnte Viehweide. Zahlreiche archäologische Funde aus der Stein- und Bronzezeit beweisen, daß auch Sizilien im 2. Jahrtausend v. Chr. bereits besiedelt war.[15] Es war zudem zur Zeit des Odysseus fruchtbar und wildreich, so daß der meuternde Eurylochos die Mannschaft kaum zu dem Frevel, die heiligen Kühe zu schlachten, um nicht zu verhungern, hätte anstiften können. Auch der Hinweis hilft hier nicht weiter, Sizilien habe im frühen Altertum Trinakria, Dreiecksinsel, geheißen. Das ähnlich klingende Thrinakia der Odyssee bedeutet soviel wie Dreizackinsel. Das paßt nicht zur Form der Insel Sizilien. Aber die Angaben des Dichters wollen genau verstanden sein, und es soll im weiteren noch gezeigt werden, daß am Ausgang der in Frage kommenden Enge tatsächlich eine Insel liegt, die dem Dreizack des Meeresgottes Poseidon im Umriß gleicht. Zudem war Homer die Insel Sizilien bekannt; er nennt sie allerdings Sikania und erwähnt sie mehrmals (20, 383; 24, 211, 307, 366, 389).[16]

Das Ergebnis dieser Betrachtungen ist ebenso verblüffend wie eindeutig: die Straße von Messina kann nicht die Enge der Skylla und Charybdis sein!

Andere Meerengen im Mittelmeer

Weitere Versuche, die Enge der Skylla und Charybdis im Mittelmeer zu lokalisieren, wirken nicht überzeugender. Das gilt für die Straße von Gibraltar wie für die Dardanellen und den Bosporus.

Für die nur in Ost-West-Richtung befahrbare, an ihrer engsten Stelle 14,5 Kilometer breite Straße von Gibraltar könnte lediglich sprechen, daß die Enge von zwei Felsen eingerahmt ist: auf europäischer Seite der glatte, schwer besteigbare Affenfelsen von Gibraltar, der Dschebel el Tarik, auf afrikanischer Seite der Dschebel Musa. Damit sind die Gemeinsamkeiten bereits erschöpft. Es besteht vor allem nicht die Möglichkeit, zwischen der Fahrt entlang den Prallfelsen und der Fahrt durch die Enge zu wählen. Auch hätte Odysseus nicht »alsbald« nach dem Passieren der Enge auf die »Insel des Sonnengottes« stoßen können. Erst in einer Entfernung von über 200 Kilometer liegt östlich der Gibraltarstraße die Insel Alboran.

Die Dardanellen, in deren Nähe die umkämpfte Stadt Troja lag, kommen noch weniger in Betracht; Homer hätte dieses bekannte Terrain kaum durch exotische Vermummung bis zur Unkenntlichkeit verändert. Denn zwischen den Dardanellen und der Meerenge der Skylla gibt es keine Gemeinsamkeit in den Details.

Beim Bosporus liegen die Fakten nicht wesentlich anders, für diese in Nord-Süd-Richtung verlaufende Meerenge spricht allenfalls, daß sie infolge des Niveaugefälles vom Schwarzen Meer zum Marmarameer eine starke Strömung aufweist. Aber auch hier hätte der Seefahrer keine Wahl zwischen den Prallfelsen und der Enge. Das genügt, um diese Wasserstraße ebenfalls auszuschließen.

Da weitere Meerengen im Mittelmeer nicht in Betracht kommen, muß die Enge der Skylla und Charybdis außerhalb des Mittelmeeres gesucht werden. Es läßt sich zeigen, daß außerhalb dieses Bereichs tatsächlich eine Meerenge existiert, die allen Angaben Homers über Skylla und Charybdis entspricht.

Das Schwarze Meer – Schauplatz ohne Schauplätze

Im Schwarzen Meer fehlt nicht nur eine der Skylla und Charybdis entsprechende gefährliche Enge – es sei denn, man nimmt den Bosporus dafür –, man sucht in diesem Meer auch vergeblich die Inseln des Aiolos, der Kirke und der Kalypso; es existiert keine Insel, auf welche die Angaben der Odyssee zutreffen würden. Es fehlt der Raum.

Gewiß, im Altertum saß am Nordufer dieses Meeres der Volksstamm der Kimmerier, in dem viele Forscher die in der Odyssee erwähnten »kimmerischen Männer« sehen – eine vage Assoziation allein nach dem Wortklang. Denn der Gau der kimmerischen Leute Homers liegt am Okeanos. Nach dem antiken griechischen Weltbild war aber der Okeanos ein breiter Strom, der die Erdscheibe umfloß (siehe Abbildung 3). Er entsprach daher im Westen der Erdscheibe dem heutigen Atlantischen Ozean, im Osten dem heutigen Indischen Ozean. Da in der Antike das Schwarze Meer nicht als Teil des Okeanos galt, kann der Hinweis auf die Kimmerier der historischen Zeit die Schwarzmeer-Theorie keinesfalls stützen.[17]

Allein der Atlantik

Es bleibt nach allem nur, daß sich der größte Teil der Abenteuer im Atlantik abgespielt hat. Das wichtigste Argument für diese Theorie ist die ausdrückliche Angabe Homers, Odysseus sei in den Okeanos gelangt und sogar noch darüber hinaus. Man sollte meinen, dieser deutliche Hinweis des Dichters sei eindeutig genug. Die herrschende Meinung verneint das jedoch. Da wird argumentiert, Homer habe in Unkenntnis der Dinge das westliche Mittelmeer für den Okeanos angesehen! Dem Verfasser der Odyssee unterstellt man damit nicht wenig: Homer soll als Anwohner des Mittelmeeres und als ein in Dingen der Seefahrt offensichtlich gut bewanderter Autor die Abgrenzung von Okeanos und Mittelmeer nicht gekannt haben. Doch es ist mehr als fragwürdig, angebliche Unkenntnis einfach als Beweisgrund ins Feld zu führen.

Die allgemeine Forschermeinung stützt sich vor allem auf die Fahrtangaben der Odyssee und eine jahrhundertealte Tradition, die sie bestätigt. Doch es ist einfach nicht richtig, daß die Angaben Homers für eine Lokalisierung im Mittelmeer sprechen, im Gegenteil. Wenn die Enge von Skylla und Charybdis nicht im Mittelmeer gelegen haben kann, dann steht auch fest, daß die Stationen unmittelbar vor dieser Durchfahrt – also die Insel der Kirke, der Hades und die Sireneninsel – nicht im Mittelmeer zu suchen sind. Sie liegen zudem nördlich dieser Enge. Gleiches gilt für die unmittelbar nach der Durchfahrt lokalisierte Insel des Sonnengottes.

Es wird sich zeigen, daß die Fahrtangaben der Odyssee für alle Landeorte, die nach dem Abenteuer mit dem Riesen Polyphem angesteuert werden, die Lokalisierung im Mittelmeer ausschließen, dagegen für eine Lage im Atlantik sprechen.

Die vorherrschende Auffassung, daß die antike Tradition allein für eine Festlegung der Landeorte im Mittelmeerraum spreche, wird im übrigen durch die antiken Texte keineswegs bestätigt.

Wo die Antike Odysseus landen sah

Es stimmt allerdings, daß bereits in der Antike die überwiegende Mehrzahl der Autoren glaubte, die Orte der Irrfahrt seien im Mittelmeerraum zu lokalisieren. So wurde die Insel des Windgottes Aiolos schon von Thukydides (um 455–397 v. Chr.) bei den Liparischen Inseln gesucht. Das Land der Laistrygonen war Sizilien oder Süditalien. Die Insel der Zauberin Kirke meinte Hesiod (um 700 v. Chr.) in einer Insel im Tyrrhenischen Meer zu finden. Den Hades und das Land der Kimmerer verlegte Ephoros von Kyme (um 408–330 v. Chr.) in die Gegend von Neapel, während nach Lykophron (um 300 v. Chr.) die Insel der Sirenen bei Neapel lag. Die Meerenge der Skylla und Charybdis wurde seit Thukydides von den meisten antiken Gewährsmännern mit der Straße von Messina identifiziert. Als Land der Phäaken galt die Insel Kerkyra (Korfu).

Einhellig übernahmen die antiken Schriftsteller jedoch diese Zuschreibungen nicht; es gab stets Vertreter abweichender Standpunkte, die einige oder die meisten Orte der Irrfahrt außerhalb des Mittelmeeres suchten. So war Krates von Mallos (um 150 v. Chr.) der Ansicht, das Land der Laistrygonen liege hoch im Norden. Das Land der Kimmerer und den Hades suchte er sogar in der Gegend des Nordpols, wie er überhaupt der Meinung war, die Fahrt des Odysseus habe sich vorwiegend »im äußeren Meer«, also im Atlantik abgespielt. Die Insel der Kalypso, befand Plutarch (46–120 n. Chr.), liege fünf Tagesreisen westlich von Britannien. Zur Partei der »Atlantiker« zählten auch Artemidor (um 100 v. Chr.), Strabo (63 v. – 19 n. Chr.) und Tacitus (55–120 n. Chr.). Letzterer berichtet, wenn auch mit einiger Skepsis, daß Odysseus unweit der Rheinmündung bei Asciburgium gewesen sein soll. Interessant ist in diesem Zusammenhang die Bemerkung Strabos, Homer habe die Irrfahrten des Odysseus so beschrieben, daß »die meisten außerhalb der Säulen des Herkules in dem atlantischen Ozean« ihren Schauplatz haben.

Wie aber erklärt sich dieses Nebeneinander von Mittelmeer-These und Atlantik-Theorie in der Antike? Wie erklärt sich das spätere Überwiegen der Mittelmeerdeutungen? Der Schlüssel für die

Beantwortung dieser Fragen könnte in der geschichtlichen Entwicklung der Seeherrschaft im Mittelmeer liegen.

Machtpolitik und Seeherrschaft im Mittelmeer

Als im 17. Jh. v. Chr. die Macht der Ägypter zu sinken begann, riß das Inselvolk der wagemutigen Kreter die Seeherrschaft im südöstlichen Mittelmeerraum an sich. Den Kretern folgten die Griechen, denen es im 15. Jh. v. Chr. gelang, die kretische Seemacht zu zerschlagen – ein Geschehen, an das der Mythos von Theseus erinnert, der nach Kreta segelte und dort den Minotauros überwand. Mit der Zerstörung Trojas, von antiken Autoren ins Jahr 1184 datiert, gelegentlich auch auf das Jahr 1300 v. Chr. festgesetzt, erlangten die Hellenen die Herrschaft in der Ägäis und erzwangen den Zugang zum Schwarzen Meer, über das die Schiffswege in das Goldland Kolchis am Kaukasus führten. Die Sage vom Argonautenzug nach Osten ist verbrämter Nachhall dieser auf Bodenschätze und neue Handelsverbindungen zielenden Ausbreitung.

Als die Griechen ihre Seeherrschaft auch nach Westen ausdehnten, gerieten sie in Konkurrenz zu den Phöniziern. Kolonisten aus Tyros im phönizischen Mutterland an der syrischen Küste hatten 814 v. Chr. in Nordafrika die Stadt Karthago gegründet und von dort aus weitere Ansiedlungen auf Sizilien, in Nordafrika und in Spanien ins Leben gerufen. Da aber auch die Griechen seit dem 8. Jh. v. Chr. auf Sizilien sowie in Südfrankreich, Spanien und Nordafrika Pflanzstädte aufbauten, war ein Zusammenstoß mit den Phöniziern, die im Westen unter dem Namen Punier auftraten, zuletzt unausbleiblich. Es kam zum erbitterten Kampf zwischen den Griechen und den von den Etruskern unterstützten Karthagern, der in der Seeschlacht von Alalia vor der korsischen Küste im Jahre 535 v. Chr. mit einer Niederlage der Griechen endete. Von nun an wurden die Hellenen aus dem westlichen Mittelmeer verdrängt.

Nach der Zerstörung der blühenden Handelsstadt Tartessos in Südspanien – wohl um 500 v. Chr. – durch eine Streitmacht Karthagos steigerte sich der Machtkampf zwischen den Puniern und den von Athen geführten Griechen. Es ging bereits um die Existenz. Sendboten Karthagos hatten den Hof des persischen Großkönigs erreicht und stachelten die Perser zu einem gleichzeitigen Großangriff zu Wasser und zu Land auf, der die östliche Vormacht der hellenischen Welt aus dem Spiel werfen sollte. Es gelang den Griechen wohl, durch die Siege bei Marathon (490 v. Chr.) und in der Seeschlacht von Salamis (480 v. Chr.) den persischen Ansturm zu brechen, während gleichzeitig in der Schlacht von Himera auf Sizilien der punische Angriff niedergeworfen wurde, dennoch fanden sie sich im Westen zunehmend in die Defensive gedrängt, und das westliche Mittelmeer war ihren Schiffen fortan verschlossen.

Schon um das Jahr 530 v. Chr. hatten die Karthager die Straße von Gibraltar gesperrt. Schiffern, die nicht in phönizischem Auftrag fuhren, war die Durchfahrt bei Todesstrafe verboten. So erlangten die Karthager das Monopol über den Atlantikhandel, vor allem über den ertragreichen und für die Rüstung wichtigen Handel mit Kupfer und Zinn aus Iberien und von den Britischen Inseln. Die Sperrung der Meerenge von Gibraltar grub sich tief ins Bewußtsein der Zeit. Der griechische Dichter Pindar (um 518–446 v. Chr.) hielt diese »Säulen des Herakles« für die Grenzen der griechischen Welt: »Die Welt jenseits der Säulen ist unzugänglich für Weise wie für Toren.« Herodot verwarf alle Berichte von den Ländern am Ozean als Märchen. Er bezweifelte die Existenz des nördlichen Ozeans, der Zinninseln und des ins Nordmeer mündenden Bernsteinflusses Eridanos (Eider oder Elbe), von dem die Oistrymnier den Bernstein holten. Sogar Aristoteles (384–322 v. Chr.) wiederholte die von den Puniern in listiger Absicht verbreiteten Märchen, der Ozean sei infolge von Untiefen, Verschlammung, Stürmen, Windstillen und wegen riesiger Ungeheuer nicht befahrbar. Diese Sperre der Straße von Gibraltar dauerte viele Jahrhunderte an. Noch Eratosthenes (um 275–195 v. Chr.) berichtet um das Jahr 230, daß die Karthager jedes in Richtung Meerenge fahrende Schiff samt Besatzung versenkten.

Aber auch die Herrschaft der Punier blieb nicht unangefochten. In den Römern, die sich nur zögernd und unter dem Zwang der Verhältnisse zu einer Seemacht entwickelten, erwuchs ihnen ein neuer Gegner. So kam es zu jenem Jahrhunderte währenden erbitterten Ringen zwischen Rom und Karthago, das zunächst Rom nur Niederlagen eintrug, wie Verträge jener Zeit (510 und 348 v. Chr.) dokumentieren. Der Machtkampf erreichte in den drei Punischen Kriegen seinen Höhepunkt. Erst nach dem Sieg der Römer im Zweiten Punischen Krieg (218–201 v. Chr.), der die Eroberung Spaniens eintrug, wurde die Sperrung der Straße von Gibraltar aufgehoben. Doch seltsamerweise galten auch jetzt noch viele Jahre lang die »Säulen des Herkules« als das Westende der damaligen Welt. Mit der Zerstörung Karthagos durch Scipio im Jahre 146 v. Chr. war die Macht der Punier endgültig gebrochen, nachdem zuvor schon Alexander der Große mit der Eroberung von Tyros (332 v. Chr.) die Phönizier als herrschende Handelsmacht ausgeschaltet hatte.

Ein Erbfeind verkleinert das Weltbild

Geschichtliche Vorgänge hatten also bewirkt, daß der Atlantik aus der griechischen Vorstellungswelt nahezu ausgeschlossen wurde. Diese Verengung des Weltbildes wirkte sich auch auf die Lokalisierung der Odyssee aus. Je mehr die Griechen aus dem Westen verdrängt wurden, desto weiter ostwärts wurden die Orte der Odyssee in Italien und auf Sizilien lokalisiert, da jetzt diese Gebiete die äußerste Westgrenze realer griechischer Weltkenntnis bezeichneten. Das ging so weit, daß man annahm, der Okeanos beginne bereits westlich von Sizilien (!), so daß kaum jemand Bedenken trug, die Stationen der Fahrt des Odysseus allein im Mittelmeer zu suchen.

Hieraus ist zu folgern, daß der Tradition bei der Lokalisierung der Orte der Odyssee wenig Bedeutung zukommt. Sie bewahrt nicht eine getreue Überlieferung alter Kenntnisse, die für eine Begrenzung auf das Mittelmeer spricht, sondern eine in späterer Zeit erst durch die äußere Beschränkung der Machtsphäre verengte Vorstellung. Wir dürfen daher nicht dieses eingeengte Weltbild der späteren Griechen zugrunde legen, sondern sollten ausgehen vom Weitblick der frühen griechischen Expansionszeit. Als Homer seine Odyssee schrieb, schickten sich griechische Stammesverbände an, im westlichen Mittelmeer zu kolonisieren und den Atlantik zu erkunden. Weder zu Odysseus' noch zu Homers Zeiten endete die Welt der Griechen westlich von Sizilien. Erst spätere Jahrhunderte haben die kühne Fahrt des Trojabezwingers auf den Fluten des weiten, wilden Ozeans zu einer »Rundfahrt um Sizilien« zurückgestutzt. Es war also mehr als voreilig, Homer ein falsches Verständnis des Begriffs »Okeanos« zu unterstellen. Wir haben keinen Grund, daran zu zweifeln, daß er tatsächlich über eine wirkliche Atlantikfahrt, eine Fahrt weit jenseits der Grenzen des Mittelmeeres berichtet, zumal seine Aussage durch eine Fülle von Gründen erhärtet wird, die alle gegen eine Beschränkung auf das Mittelmeer sprechen. Vor allem aber wäre es eine große Verkennung des Wagemuts und auch der technischen Möglichkeiten jener Frühzeit, zu glauben, eine Atlantikfahrt hätte damals nach dem Entwicklungsstand der Seefahrt außerhalb jeder Möglichkeit gelegen.

Die seemännischen Leistungen der Antike

Die hohe Einschätzung, die der Odyssee in der ganzen Antike zuteil wurde, ist auch im Zusammenhang zu sehen mit den seemännischen Leistungen des Odysseus, die den Taten der kühnsten Seefahrer des Altertums als ebenbürtig galten. Vor und nach Odysseus haben Seeleute der Antike große nautische Leistungen vollbracht, an denen gemessen eine Fahrt im westlichen Mittelmeer gänzlich unbedeutend erscheinen muß.

Wir wissen aus zahlreichen Nachweisen, daß bereits im 3. und 2. Jahrtausend v. Chr. ein reger Verkehr der Mittelmeervölker mit den nordischen Ländern bestand. So wurden in den ägyptischen Pyramiden aus dem 3. Jahrtausend Perlen aus einem Bernstein gefunden, der, wie sich aus dem Gehalt der Bernsteinsäure einwandfrei nachweisen läßt, nur von der jütländischen oder samländischen Küste stammen konnte. Perlen von nordischem Bernstein, dem »Gold des Meeres«, fand man auch in kretischen Gräbern aus der Zeit um 2500 v. Chr. und in mykenischen Schachtgräbern aus dem 17.–12. Jahrhundert v. Chr. Englischer Jett, eine als Schmuckstein verwendbare Pechkohle, verarbeitet etwa um 2500 v. Chr., wurde in Spanien gefunden. Eine besondere Art von ägyptischen Perlen aus blauer keramischer Masse (Fayenceperlen) ist für die Zeit um 1300 v. Chr. in Kreta, Südspanien und Cornwall in England nachweisbar.[18] Die hauptsächlichen Mittler dieses Handels, der sich vorwiegend auf dem Seewege abspielte, waren Ägypter, Kreter, Tartessier, Phönizier, Etrusker und Griechen. Eine große Rolle spielten ferner die Leute der Megalithkultur, die auf ihren Wanderfahrten zur See, aus dem Mittelmeerraum bis nach Nordwesteuropa vordringend, weit auseinanderliegende Gebiete besiedelten.

Vielfach herrschen noch immer unrichtige Vorstellungen vom Stand der Seefahrt in der frühen Antike, namentlich von den nautischen Möglichkeiten der Völker der Jungsteinzeit und Bronzezeit.[19] Bereits im 4. Jahrtausend v. Chr. befuhren vorgeschichtliche Völker das offene Meer in kleinen, aus Weiden geflochtenen, mit Tierhäuten überzogenen Booten. Unter den wagemutigen Seefahrervölkern der frühen geschichtlichen Zeit sind besonders die kühnen Oistrymnier zu nennen, die von der Bretagne aus mit ihren Fell- oder Lederbooten Gold aus Irland, Zinn aus Cornwall und Bernstein aus der Nord- und Ostsee nach Spanien holten.[20] Wir wissen von ihren Fahrten erst aus verhältnismäßig später Quelle, und zwar durch eine Küstenbeschreibung *(periplus)* eines Seefahrers aus der griechischen Kolonie Massalia, dem heutigen Marseille, vom Ende des 6. Jh. v. Chr. Diese Beschreibung ist leider nicht im Original erhalten, sondern aufgrund einer bruchstückhaften Wiedergabe in dem Werk *ora maritima,* einer Länderkunde in Versen des römischen Schriftstellers Avienus aus dem 4. Jh. n. Chr. Avienus zufolge war der griechische Seefahrer aus Massalia auf seiner Fahrt zur größten und reichsten Handelsstadt des Altertums gekommen: Tartessos. Die Wissenschaft lokalisiert Tartessos nur ungenau irgendwo an der atlantischen Küste in Südwestspanien. Die Tartessier, die Handel mit den Oistrymniern trieben, erzählten dem massiliotischen Seefahrer von ihren einträglichen Verbindungen mit den Ländern im Norden. Sie rühmten auch die anderen kühnen Seefahrervölker, die mit Fellbooten fuhren, so die Albiones, die in Nordwestspanien und in England saßen, wo sich der Name »Albion« bis heute erhalten hat und wo in Cornwall der nordwestspanische Flußname Tamaros (jetzt Tambre) als Tamar seine nördliche Entsprechung findet.[21]

Fahrten ins Goldland

Unter den großen seemännischen Leistungen der Antike sind vor allem die Fahrten der Ägypter zu nennen. Wir wissen durch eine Inschrift aus der Zeit des Pharao Isesi (um 2400 v. Chr.), daß bereits der Pharao Sahurê (um 3000 v. Chr.) eine Expedition in das Land Punt gesandt hat, die reich mit Waren beladen zurückkehrte. Eine Bestätigung dieser frühen Fahrten ist der Grabstein des um 2300 v. Chr. verstorbenen Steuermanns Knemhotep von der Nilinsel Elephantine. Auf diesem Stein ist verzeichnet, daß er elfmal die weite Reise nach Punt unternommen hat. Besonderes Interesse verdient die Puntexpedition aus dem Jahre 1493 v. Chr., die die bedeutende Königin Hatschepsut ausgesandt hatte und von der lebensnahe Bilder und Inschriften am Tempel Der-el-Bahri anschaulich berichten. Dieses Land Punt, zu dem die Ägypter viele Male vor allem wegen Gold und Weihrauch segelten, dürfte entweder im ostafrikanischen Somaliland oder weiter südlich in Moçambique, am Sambesi, zu suchen sein. Das Vorkommen von Antimon in ägyptischen Schönheitssalben, im Süden Afrikas aufgefundene antike Goldgruben und die Darstellung einer Hottentottenfrau mit ihrem typischen Fettsteiß auf den Bildern von Der-el-Bahri sprechen für das Sambesi-Gebiet.[22]

Von einer anderen bedeutenden Fahrt in das ferne Goldland Ophir berichtet die Bibel im 1. Buch der Könige (9, 27) und im

Abbildung 1:
Eine mächtige Steilküste aus dunklem Basalt umgibt wie eine »eherne Mauer« Madeira, die »Insel ohne Strand«.
Abbildung 2 (Doppelseite):
Fair Isle. Hoch ragen die steilen Küsten aus dem Meer. Im Hintergrund der Ward Hill, mit 216 m die höchste Erhebung der sonst flachen Insel.

Abbildung 3:
Die Weltkarte des Hekataios von Milet, um 500 v. Chr. (nach Forbiger, Handbuch der alten Geographie, I, S. 50). Das Weltbild des H. entsprach dem des Homer. Es zeigt, wie verschwommen damals die Vorstellungen von Nordeuropa waren und welch große Gefahr eine Fahrt hinaus auf den Okeanos barg: sie konnte den Absturz in das Unendliche bedeuten!

2. Buch der Chronik (8, 18). Diese Reise ist auf Anregung des Königs Salomon von Phöniziern und Juden gemeinsam unternommen worden. Sie brachte dem König Salomon mehrere hundert Zentner Gold ein. Auch dieses Goldland ist im südlichen Ostafrika zu suchen, vermutlich in Südrhodesien, wo in Simbabwe jahrtausendealte Goldbergwerke gefunden wurden.[23] Weitere gemeinsame Handelsfahrten der Juden und Phönizier in ferne Länder sind im 1. Buch der Könige (10, 22) und bei Jeremia (10, 9) erwähnt. Der Prophet Hesekiel (27, 12) berichtet, daß Tyros, die Hauptstadt der Phönizier, einen intensiven Handel mit Tarsis (Tartessos) unterhielt. Dieser rege Warenverkehr fand zur Zeit des Königs Salomon, also im 10. Jh. v. Chr. statt.

Von einer späteren seemännischen Großtat wissen wir durch Herodot. Er erzählt, daß phönizische Seeleute im Auftrag des ägyptischen Pharaos Necho II. (609–594 v. Chr.) vom Roten Meer um die Südspitze Afrikas und über Gibraltar zurück zum Nildelta segelten! Drei Jahre dauerte diese Umschiffung des afrikanischen Kontinents, und daß sie tatsächlich durchgeführt wurde, beweist die Angabe ihres Führers, er habe während der Fahrt die Sonne zur Rechten gesehen. Bei den damals recht dürftigen geographischen Vorstellungen hat diese Angabe Zweifel wecken müssen – leider: der phönizische Seemann wurde als Lügner abgetan, und selbst Herodot hat Bedenken an der Echtheit des Berichts geäußert[24], weil er von der Kugelgestalt der Erde noch keine Vorstellung hatte. Für ihn konnte die Sonne am Mittag nirgendwo anders als im Süden stehen, bei Ost-West-Kurs suchte er die Sonne deshalb zur Linken. Tatsächlich aber sieht der Betrachter bei einer Fahrt südlich des Äquators die Sonne im Norden, so daß bei Ost-West-Kurs die Sonne auf der rechten Seite zu sehen ist. Der phönizische Kapitän, der diese großartige seemännische Tat vollbrachte, hatte also nicht gelogen.

Herodot berichtet weiter von der Fahrt des Griechen Kolaios aus Samos um das Jahr 660 v. Chr. durch die Straße von Gibraltar nach der Stadt Tartessos. Kolaios war auf seinem Weg von Samos nach Ägypten durch lang anhaltenden Oststurm auf den Atlantik hinausgetrieben worden.[25] Zu nennen ist hier auch die kühne Fahrt des griechischen Kapitäns Skylax von Karyanda in Kleinasien, die er im Auftrag des Perserkönigs Darius um 518 v. Chr. im Indischen Ozean unternahm. Über zwei Jahre dauerte seine Erkundung der persischen, arabischen und indischen Küste, die den wirkungsvollen Einsatz der persischen Flotte bei einem Angriff auf Indien gewährleisten sollte.

Der phönizische Kapitän Himilko von Karthago durchfuhr wohl um 500 v. Chr. die Straße von Gibraltar, umschiffte die Iberische Halbinsel und segelte an der Küste Frankreichs entlang bis zu den Britischen Inseln, wahrscheinlich sogar bis Irland (Jerne). Wir sind über diese kühne Tat leider auch nur durch spärliche Zitate unterrichtet, die der schon erwähnte Avienus in seiner Dichtung *ora maritima* gibt. Keine geringere Leistung war die Expedition jenes anderen phönizischen Kapitäns Hanno, der um 460 v. Chr. mit sechzig Schiffen nach Durchfahrt der Gibraltarstraße entlang der Westküste Afrikas bis zum Golf von Guinea gelangte, wo er den Kamerunberg (»Götterwagen«) sah und beschrieb. Bei dieser Fahrt konnte Hanno, dessen Schiffstagebuch in griechischer Übersetzung erhalten ist, einige Gorillas einfangen und ihre Felle in die Heimat bringen. Auf einer Stele im Tempel des Gottes Baal Harmon zu Karthago findet sich ein kurzer Bericht über dieses abenteuerliche Unternehmen.[26]

Der Kolumbus der Antike

Besondere Erwähnung verdient schließlich die überragende Leistung des großen griechischen Geographen und Seefahrers Pytheas (um 330 v. Chr.), der aus der griechischen Kolonie Massalia, dem heutigen Marseille, stammte. Da sein bedeutendes Werk »Der Okeanos« leider verlorengegangen ist, wissen wir nur durch neidische Kollegen von seinen wegweisenden Einsichten. So hat Pytheas die Gezeiten richtig aus der Anziehungskraft des Mondes hergeleitet. Bei seinen Messungen zur Bestimmung der geographischen Lage eines Ortes erzielte er eine bemerkenswerte Genauigkeit. Er hebt die ungewöhnliche Länge der Tage, die Kürze der Nächte im hohen

Norden hervor. Nach einer Sechstagefahrt, von Britanniens Norden aus, soll er ein Land (Thule) erreicht haben, in dem der längste Tag 23 Stunden dauerte – was beweisen dürfte, daß er in der Nähe des Polarkreises gewesen ist. Er beschreibt dieses Land als nahe am »geronnenen« Meer gelegen, womit offensichtlich das Treibeis des Polarmeeres gemeint ist. Doch gerade wegen dieser Angaben ist Pytheas von den meisten antiken Autoren als Scharlatan abqualifiziert worden.[27]

Bis heute ist nicht entschieden, welches Land oder welche Insel mit dem nördlichsten Land der Antike, Thule, gemeint ist. Die beiden wichtigsten Theorien nennen entweder das Gebiet von Mittelnorwegen in der Gegend von Drontheim oder Island[28], wobei mehr Indizien für Island sprechen dürften. Diese Insel liegt nicht nur eine Sechstagefahrt nördlich von Britannien, sondern auch nahe am »geronnenen Meer«, da die Treibeisgrenze infolge des kalten Grönlandstromes entlang der Südküste von Island verläuft. Die Bucht von Drontheim befindet sich zwar auch eine Sechstagefahrt nördlich von Britannien, aber die Treibeisgrenze ist weit von der mittelnorwegischen Küste entfernt. Daß das Altertum Kenntnis vom Eismeer hatte, beweist neben anderen antiken Schriftstellern auch Tacitus, der in seiner im Jahre 98 n. Chr. verfaßten *Germania* (Nr. 45) von einem anderen Meer, einer »trägen, fast unbeweglichen Masse« spricht und dabei die Mitternachtssonne erwähnt: der Schein der untergegangenen Sonne bleibe bis zum Wiederaufgang so hell am Himmel, daß er die Sterne erbleichen lasse.

Vermutlich zwischen 330 und 320 v. Chr. umsegelte Pytheas bei seiner Fahrt zu den »pretannischen Inseln«, wie er Irland und England nannte, ganz Britannien und stellte als erster den Inselcharakter des Landes fest. Doch er kam nicht nur in das geheimnisvolle Zinnland Britannien, sondern gelangte auch in das Hauptgewinnungsgebiet des Bernsteins, begehrtes »Gold des Nordens« – zu jener Zeit das Gebiet vor der jütländischen Westküste, die heutige Deutsche Bucht.

Die antiken Seefahrer segelten aber nicht allein entlang der atlantischen Küste, sondern stießen weit in den Atlantik vor. Als sicher ist anzunehmen, daß die Phönizier nicht bloß bis Madeira und zu den Kanarischen Inseln gelangten, sondern sogar bis zu den Azoren, rund 1 500 Kilometer von Europas Küste entfernt. Eine auf den Azoren im Jahre 1749 n. Chr. gefundene komplette Serie karthagischer Münzen aus der Zeit von 330–320 v. Chr. liefert hierfür den Beweis. Die neuere Forschung hält es sogar für möglich, daß bereits die Tartessier Madeira und die Kanaren entdeckt hatten und daß nicht nur die Kreter, sondern auch die Griechen von diesen Inseln wußten.[29] Das überrascht wenig, denn schon im 3. Jh. v. Chr. hatte der griechische Geograph und Mathematiker Eratosthenes – wie 150 Jahre nach ihm Poseidonios – die Möglichkeit erwogen, von den »Säulen des Herkules« aus über den Atlantik nach Indien zu gelangen. Poseidonios meinte, man brauche dazu nur auf dem Breitengrad von Rhodos westwärts zu steuern. Die von ihm errechnete Strecke von 7000 Seemeilen, die auch der Geograph Ptolemaios (um 150 v. Chr.) seiner berühmten Weltkarte zugrunde legte, hat eineinhalb Jahrtausende später Kolumbus für seine Berechnungen verwendet.[30]

Selbst die Römer, die kein Volk von Seefahrern waren, haben beachtliche nautische Leistungen vollbracht. Da ist vor allem jene Expedition, die gegen 145 v. Chr. unter Führung des griechischen Geographen Polybios (um 201–120 v. Chr.) stattfand. Die Fahrt, von der Plinius d. Ä. in seiner Naturgeschichte (V, 1) berichtet, ging mit sieben Schiffen zur westafrikanischen Küste. Sicher wurde das Kap Verde erreicht, wahrscheinlich sogar der Golf von Guinea, denn auch hier wird der »Götterwagen« erwähnt. Kühn war auch das im Rahmen eines Kriegszuges gegen die Kaledonier (Bewohner Nordschottlands) um das Jahr 84 n. Chr. unternommene Flottenmanöver, das durch die Umsegelung Englands erneut den Beweis für den Inselcharakter des Landes lieferte und zur Entdeckung der Orkney-Inseln (Orcaden) führte. Tacitus hat davon in seinem Buch über seinen Schwiegervater, den römischen Feldherrn Agricola, berichtet.[31]

Vor dem Hintergrund solcher nautischen Leistungen ist also die Odyssee zu sehen! Homer hat mit dem Wort »Okeanos« tatsächlich den Atlantischen Ozean bezeichnet und nicht nur den westlichen Teil des Mittelmeeres. Jetzt wird verständlich, was mit der Aussage gemeint sein könnte, Odysseus sei sogar über den Okeanos hinausgelangt: die Odyssee gibt einen Fahrtbericht, der die Zuhörer das Staunen lehren konnte, denn sie berichtet von Meeren, Ländern, Menschen, Naturereignissen, Vorgängen und Gefahren, wie sie in dieser Fülle selbst den verwegensten Seefahrern des Altertums nicht begegnet waren. Odysseus hatte sie alle übertroffen. Er war auf dem Ozean »der Größte«.

Der Vielerfahrene

Homer schildert seinen Helden Odysseus als die Verkörperung gewitzter Klugheit, als einen umsichtigen, tapferen Krieger, hervorragenden Athleten, Meister im Bogenschießen und Diskuswerfen und als vorzüglichen Schwimmer. Odysseus ist ganz wagemutiger Seemann und kühner Abenteurer, aber die übermächtige Liebe zur Heimat und die Treue zu seiner Familie führen ihn allen Widrigkeiten zum Trotz immer wieder auf den Heimweg nach Ithaka. Vielleicht sollte es die Kraft dieses großen Charakters veranschaulichen, wenn Homer Odysseus als den einzigen Menschen feiert, der in der Unterwelt gewesen und wieder ans Tageslicht zurückgekehrt ist.

Die Odyssee berichtet noch von einem anderen griechischen König, der ebenfalls auf seiner Rückfahrt von Troja gefährliche Abenteuer zu bestehen hatte: vom blonden König Menelaos von Sparta, der während einer acht Jahre dauernden Reise in die Länder des östlichen Mittelmeeres – nach Syrien, Ägypten und Libyen – gelangte und von dort Gold und viele Güter in die Heimat brachte. Es wäre eine höchst unausgewogene Verteilung der Gewichte, hätte Homer die Hauptperson seiner Dichtung nur bis in das Seegebiet um Sizilien gelangen lassen, während er einer Nebenfigur wie Menelaos eine Fahrt bis nach Ägypten zugestand. Und der Dichter läßt auch andererseits keinen Zweifel daran, daß Odysseus der größere Dulder, der länger und weiter Umhergetriebene war. Nicht nur, daß er zwei Jahre länger die Meere befuhr als Menelaos – er hat auch mehr gesehen, erlebt und gelitten. Dem Menelaos selbst legt Homer die Worte in den Mund: » – da sich keiner von den Achaiern soviel gemüht, wie Odysseus sich gemüht und ausgestanden!« (4, 106). Offenbar muß Odysseus noch fernere Meere und Länder gesehen haben als das Mittelmeer und seine Küstenstriche zwischen Ägypten und Gibraltar. Die Griechen hätten ihn jedenfalls kaum zur beispielhaften Heldengestalt erhoben und in ihm nicht den »vielerfahrenen« Mann gesehen, wenn seine Abenteuer auf dem Meer nichts als etwas umständliche Segelpartien gewesen wären, nicht mehr als die Fahrten beliebiger anderer Achaier auch.

Keine Bronze ohne Zinn

In die Weite des Atlantik weist auch ein wichtiger Werkstoff, der bei Homer eine große Bedeutung hat: die Bronze, das »mannhafte Erz«. Sehr ausführlich wird berichtet, wie Alkinoos, König der Phäaken, dem Odysseus das »männerehrende Erz« zum Geschenk macht. Der Gast erhält kein unbearbeitetes Metall, sondern durchgestaltete Prunkstücke phäakischer Schmiedekunst. Jeder Gaufürst der Phäaken muß dem Fremden einen großen Dreifuß samt einem Becken, gefertigt aus dieser wie Gold schimmernden Legierung, beim Abschied schenken (13, 13).

Bronze – der Ausdruck wurde erst im 17. Jh. n. Chr. in Frankreich allgemeiner gebräuchlich[32] – bestand in klassischer Zusammensetzung aus 90 % Kupfer und 10 % Zinn. Diese Zinnbronze war der bevorzugte Werkstoff jener großen Kulturepoche, die wir »Bronzezeit« nennen: sie leuchtet mit einem warm goldenen Glanz, läßt sich wie Kupfer leicht schmieden und treiben, ist dabei aber härter. Während reines Kupfer wegen der Bildung von Sauerstoffblasen nur schwer in geschlossener Form zu gießen ist, vermindert die Zugabe von Zinn die Gasbildung, so daß selbst schwierige Güsse ausgeführt werden konnten. Dem Eisen war die Bronze nicht zuletzt deshalb überlegen, weil sie weder rostete noch vor große Probleme beim Guß stellte – den Eisenguß hat das Altertum ohnehin nie beherrscht.[33] Aus Bronze stellten die kunstfertigen Schmiede der Frühzeit nicht nur Schmuck und Gebrauchsgegenstände her. Sie war vor allem zur Ausrüstung und Bewaffnung des Kriegers begehrt: bronzene Schwerter, Helme, Brustpanzer, Beinschienen, Speerspitzen und ähnliches martialisches Zubehör sind im Boden tausendfach gefunden worden. Welch besondere Wertschätzung diesem »königlichen Metall« zuteil wurde, zeigt die Reihenfolge, in der Homer die kostbaren Geschenke erwähnt, die Odysseus von den Phäaken erhielt. Nachdem die Phäaken den schlafenden Odysseus in Ithaka an Land gesetzt hatten, begann er nach dem Erwachen »die gar schönen Dreifüße und die Becken und das Gold und die schönen gewobenen Gewänder zu zählen« (13, 218f.). Die Bronze als das Wichtigste erscheint hier an erster Stelle – noch vor dem Gold! Auch im Gespräch des Zeus mit Poseidon wird bei der Aufzählung der Phäaken-Geschenke an Odysseus die Bronze an erster Stelle genannt: »Erz und Gold genug und gewobene Gewandung.« Dabei erhält Odysseus so viel, wie er »auch niemals von Troja davongetragen hätte« (13, 135ff.; 23, 341).

Zinnländer des Altertums

Nun sind sowohl Kupfer wie auch Zinn relativ seltene Metalle. Für die Mittelmeervölker gehörte allerdings weniger das Kupfer zu den seltenen Naturschätzen – auf Zypern und auf der Sinai-Halbinsel, aber auch auf Euböa gab es genug –, als vielmehr das für die Bronzeherstellung wichtige Zinn. Die Zahl der Länder, die damals Zinn zu liefern vermochten, war nicht groß. Eines dieser Länder war Etrurien, wenn man von kleineren Vorkommen im Kaukasus, in den Karpaten, im Fichtelgebirge und entfernten Gebieten wie Persien, Indien und China absieht. Etrurien verfügte indes lediglich über begrenzte Zinnvorkommen. Anders zwei Länder, die nur auf dem Seeweg über das westliche Mittelmeer hinaus im Atlantik zu erreichen waren und die während vieler Jahrhunderte zu den bedeutendsten Zinnlieferanten des Altertums gehörten: das nordwestliche Spanien (Galicia) und das südliche England (Cornwall). Ursprünglich zählte auch die ebenfalls am Atlantik liegende Bretagne zu den wichtigen Zinnproduzenten, wie die dort entdeckten, im 14. und 12. Jh. v. Chr. angelegten Zinngruben beweisen. Ziemlich bald war hier jedoch die eigene Produktion eingestellt worden, und man verlegte sich auf den bloßen Handel mit Zinn, das aus England geholt wurde. Auch in der Normandie wurden bestehende Gruben zugunsten des Handels aufgelassen.[34]

In der antiken Literatur tauchen wiederholt die Zinninseln auf, die Kassiteriden (von griechisch *kassiteros* = Zinn). Es mag der Vielzahl der in Betracht kommenden Fundorte zuzuschreiben sein, daß sich bis heute die Wissenschaft nicht einig ist, wo eigentlich diese Kassiteriden gelegen haben. Drei Gebiete fallen dafür in die engere Wahl: die Scilly-Inseln westlich von Cornwall, die Insel Quessant (das alte Uxisame) mit ihren Nebeninseln vor der bretonischen Küste und die zehn kleinen Inseln vor den Buchten von Arosa, Pontevedra und Vigo an der spanischen Nordwestküste. In allen drei Bereichen findet sich Zinnerz, vor allem auch auf dem dahinter gelegenen Festland. Die Zinninseln des Altertums dürften aber wohl die Scilly-Inseln vor Cornwall gewesen sein, weil hier die bedeutendsten Zinnlager anzutreffen sind und bereits für die vorgeschichtliche Zeit ein überaus lebhafter Zinnhandel zum Festland nachweisbar ist, während die nordspanischen Lager nicht so umfangreich sind und erst später bekannt wurden.[35] Da es sich bei dem so reichlich mit Bronze gesegneten Gebiet der Phäaken offensichtlich um eines der bedeutendsten Zinnländer der frühen Antike handelt, dürfte die Fahrt des Odysseus zu einem dieser drei genannten Vorkommen geführt haben, die alle am Atlantik liegen!

Atlantische Tiefs über Odysseus

Wo ist in der Odyssee der blaue griechische oder süditalienische Himmel, wo strahlender Sonnenschein wie an der Costa del Sol? Jenes heitere, mäßig bewegte, häufig spiegelglatte Meer, das zwischen Kleinasien und Spanien zumindest während der Hälfte des Jahres die Regel ist, sucht man in der Odyssee vergebens. Wolkenverhangen und sonnenarm dehnt sich vor dem König von Ithaka die See: statt leuchtendem Tiefblau dunstiges Nebelgrau. Er fährt bei schwerer See, durch Sturm und Regen, in »englischem« Wetter.

Die atlantischen Tiefs über Odysseus sind weder zu ignorieren noch – wie das wiederholt versucht wird – mit der »düsteren Gemütslage« des Dichters, noch mit seiner Blindheit oder mit verkümmertem Farbempfinden zu erklären – schon gar nicht aber mit dem Bestreben, durch Beschreibung außergewöhnlicher Witterung besondere, nicht alltägliche Effekte zu erzielen.[36] Es liegt näher, aus Homers Wetterschilderungen schlicht zu schließen, daß sich die Odysseusfahrt in den nördlichen Bereichen des Atlantiks abgespielt hat, wo der Himmel meist trüb oder wolkenverhangen ist, wo die Sonne nur für kurze Momente durchbricht und das Meer nicht »wie Wein funkelt« (die Griechen dachten bei diesem Vergleich an die bläuliche Purpurfarbe ihrer Rotweine).

Wenig glaubhaft ist auch, daß Odysseus sich zehn Jahre im Mittelmeer herumgetrieben haben soll, ohne in dieser langen Zeit auch nur ein einziges Mal einem anderen Schiff begegnet zu sein. Im Seegebiet um Sizilien und längs des italienischen Festlands herrschte schon damals ein reger Schiffsverkehr zwischen den relativ stark besiedelten Ländern und Inseln. Nicht zuletzt wäre die Sicht im klaren Wetter des Mittelmeers ausgezeichnet gewesen, die Wahrscheinlichkeit einer Begegnung auf See also groß. Aber das Meer des Odysseus war so wenig befahren, daß seine Irrwege geradezu wie die einsame Reise eines Raumschiffs durchs All erscheinen.

II

Der Überfall auf Ismaros – Verschlagen zu den Lotosessern

Von Troja fuhr Odysseus mit seiner Flotte von zwölf Schiffen nicht auf geradem Wege nach Griechenland zurück, sondern machte einen Abstecher in den nördlichen Teil des Ägäischen Meeres nach Ismaros, der Stadt der Kikonen. Aus einem einzigen Grund: dort zu brandschatzen und zu plündern. Hierzu glaubte er sich wohl deshalb berechtigt, weil die Kikonen die Bundesgenossen der besiegten Trojaner gewesen waren (Ilias 2, 846). Der Überfall gelang nur unvollkommen, weil die Kikonen rechtzeitig Hilfe erhielten, so daß Odysseus mit seinen Leuten vor der Übermacht fliehen mußte, nachdem er 72 Mann, je sechs pro Schiff, verloren hatte.

Die Lokalisierung dieses Landeortes ist die einzige, die wissenschaftlich kaum streitig ist. Es besteht weitgehend Einigkeit, daß Ismaros an der Südküste von Thrakien lag, wo sich heute Stadt und Hafen Alexandrupolis am Fuß der thrakischen Rebenberge erstrekken, die schon im Altertum den berühmten Wein von Ismaros lieferten, der später beim Abenteuer mit dem Riesen Polyphem eine wichtige Rolle spielt.[37]

Als die Flotte des Odysseus auf dem Weg zur Heimatinsel Ithaka die Südspitze Griechenlands umrunden wollte, trieb sie ein gewaltiger Sturm an der Insel Kythera vorbei in die Weite des Mittelländischen Meeres. Tag und Nacht segelten die Schiffe, von Nordwind, hohem Wellengang und starker Strömung gejagt. Nach einer ununterbrochenen Fahrt von neun Tagen und Nächten erreichte die Flotte am zehnten Tag das Land der Lothophagen. Dieses Volk war den Griechen freundlich gesonnen. Ihr Name weist darauf hin, daß sie sich hauptsächlich von der Lotosfrucht ernährten, also Vegetarier waren. Als sie den von Odysseus ausgesandten Kundschaftern von der Lotosfrucht zu kosten gaben, waren die drei Männer davon so angetan, daß sie nur mit Gewalt zu den Schiffen zurückgebracht werden konnten.

Die Angaben über die Lage des Lotophagenlandes sind weder zahlreich noch sonderlich detailliert; dennoch stimmen die Forscher darin überein, daß das Land der Lotophagen an der nordafrikanischen Küste zu suchen ist. Allgemein herrscht die Auffassung, daß dieses Land nicht genau südlich von Griechenland, also nicht etwa in der heutigen Cyrenaika liegt. Denn wenn auch ein Nordwind die Flotte trieb, so doch nicht notwendigerweise auf genauen Südkurs. Einmal kann unter der Angabe »Nordwind« ebenso ein aus nordöstlicher oder nordwestlicher Richtung wehender Wind verstanden werden – da Homer immer nur die Hauptwindrichtung angibt, zum andern mußten die griechischen Segelschiffe der damaligen Zeit, die zwar keinen tiefgehenden Kiel oder gar ein Schwert besaßen, aber – wie bereits die kretischen Schiffe – doch echte Kielboote waren, keineswegs prall oder platt vor dem Wind fahren. Die Setzung der Segel und das Steuerruder gestatteten es vielmehr, auch bei halbachterlichem Wind zu segeln, so daß die Flotte versucht haben wird, trotz Nordwind den erforderlichen Westkurs einzuhalten.

Die Odyssee gibt mehrere Beispiele dafür, daß entweder die Windrichtung nur allgemein angegeben ist oder daß die Boote nicht direkt vor dem Wind fuhren. So ist Odysseus laut seinem Bericht im 14. Gesang von Kreta nach Ägypten mit Nordwind gesegelt (14, 253). Wenig später ist von einer Fahrt von Phönikien (Libanon) nach Libyen die Rede, bei der auf der Höhe von Kreta ebenfalls ein Nordwind wehte (14, 298). Hier wurde also mit Nordwind ein Südwestkurs, dort ein Südostkurs gesegelt. Daß es sich nicht um zwei anzweifelbare Ausnahmefälle handelt, bezeugt eine Stelle im zweiten Gesang (2, 421 ff.): Telemachos fährt von Ithaka nach dem süd-südöstlich gelegenen Pylos mit Westwind.

Ferner spricht gegen einen eindeutigen Nord-Südkurs die Angabe Homers, der Wind »und die Strömung« hätten die Flotte getrieben. Die Hauptströmung im Mittelmeer ist allerdings eine west-östliche Oberflächenströmung. Sie wird durch das Nachfließen des Wassers vom Atlantik durch die Straße von Gibraltar bedingt – da die Wasserverdunstung im Mittelmeer stärker ist – und durch den vorherrschenden Westwind. Diese Oberflächenströmung, die im westlichen Mittelmeer im Jahresdurchschnitt ½ bis 1 Seemeile pro Stunde beträgt, erreicht zwischen Sizilien und Kreta meist nur ½ Seemeile in der Stunde. Von besonderem Interesse sind für die erörterte Frage die Strömungsverhältnisse im Bereich der Großen und der Kleinen Syrte. Hier gibt es überhaupt keine vorherrschende Strömung. Die Wasserbewegungen werden in diesem Bereich allzu häufig durch östliche Winde und die Gezeitenströme beeinflußt. In unmittelbarer Landnähe werden sogenannte Neerströme beobachtet, das heißt Wasserversetzungen entgegen dem Hauptströmungsverlauf, hier also von Osten nach Westen.[38]

Alle diese Umstände machen einen südwestlichen Kurs wahrscheinlich. Das ist auch die überwiegende Meinung der Forscher, die sich nur in der Frage uneinig sind, ob das Lotophagenland in der Großen oder in der Kleinen Syrte zu suchen ist. Der mehr westlich gelegenen Kleinen Syrte dürfte aber der Vorzug zu geben sein. Dafür spricht die lange Fahrtdauer. Die Flotte, Tag und Nacht unter Segel, erreichte erst am zehnten Tag das Lotophagenland. Legt man bei dem stürmischen Wind, der rasches Vorwärtskommen bedeutete, eine eher zu niedrig als zu hoch gegriffene Fahrtgeschwindigkeit von nur 3–4 Knoten (Seemeilen in der Stunde) zugrunde, so ergibt sich für 9½ Tage bereits eine Gesamtstrecke von rund 1260–1680 Kilometer. Eine solche Distanz führt in das Gebiet der Kleinen Syrte und schließt die Große Syrte aus, weil die Flotte dann ganz erheblich früher Land erreicht haben müßte. Für die Gegend der Kleinen Syrte spricht auch die Bemerkung Herodots (IV, 177), daß dieser Küstenstrich vor den Giudanern von den Lotophagen bewohnt wurde, die ausschließlich von der Frucht des Lotos lebten. Die Giudaner saßen in dem Gebiet um den Triton-See, den heutigen Schott-el-Dscherid, westlich der Küstenstadt Gabès, der antiken Stadt Tacape.[39]

Eine genauere Lokalisation der Landestelle im Lotophagenland ist nicht möglich, da nähere Angaben fehlen. Die Bemerkung des Dichters, daß die Bewohner des Landes die honigsüße Frucht des Lotos aßen, bringt uns hier nicht viel weiter. Um welche Frucht es sich bei diesem Lotos handeln könnte, ist durch die Jahrhunderte lebhaft diskutiert worden. Bereits im Altertum vertraten verschiedene Gelehrte die Ansicht, die Lotosfrucht sei identisch mit der Dattelpalme *(Phoenix dactylifera)*. Für diese Deutung spricht nicht nur ihre Honigsüße, sondern auch der Umstand, daß die Dattelpalme für viele Bewohner Nordafrikas seit dem Altertum bis zum Beginn unseres Jahrhunderts die Hauptnahrung darstellte, wobei neben den Früchten auch die Blütenkolben und die Gipfelknospen (Palmkohl) gegessen wurden. Im Gebiet der Kleinen Syrte war seit alter Zeit die Dattelpalme heimisch. Das Land um den Schott-el-Dscherid heißt Belad-el-Dscherid: Land der Palmen. Hier wachsen die besten Dattelpalmen Nordafrikas. Allerdings: die Dattelpalme soll erst durch die Phönizier in Nordafrika heimisch geworden sein – und darauf können sich andere Theorien berufen.

Zu denken wäre ferner an die Früchte der Dattelpflaume oder Lotospflaume *(Diospyros lotos)*. Die kirschgroßen, blau-schwarzen Früchte dieses Baumes sind sehr saftig und süß. Sie sind eßbar und werden wie die Frucht der Dattelpalme auch zur Herstellung von Sirup und Branntwein verwendet. Offensichtlich hat man den zur Erkundung ausgesandten drei Männern des Odysseus nicht nur Früchte zu essen gegeben, sondern auch Branntwein eingeschenkt, der sie dermaßen berauschte, daß sie – wie gesagt – mit Gewalt aufs Schiff geholt werden mußten. Da jedoch die Lotospflaume – sie gehört zur Familie der Ebenholzgewächse – im ganzen Mittelmeerraum gedeiht, kann dieser Baum ebenfalls zu keiner näheren Bestimmung des Lotophagenlandes herangezogen werden, zumal nicht sicher ist, ob die Lotospflaume nun wirklich dem Lotos des Odysseus entspricht. Was auch immer der Lotos gewesen sein mag – für eine Lokalisierung des Lotophagenlandes am tunesischen Golf sprechen zumindest die seemännischen Details, die Homer überliefert.

III

Der Kampf in der Höhle des Riesen

Das dritte Abenteuer führt in die Berghöhle des menschenfressenden Riesen Polyphem, der dort mit seiner Herde von Schafen und Ziegen nahe am Meer haust. Grausam tötet der Unmensch sechs Gefährten, verschlingt sie und droht auch Odysseus und seine Begleiter aufzufressen. In Abwesenheit des Riesen hatten die Griechen, auf seine Gastfreundschaft vertrauend, die Höhle betreten. Nun können sie nicht mehr entkommen, weil Polyphem den Ausgang mit einem riesigen Felsblock versperrt hat. Ihre Rettung verdanken sie allein der Klugheit des Odysseus, der den Riesen mit einem glühenden Holzpfahl blendet, jedoch nicht tötet, weil nur das Scheusal den schweren Türstein zur Seite wälzen kann. Sich an den Bäuchen von Widdern in der Wolle festklammernd (siehe Abbildung 6), gelingt es den Griechen, aus der Höhle zu fliehen, als Polyphem am Morgen die Herde ins Freie treibt.

Diese Schilderung mit allen Mitteln spannender Erzählkunst war von jeher dazu angetan, die Odyssee als ein Märchen erscheinen zu lassen. Sie klingt phantastisch genug, doch es zeigt sich, daß der Dichter lediglich übertrieben, aber kein Märchen erzählt hat. Eine Lokalisation des Landeorts ist durchaus möglich, zumal die Angaben Homers hier recht zahlreich, genau und kennzeichnend sind. Zunächst bleibt allerdings festzustellen, daß der Dichter weder über die Fahrtrichtung noch über die Dauer der Fahrt etwas sagt. Daraus darf nicht der Schluß gezogen werden, Odysseus habe den Weg von den Lotophagen zum Kyklopen Polyphem an *einem* Tag zurückgelegt. Eher bedeutet Homers Schweigen, daß sich die Fahrt über mehrere Tage hinzog: der sonst übliche Hinweis auf die Kürze der Fahrt – »alsbald«, »für nicht lange Zeit« – fehlt im Text.[40]

Da Homer keine Andeutung macht – weder spricht er vom Okeanos, noch schildert er Vorgänge, die starken Gezeitenwechsel verraten, auch weist nichts auf ein anderes Meer oder eine sehr lange Seefahrt hin –, ist das Land der Kyklopen im Mittelmeerraum zu suchen. Darin ist sich die Mehrheit der Forscher einig, wobei zwei Ansichten vertreten werden: die eine, namentlich im Altertum überwiegende Richtung, sieht Sizilien als das Kyklopenland an; sie versteht die kyklopischen Riesen als Helfer des göttlichen Schmiedes Hephaistos im Inneren des Vulkans Ätna. Die andere Auffassung sucht die Höhle des Polyphem in Nordafrika.[41]

So verlockend es sein mag, sich die riesigen, bärenstarken Kyklopen als göttliche Schmiedeknechte vorzustellen, Sizilien kann schon deshalb nicht in Betracht kommen, weil Homer diese Insel bekannt war. Die Freier in Ithaka geben Telemachos, dem Sohn des Odysseus, den höhnischen Rat, den unnützen Bettler – in Wahrheit der Heimkehrer Odysseus – mitsamt dem vorgeblichen Seher Theoklymenos auf ein Schiff zu bringen und an die Sikeler zu verkaufen (20, 383). In den Versen 211, 366 und 389 des 24. Gesangs ist von einer sikelischen Magd die Rede, und in einer seiner Lügengeschichten erzählt Odysseus, ein Dämon habe ihn von Sikania getrieben (24, 307). Im übrigen sagt Homer kein Wort davon, daß die Kyklopen auf einer Insel gelebt hätten, sondern es ist von dem Land der Riesen und einer unweit davorliegenden Insel die Rede.

Mehr Überzeugungskraft hat da die zweite Auffassung, nach der Polyphem in Nordafrika hauste. Die Angaben Homers treffen tatsächlich für ein ganz bestimmtes Gebiet der Festlandsküste im westlichen Mittelmeer zu. Wichtig sind hier folgende Angaben:

1. Die Kyklopen bewohnen die Höhlen hoher Berge.
2. Die Höhle des Polyphem liegt »nahe dem Meer«.
3. Querab vom Hafen ist eine Insel, »weder nah am Land der Kyklopen noch weitab«, so daß man das Geblök der Herden hören

und den Rauch des Feuers sehen kann – ein flaches, bewaldetes Eiland, das zwar fruchtbaren Boden trägt, aber nur von wilden Ziegen bevölkert ist.

4. Das Land zeigt dank reichlichem Regen eine üppige Vegetation.
5. Die Kyklopen treiben nur Viehzucht, da sie »weder Gewächse pflanzen mit den Händen noch pflügen«.
6. Die Bewohner haben keine Schiffe, sie verstehen sich nicht auf den Schiffsbau.
7. Die Kyklopen sind ein Volk von Riesen und Menschenfressern.

Die hohen Berge, in deren Felshängen sich die Höhlen der Kyklopen verbergen, müssen dicht an der Küste liegen. Denn auf die Hilferufe des Polyphem eilen die anderen Kyklopen herbei, »die in der Runde um ihn her in Höhlen zwischen den windigen Kuppen wohnten«. Da die Höhle des Polyphem »nahe dem Meer« liegt, die Höhlen der anderen Kyklopen aber in ihrer Nähe, müssen die hohen Berge mit ihren Höhlen bis dicht an die Küste reichen. Es gilt daher, einen Küstenstrich des Festlandes im westlichen Mittelmeer zu finden, bei dem von Höhlen durchzogene Bergkuppen ziemlicher Höhe dicht an das Meer heranreichen. Nicht weit vor dieser Küste muß eine kleine, flache Insel mit fruchtbarem Boden liegen.

Da von hohen Bergen am Meer die Rede ist, scheidet die flache westitalienische Mittelmeerküste bis hinauf nach Pisa aus. Erst weiter oben, im Golf von Genua, treten die Ligurischen Alpen dicht an das Meer heran. Dieses Gebiet kommt aber ebenso wie die französische Riviera nicht in Betracht, weil sich hier keine festlandsnahe Insel findet, die der homerischen gleicht. Hohe, zum Meer abfallende Berge gibt es dann wieder an der Ostküste Spaniens. Es läßt sich jedoch auch hier keine Insel ausmachen, die der von Homer geschilderten entspricht.

Es bleibt daher tatsächlich nur die nordafrikanische Küste übrig. Hier kommt der osttunesische Raum nicht in Betracht, obgleich in der Kleinen Syrte, im Golf von Gabès, mehrere Inseln vor der Küste liegen. Sie lassen sich jedoch alle nicht mit der Insel der Kyklopen in Verbindung bringen. Die Kerkennah-Inseln sind eine aus zwei größeren und einer Anzahl kleinerer Eilande bestehende Gruppe, also keine einzeln liegende Insel. Auch ist diese Inselgruppe zu weit von der Küste entfernt. Die Insel Knais oder Kneiss – auch sie ist strenggenommen eine Gruppe aus vier Inseln – liegt zwar nahe vor der Küste, aber die Küste ist hier flach, da die Ostausläufer des Atlasgebirges, ohnehin von bescheidener Höhe, nicht dicht bis ans Meer reichen. Das gleiche gilt für die Insel Dscherba, die überdies allzu nahe vor der flachen Küste liegt, nur durch eine schmale Fahrrinne von ihr getrennt.

Gut paßt die Landschafts- und Klimabeschreibung Homers jedoch auf die marokkanisch-algerische Mittelmeerküste. Hier fallen die mächtigen Erhebungen des Er-Rif-Gebirges und des Tell-Atlas steil zum Meer ab. Die an manchen Stellen bis zu 2 500 Meter hohen Berge wirken zugleich als Regenfänger, so daß die Nordhänge wohlbewässert sind. Die Vegetation ist in diesem Streifen der Mittelmeerküste daher besonders üppig: ein Gebiet der sommergrünen Laubwälder, mit reicher Pflanzenwelt zwischen Küste und Bergen. Seit alters gedeihen Weizen, Gerste und Reben – Homer vergißt nicht, dies zu erwähnen.

Die Ziegeninsel

Wo aber lag nun an dieser Küste vor dem westlichen Atlasgebirge die Höhle des Polyphem? Wichtigster Orientierungsanhalt ist die Insel: laut Homer lag sie weder ganz nah am Land der Kyklopen noch besonders fern und zudem »querab vom Hafen«. Tatsächlich dürfte die Entfernung vom Festland nur gering gewesen sein, denn die auf der Insel nächtigenden Griechen vernahmen das Blöken und Meckern des Kleinviehs vom Festland herüber und sahen den Rauch der von den Kyklopen unterhaltenen Feuer. Allerdings: sehr nahe lag die Insel wiederum nicht, denn bei ganz geringer Entfernung hätte den Kyklopen die Landung der Griechen auf zwölf Schiffen auch nachts nicht entgehen können – außerdem durchstreiften die Leute des Odysseus am nächsten Tag die Insel in größeren Scharen auf der Jagd nach wilden Ziegen, was gewiß nicht völlig geräuschlos abging. Das Eiland war zwar unbewohnt und nur von wilden Ziegenherden bevölkert, aber es war keine bloße Felsen- oder Sandinsel, trug vielmehr Wald auf gutem Boden, der trotz seiner Eignung zum Ackerbau von den Kyklopen unbearbeitet belassen wurde, wie Homer nicht ohne tadelndes Bedauern vermerkt. Als weiteres kennzeichnendes Merkmal der Insel schildert der Dichter die sichere Hafenbucht mit Quelle und Hain.

Weil die einzigen Lebewesen auf dieser dem Kyklopenland vorgelagerten Insel zu der Zeit wilde Ziegen waren, glaubte man, es handle sich um eine sogenannte »Ziegeninsel« – ein felsig-unfruchtbares Eiland –, und es sei daher ratsam, das westliche Mittelmeer auf eine derartige Insel hin abzusuchen, vor allem auf eine, deren bloßer Name sie schon als »Ziegeninsel« ausweise. Weit konnte so kein Forscher kommen, denn es gibt im Mittelmeer eine große Anzahl von »Ziegeninseln«, die aber alle offensichtlich nicht die geforderten Merkmale aufweisen. So liegt bei den Balearen, südlich von Mallorca, die Insel Cabrera und nördlich von Sardinien die Insel Caprera. Ein Eiland ähnlichen Namens, Capraja, findet sich nördlich von Elba. Die Insel Favignana, vier Seemeilen westlich von Sizilien, hieß bei den antiken Schriftstellern Ägusa, also »Ziegeninsel«. Doch sie alle kommen schon deshalb nicht in Betracht, weil sie gar nicht dem Festland, sondern einer größeren Insel vorgelagert sind.

In dem hier allein interessierenden Gebiet der algerischen und marokkanischen Küste finden sich mehrere Inseln, die möglicherweise als die Ziegeninsel der Kyklopen in Betracht kommen könnten. Die meisten liegen jedoch entweder zu weit von der Küste entfernt (so Alboran, Galita, Iles Habibas, Chafarinas) oder zu nahe (so Tabarca, Peñon de Velez), oder sie sind zu klein (so Pisan), oder es handelt sich um ausgesprochene Felseneilande, die weder Wald noch vielversprechende Ackerböden hätten tragen können.

Es bleibt allein die Insel Rachgoun. Sie liegt vor der algerischen Küste, auf halbem Wege zwischen der marokkanisch-algerischen Grenze und der algerischen Stadt Oran. Es handelt sich um eine *einzelne* Insel. Sie befindet sich auch in angemessener Entfernung zum Land, es sind etwa 1700 Meter bis zur Küste. Also liegt sie »weder nah noch weitab«. Man kann über diese Entfernung – Wasser trägt den Schall besonders weit – noch recht gut das Blöken der Schafe und das Meckern der Ziegen hören; auch wäre aufsteigender Rauch gut erkennbar, ohne daß eine Menschengruppe vom Festland aus sogleich gesehen werden müßte. Die Angabe »querab vom Hafen gelegen« ist zudem erfüllt. Das gilt, ob man nun den Hafen von Beni Saf oder die Landungsbucht südwestlich von Kap d'Acra, die Baie de Tafna, meint. Von beiden Landeplätzen aus liegt die Insel zwischen Norden und Westen, also »querab«.

Die 900 Meter lange und 400 Meter breite Insel ist groß genug, um als Weide für einige Ziegenherden zu dienen. Sie ist heute unbewohnt. Ein Zollhaus und ein Leuchtturm mit dem Haus des Leuchtturmwärters sind die einzigen menschlichen Spuren. Die höchste Erhebung der abgeplatteten Insel beträgt 64 Meter.[42] Also ist auch die Angabe »eine flache Insel« erfüllt. Heute liegt die Insel kahl im Meer. Sie war im Altertum aber bewaldet, wie das ganze nordafrikanische Küstengebiet einschließlich der vorgelagerten Eilande. Mit der Entwaldung wurde dann durch Niederschläge, Sonne und Wind die Humusdecke abgetragen, so daß die Insel in unserer Zeit nicht mehr für den Ackerbau geeignet ist. Sehen aber kann man noch heute den für die griechischen Schiffe idealen Hafen auf der Ostseite. Hier breitet sich schöner Sandstrand aus, und das Wasser ist am Ufer nur einen halben Meter tief, so daß die Griechen ihre Schiffe auf den Strand auflaufen lassen konnten und weder Haltetaue noch Ankersteine benötigten, wie die Odyssee eigens vermerkt (9, 136).[43]

Die Küste vor der Insel Rachgoun entspricht ebenfalls den Angaben Homers vom Kyklopenland. Von Kap Noé bis Beni Saf ist sie stark gegliedert, hoch und steil. Die Berge des Tell-Atlas, die hier dicht am Meer noch 200–400 Meter aufragen, fallen schroff zum Meer ab. Nur wenig landeinwärts erreichen sie eine Höhe bis zu 800 Metern. Wenn hier die Berge unmittelbar an der Küste liegen, so stimmt dies mit dem Hinweis Homers überein, Polyphem habe seine Herde bergwärts getrieben (9, 315).

Odysseus lügt dem Riesen vor, sein Schiff sei am äußersten Ende des Landes gegen die Klippen und Felsen geworfen und zerstört worden (9, 283). Dieses gefährliche Vorgebirge ist das felsige Kap d'Acra. Obwohl der Küste südlich des Kaps Klippen und kleine Felsen vorgelagert sind, öffnet sich an dieser Stelle ein geeigneter Landeplatz: die Bucht von Tafna, deren breite Sandbank ein sicheres Anlandgehen ermöglicht. Auch der Fluß ist da, den Polyphem nennt: der Tafna. Das Gebiet südlich von Kap d'Acra zwischen Ghazounet und Beni Saf ist verhältnismäßig regenreich und von üppiger Vegetation.

Eine Bestätigung dafür, daß wir das Land der Kyklopen in dieser Gegend zu suchen haben, bieten die Angaben Homers über die Bevölkerung: die Kyklopen wohnen in Berghöhlen und sind kein seefahrendes Volk (9, 125–126). Diese Charakterisierung trifft auf die Stämme der Berber zu, deren Angehörige vielfach heute noch in den Höhlen der Berghänge des Atlas leben und keine Seefahrt betrieben haben.

Die Anthropologie weiß bis heute noch keine sichere Antwort auf die Frage nach der Herkunft der Berbervölker. Der verhältnismäßig große Anteil von hochgewachsenen, hellhäutigen und helläugigen Menschen in dieser ethnischen Gruppe läßt sich nach allgemeiner Auffassung schwerlich allein auf die einst in Nordafrika eingewanderten Germanenstämme der Wandalen und Goten zurückführen. Vermutlich sind die hellen Berber Angehörige eines sehr alten hochwüchsigen Menschenschlages, von dem sich Reste bis heute in Mittelschweden, Westfalen, auf den Kanarischen Inseln und in Nordafrika erhalten haben.[44] Diese Menschen waren von noch erheblich größerem Körperbau als die großgewachsenen Kelten und Germanen, so daß kleinwüchsige Griechen sie als Riesen ansehen mußten. Es handelt sich bei diesen blonden, hellhäutigen und helläugigen Typen vermutlich um Restpopulationen eines zum Kreis der Cro-Magnon-Menschen gehörenden spätsteinzeitlichen Megalith-Volkes.[45] Diese überdurchschnittlich hochgewachsenen Megalither waren ursprünglich in erster Linie Jäger und Viehzüchter, nur in bescheidenem Umfang Ackerbauern. Das stimmt mit der Beschreibung der Odyssee überein. Homer bemängelt gerade an den Kyklopen, daß sie keinen Ackerbau betreiben, obwohl der Boden gut und das Klima regenreich ist.

Die Großstein-Leute

Die Megalither hinterließen Anlagen aus riesigen Steinen; der hier verwendete moderne Sammelname entstand aus einer Zusammenfügung der griechischen Wörter *megas* (groß) und *lithos* (Stein). Wie kein anderes Volk jener Zeit errichteten sie mächtige Bauwerke aus Steinquadern in derart meisterhafter Bearbeitungstechnik, daß sich in die Fugen der ohne Mörtel dicht auf- und nebeneinandergesetzten, sorgfältig geglätteten großen Blöcke kein Messerblatt schieben läßt. Die einzelnen Steinquader sind zum Teil so schwer, daß der Glaube entstehen konnte, Riesen hätten die kolossalen Massen aufeinandergetürmt. Noch heute heißen die in megalithischer Bauweise errichteten Mauern »Kyklopenmauern«. Wegmale der Ausbreitung der Megalither sind ferner mächtige, fensterlose, runde Steintürme (Nuragen, Tholoi, Brocks), gewaltige, im Kreis aufgestellte Steine (Steinkreise), kilometerlange Steinalleen (Alignements), einzelne große Steinsäulen (Menhire, Stelen) und Steingräber aus tonnenschweren Blöcken (Dolmen, Hünengräber). Diese durch die Jahrtausende erhalten gebliebenen Monumente erlauben es, die Ausbreitung der Megalith-Kultur noch heute festzustellen. Ihr Gebiet umfaßte vor allem die Küsten des Mittelmeers, die atlantischen Küsten Spaniens, Portugals, Frankreichs, Britanniens, Irlands und Skandinaviens. Auch die algerische Küste gehörte zu diesem Bereich, denn im westlichen Teil Nordafrikas hat sich eine große Zahl megalithischer Bauwerke nachweisen lassen.[46]

Für die Annahme, daß auch die Kyklopen der Odyssee dieser Kultur der Megalither angehörten, liefert die Dichtung einen Beweis. Es war eine Gepflogenheit dieser »Großstein-Leute«, aufrecht stehende Steine in die Erde einzugraben. Auch Polyphem, so berichtet Homer, hatte vor seiner Höhle eine hohe Mauer aus eingegrabenen Steinen errichtet (9, 185). Ein weiterer Hinweis ist jener große Felsblock, mit dem Polyphem seine Höhle verschloß. Die Errichtung von Bauwerken aus tonnenschweren Blöcken setzte die Fertigkeit voraus, diese gewaltigen Steine heranzuholen und zu bewegen. Die Megalither waren Meister in dieser Kunst, die von anderen vorgeschichtlichen Kulturen nie erreicht worden ist. Kein

Wunder, wenn die Hantierung des Riesen mit dem großen Felsblock bei den Griechen Angst und sprachloses Verwundern erregte. Diesen Türstein, von dem der Dichter sagt, 22 große Wagen könnten ihn nicht von der Stelle rücken (9, 240), schob der Kyklop allein mit den Händen beiseite. Es schwingt in dieser Bemerkung das ungläubige Staunen mit, das selbst uns heute noch erfaßt, wenn wir die riesigen Steine megalithischer Grabanlagen und Kultstätten sehen – denn wie diese Tonnenblöcke über gewaltige Entfernungen in schwierigem Gelände bewegt wurden, dafür gibt es bis heute noch keine völlig überzeugende Erklärung. Man muß sich nämlich immer wieder das gigantische Ausmaß und Gewicht dieser Steinblöcke klarmachen. So hat z. B. die Deckplatte auf dem megalithischen Ganggrab von Mane Rutual (Spanien) eine Länge von 11½ und eine Breite von 4½ Metern. Es finden sich Blöcke von 20 Meter Länge und einem Gewicht (des einzelnen Steins!) von 100 Tonnen. Die große Grabplatte in Cueva de Menga (Spanien) hat sogar ein Gewicht von 170 Tonnen, während einzelne Blöcke der Steinsetzung von Stonehenge (England) »nur« bis zu 50 Tonnen schwer sind.[47]

Einäugige Menschenfresser

Es handelt sich bei den Kyklopen der Odyssee also *nicht* um ein märchenhaftes Riesengeschlecht, noch weniger um ein Volk von Einäugigen. An keiner Stelle der Dichtung heißt es, daß die Kyklopen Einäugige waren; auch nicht von Polyphem wird das behauptet. Genaue Lektüre des Textes erweist vielmehr anderes. In jener Szene, wo Odysseus den Riesen mit glühendem Pfahl blendet, sagt Homer (9, 389): »Und alle Wimpern rings und Brauen versengte ihm die Glut...«. Da die Augenbrauen in der Mehrzahl genannt sind, hat Polyphem nicht nur *ein* Auge gehabt, sondern *zwei*![48] Wir finden auch auf zahlreichen antiken Schalen, vor allem älteren Stükken, Darstellungen der Blendung des zweiäugigen Polyphem (siehe Abbildung 5).[49] Offenbar besaß Polyphem vor seiner Blendung durch Odysseus – durch Unfall oder Erkrankung? – nur ein sehtüchtiges Auge, so daß er mit der Ausbrennung dieses Auges völlig blind wurde.

Der Name »Kyklop« spricht nicht gegen diese Auffassung. Er bedeutet ja nicht »einäugig« sondern »rundäugig«. Der Name ist zusammengesetzt aus den griechischen Wörtern *kyklos* (Rund, Kreis) und *ophthalmos* (Auge), die Kyklopen sind also die Leute mit den Rundaugen. Das weist wieder auf die Megalither hin, denn diese pflegten ihre Geräte, vor allem die Kultgegenstände, mit Ornamenten in der Form von Rundaugen (»Augenmotiv«) zu verzieren.[50]

Schließlich verbannt auch der Umstand, daß der Riese Polyphem als böser Menschenfresser geschildert wird, die Kyklopen nicht ins Märchenland. Homer hat lediglich bei dieser Schilderung etwas dick aufgetragen, um die ungewöhnliche Gefährlichkeit dieses Abenteuers herauszustellen. Die Megalithleute kannten, wie viele Völker vor und nach ihnen, das rituelle Menschenopfer und den kultischen Kannibalismus. Funde wie der von Windmill Hill in Südengland enthielten zahlreiche Knochen von Menschen – vor allem von Kindern –, die man aufgeschlagen hatte, um das Mark herauszusaugen. Den Zusammenhang von Höhle und Kannibalismus der Vorzeit illustriert die Höhle von Krapina in Kroatien: hier wurden die Reste von 24 getöteten Menschen ausgegraben, die den Indizien nach offensichtlich am Tatort verspeist worden waren. Die zum Teil angekohlten Knochen waren aufgebrochen, das Mark entfernt.[51] Dieser Kannibalismus entsprang offenbar magischen Vorstellungen. Man glaubte, durch das Verzehren des Getöteten dessen Kraft und Mut in sich aufzunehmen. Die Menschenfresserei (gelehrt: »Anthropophagie«) war jahrtausendelang, bis ins 19. Jahrhundert n. Chr., vor allem in Mittel- und Südafrika, weiten Teilen Amerikas, Hinterindiens, Australiens und im gesamten Gebiet des Stillen Ozeans verbreitet. Sie ist selbst heute noch vereinzelt bei einigen Stämmen in Brasilien, Afrika und Melanesien verschämtes Brauchtum.[52]

Das rituelle Menschenopfer, zu dem vor allem Kinder, Verbrecher und Kriegsgefangene ausgesucht wurden, hat es bei fast allen Völkern gegeben, auch solchen hoher Kultur, zu denen die frühen

Griechen zählen. Nach der griechischen Sage war König Agamemnon, mit der Flotte unterwegs nach Troja, für günstigen Wind bereit, seine Tochter Iphigenie zu opfern, um die erzürnte Göttin Artemis zu versöhnen. Aus der Ilias erfahren wir, daß Achill am Grabe seines Freundes Patroklos dreizehn gefangene Trojaner hinrichten ließ. Die druidischen Kelten vollzogen das Menschenopfer, ebenso viele Stämme der Germanen. Neben dem kultischen Menschenopfer kannten die Kelten zudem eine Art ritueller Anthropophagie. Von den Bewohnern Irlands bemerkt der antike Geograph Strabo, sie seien Menschenfresser, die das Fleisch ihrer verstorbenen Väter verzehrten, um dadurch deren Kraft in sich aufzunehmen.[53] Wenn also die Odyssee von den Kyklopen (wie weiter von den Laistrygonen) berichtet, sie hätten Menschen getötet und aufgegessen, so spricht dies nur für die Realitätsnähe des Epos – unsere Vorfahren in Alteuropa sind ebenso wie die kyklopischen Nordafrikaner Kannibalen gewesen.

Die Bergkuppen des Atlasgebirges sind heute noch übersät mit Höhlen, wie Homer sie beschrieben hat; manche dienen als Stallungen für Kleinvieh. Auch in den Erhebungen um die Tafna-Bucht lassen sich viele Höhlen ausfindig machen, so daß es vermessen wäre, ausgerechnet die Höhle des Polyphem bestimmen zu wollen.

IV

Zweimal auf der Insel des Windgottes

Zum vierten Mal landet Odysseus nun am Ort neuer Abenteuer: auf der Insel des Aiolos. Zeus selbst hat diesen zum »Gebieter der Winde« bestimmt, und entweder heißt er nach der Insel oder die Insel nach ihm: Aiolia, das schwimmende Eiland. Ringsum läuft »eine Mauer, eine eherne, unzerbrechliche, und springt glatt der Fels auf«. Es ist fruchtbares Land. Sechs Söhne hat Aiolos, und ihre Schwestern sind ihre Frauen. Gastfreundlich bewirtet er einen Monat lang die Griechen, versorgt noch die Flotte für die Heimfahrt. Beim Abschied überreicht er dem Odysseus einen rindsledernen Schlauch: alle widrigen Winde sind darin verschlossen. So kann die Flotte, bei stetigem Westwind segelnd, in der zehnten Nacht die Heimatgewässer erreichen. Aber da geschieht das Verhängnis: schon längst plagt die Gefährten des Odysseus die Neugier, was wohl in diesem Lederschlauch enthalten sein mag, den zu öffnen Odysseus streng verboten hat. Es regt sich Neid. Als ihr König schläft, öffnen die Männer den Schlauch – und durch einen plötzlich ausbrechenden Oststurm wird die ganze Flotte so schnell, wie sie gekommen war, wieder zur Insel des Windgottes zurückgetrieben. Aiolos, erzürnt über so viel Unzuverlässigkeit, weigert sich, ein zweites Mal für sicheres Heimgeleit zu sorgen – und damit beginnt die Irrfahrt eigentlich erst.

Drei Dinge sind es, die diese Episode mythisch-unwirklich erscheinen lassen: eine »schwimmende Insel« von den Ausmaßen eines Königreichs hat es nie und nirgendwo gegeben. Befremdlich mag anmuten, daß Aiolos seine Söhne mit ihren Schwestern vermählte;

gänzlich aus der Phantasie gegriffen aber wirkt die Geschichte mit dem rindsledernen Schlauch. Also ist es doch nichts mit einer Realdeutung der Odyssee?

Es wird sich zeigen, daß es auch für diese Sonderbarkeiten überzeugende Erklärungen gibt, so daß hier ebenfalls die Lokalisierung gelingen kann, obwohl Homer nicht näher bestimmt, auf welchen Wegen und in welcher Zeit Odysseus von den Kyklopen zur Aiolos-Insel gelangt ist. Antiken Ursprungs ist die häufige Meinung, die Liparischen Inseln nördlich von Sizilien seien die Insel des Windgottes gewesen, wobei unerklärt bleibt, wieso eine Inselgruppe zu einer einzelnen Insel wurde. Andere Autoren meinten, Aiolia sei mit Ustica, Stromboli oder Vulcano zu identifizieren oder in Elba oder Malta zu suchen. Selbst von freier Erfindung war die Rede.[54]

Der lederne Windschlauch des Aiolos

Hinter der hübschen Erzählung vom Windschlauch steht als Tatsache, daß ungewöhnlich günstiger Westwind die Heimfahrt beschleunigte und daß ein plötzlich auftretender, lang anhaltender starker Oststurm die Schiffe zur Aiolos-Insel zurückwarf. Da die Flotte ununterbrochen zehn Tage und neun Nächte mit günstigem Westwind gesegelt war, muß die Insel des Aiolos sehr weit im Westen von Ithaka gelegen haben. Wenn auch die Odyssee an dieser Stelle nicht vom Okeanos spricht und auch nichts davon sagt, daß Odysseus auf dieser Fahrt die Straße von Gibraltar passiert habe, so ist angesichts einer solch großen Entfernung der Atlantische Ozean in Betracht zu ziehen. Es scheint, als habe Homer es gar nicht für nötig gehalten, eine Durchfahrt durch die »Säulen des Herkules« eigens zu erwähnen. Die vielen Tarsis-Fahrer, die von der am Atlantik gelegenen Handelsstadt Tartessos Zinn, Gold, Silber und Kupfer in die Länder des Mittelmeeres holten, hatten lange vor Homer und Odysseus diese Durchfahrt zur Routine werden lassen. So sind denn auch in der Erzählung des Eumaios, des »göttlichen Schweinehirts« von der Insel Syria, die »Säulen des Herkules« überhaupt nicht erwähnt. Diese Insel Syria liegt »wo die Wenden der Sonne sind« (15, 403), also im äußersten Westen der damaligen Welt, wo die Sonne untergeht und sich wendet, um am nächsten Tag im Osten wieder aufzugehen. Mit anderen Worten: Syria liegt weit draußen im westlichen Okeanos. Von dieser Insel raubten die Phönizier den Sohn des Inselkönigs Ktesios, den jungen Eumaios, und verkauften ihn in Ithaka an den Vater des Odysseus, König Laertes, an dessen Hof er als Vormann der Schweinehirten tätig war. Natürlich waren die phönizischen Sklavenjäger durch die Straße von Gibraltar gesegelt, eine Selbstverständlichkeit, für Homer nicht der Rede wert.

Wer ermitteln will, wie weit westlich von Ithaka die Aiolos-Insel liegt, muß beachten, daß die Flotte *ununterbrochen* zehn Tage und neun Nächte lang segelte. Abweichend vom Grundsatz der antiken Schiffahrt, bei Einbruch der Dunkelheit an Land zu gehen oder doch an der Küste zu ankern und dort die Nacht zuzubringen, hatte Odysseus einen direkten Kurs übers offene Meer ohne Fahrtunterbrechung eingehalten, wodurch er eine erhebliche Strecke zurücklegte. Bei einer Fahrt in östlicher Richtung durch das westliche Mittelmeer kam den Schiffen zusätzlich die vorwiegend westöstliche Oberflächenströmung zugute, die hier im Jahresdurchschnitt zwischen 1/2 bis 1 Seemeile pro Stunde beträgt. Der vorherrschende Westwind tat ein übriges. Dafür spricht auch die Bemerkung in der Eumaios-Erzählung (15, 482), daß »Wind und Wasser« die Phönizier in die Gewässer um Ithaka brachten. Dies ist mit Sicherheit ein Hinweis auf die westöstliche Meeresströmung und den beständigen Westwind im Mittelmeer. Die Bedeutung, die hier dem Westwind zukommt, wird nicht dadurch gemindert, daß Homer vom »Hauch des Zephirs« spricht. Das heißt nicht, daß es sich um einen schwachen Westwind handelte, sondern daß ein angenehm warmer ozeanischer Südwest und nicht der meist kalte und stürmische mittelmeerische Nordwestwind wehte.

Geht man von diesen besonders günstigen Wind- und Strömungsverhältnissen aus, die der Geneigtheit des »Windgottes« Aiolos entspringen, dann läßt sich statt der gewöhnlich für Segelboote der Antike angesetzten Durchschnittsgeschwindigkeit von

5–6 Knoten für diese zügige Fahrt eine durchschnittliche Geschwindigkeit von 7–8 Knoten, also 7–8 Seemeilen in der Stunde annehmen.[55] Es ergeben sich so für eine ununterbrochene Fahrt von zehn Tagen und neun Nächten Kursdistanzen von rund 2900–3400 Kilometern. Diese theoretisch angenommenen Zahlen dürften nicht zu hoch gegriffen sein. Odysseus berichtet selbst (14, 257), daß er für die 600 Kilometer lange Fahrt von Kreta zur Nilmündung nur vier Tage benötigt habe. Der Wind kam dabei von Norden, also nicht direkt von achtern, so daß die Schiffe vom Wind »und vom Steuermann« gelenkt wurden. Die Fahrtgeschwindigkeit dürfte somit niedriger gewesen sein als bei plattem Fahrtwind. Ohne Schwierigkeit wurde jedoch eine Tagesleistung von rund 150 Kilometern erzielt.

Die Schnellsegler der Antike

Antike Schnellsegler fuhren in zwei Tagen von Nordafrika nach Ostia, der Hafenstadt Roms, und in sechs bis sieben Tagen von Gades in Südwestspanien zum gleichen Zielort. Ihre Geschwindigkeit lag demnach bei 6–7½ Knoten.[56] Wir wissen außerdem, daß die üblichen Handelsschiffe der Antike innerhalb von 24 Stunden (= 1 Etmal) 1000 Stadien zurücklegten. Das entspricht etwa einer Strecke von 175–180 Kilometern. Demgegenüber erreichten die schnellen Schiffe der Stadt Tartessos unter normalen Bedingungen in einer Tages- und Nachtfahrt 1200 Stadien, das sind 200 Kilometer und mehr.[57]

Die Schiffe von Odysseus und seinen Männern waren Kriegsschiffe, also Schnellsegler. Sie dürften eine Besatzung von über 50 Mann gehabt haben (»Fünfzigruderer«), wenn wir die Angaben Homers genau beachten. Als Odysseus auf der Insel der Kirke seine Mannschaft in zwei Gruppen teilte, umfaßte der Trupp des Eurylochos insgesamt 23 Mann. Da im Kampf mit den Kikonen jedes Schiff sechs Mann verloren hatte und Polyphem sechs Gefährten des Odysseus verschlang, muß die gesamte Besatzung seines Schiffes etwa 58 Köpfe stark gewesen sein.

Im Gegensatz zu den Wikingerbooten, die mit ihrer Länge von 20–25 Metern etwas kleiner und ursprünglich offene Ruderboote mit schwachem Kiel und ohne Segel waren, wurden die Schiffe des Odysseus durch Ruder *und* Segel fortbewegt. Welch beachtliche Geschwindigkeiten mit solchen Schiffen erreicht werden können, hat der Norweger Andersen bewiesen. Er überquerte im Jahre 1893 mit einem Nachbau des berühmten 23 Meter langen Gokstadschiffes aus dem 6. Jh. n. Chr. den Atlantik. Das mit Rudern und einem Rahsegel ausgerüstete Wikingerboot erzielte eine durchschnittliche Geschwindigkeit von 5–6 Knoten, schoß aber bei günstigem Wind mit 11 Knoten dahin! Die Durchschnittsgeschwindigkeit eines seetüchtigen Wikingerschiffs kann daher ohne weiteres auf etwas mehr als 6 Knoten veranschlagt werden.[58] Daß die hier angenommene Geschwindigkeit von 7–8 Seemeilen pro Stunde nicht zu hoch gegriffen ist, ergibt auch ein Vergleich mit den Leistungen eines anderen seefahrenden Volkes, den Polynesiern. Sie erreichten in ihren hochseetüchtigen, mit einem großen Segel getakelten Doppelbooten nach Messungen von James Cook eine Reisegeschwindigkeit von 7–8 Knoten.[59]

Da Odysseus stets mit Seebärenstolz von seinen schnellen, gutgebauten Schiffen spricht, dürften seine Boote, die ihre Segel nur bei äußerster Gefahr einzogen, in ihrer Geschwindigkeit und Fahrleistung kaum hinter den Tartessos-Schiffen, den Wikingerbooten oder den Booten der Polynesier zurückgestanden haben. Es läßt sich daher, zumal bei den hier gerühmten günstigen Wind- und Strömungsverhältnissen, eine Reisegeschwindigkeit von 7–8 Knoten zugrundelegen. So ergibt sich tatsächlich für eine ununterbrochene Fahrt von zehn Tagen und neun Nächten die oben angenommene Strecke von rund 2900–3400 Kilometern!

Geht man also davon aus, daß die Aiolos-Insel sicher mehr als 2000 Kilometer westlich der griechischen Westküste liegt, dann scheiden die Inseln im Umkreis von Sizilien aus: Malta, Linosa, Pantelleria, Lampedusa oder Ustica kommen ebensowenig in Betracht wie eine der Liparischen Inseln (Lipari, Vulcano, Stromboli). Da festlandsnahe und ganz kleine Inseln unberücksichtigt bleiben dürfen, stehen außer Sardinien und Korsika zunächst vor allem die

Balearen und Pityusen zur Wahl. Elba ist schon wegen seiner Festlandsnähe auszuschließen. Bei Korsika und Sardinien entspricht jedoch die Küstenbildung nicht dem in der Dichtung gegebenen Bild der Aiolos-Insel. Außerdem wäre von Korsika und Sardinien aus Ithaka bei Westdrift nur in einem stark gebrochenen Kurs zu erreichen, gleich, ob man eine Passage durch die Straße von Messina oder eine Fahrt um die Westspitze Siziliens annimmt. Schließlich ist es kaum denkbar, daß ein Oststurm die Flotte in diese Gegenden zurückgetrieben haben könnte. Gleiche Argumente sprechen auch gegen die Liparischen Inseln.

Doch selbst die Baleareninseln Mallorca und Menorca fallen nicht in die engere Wahl, weil die topographische Beschreibung, »ganz um sie herum ist eine Mauer, eine eherne, unzerbrechliche, und springt glatt der Fels auf«, auf sie nicht zutrifft. Allenfalls die felsige Nordwestküste Mallorcas verdient diese Charakterisierung, während die übrigen Küsten im wesentlichen flach und sandig sind. Aus gleichem Grund kommen die Pityuseninseln Ibiza und Formentera nicht in Frage. Die weit im Westen des Mittelmeeres, etwa 200 Kilometer ostwärts von Gibraltar gelegene Insel Alboran hat nur im Osten und Süden eine steil abfallende Felsküste, auch ist sie zu klein (600 × 280 Meter) für Stadt und Felder des Aiolos.[60]

Eine schwimmende Insel

Damit wäre die Zahl der auch nur vage in Betracht kommenden Inseln im westlichen Mittelmeer erschöpft, und die Vermutung, daß es sich bei der Aiolos-Insel offensichtlich *nicht* um eine Insel im Mittelmeer handelt, ist kaum von der Hand zu weisen. Es blieb dabei bislang noch unberücksichtigt, daß die Insel des Aiolos als eine »schwimmende« Insel geschildert wird. Über diese Charakterisierung ist viel gerätselt worden. Offenbar sollte damit zum Ausdruck kommen, daß diese Insel keine Verbindung mit dem Meeresgrund hat, also auf der Oberfläche des Meeres zu schwimmen scheint. Gewöhnlich läßt sich der Zusammenhang einer Insel mit dem Grund des Meeres unschwer durch eine Tiefenlotung in Küstennähe feststellen. Im Hauptgewässer der Antike, dem Mittelmeer, bietet eine solche Lotung in der Regel keine sonderlichen Schwierigkeiten, da die durchschnittliche Tiefe dieses Meeres in Küstennähe höchstens einige hundert Meter beträgt. Bei der Aiolos-Insel aber handelt es sich offensichtlich um eine Insel, die unmittelbar von sehr tiefem Wasser umgeben ist, so daß die antiken Seefahrer selbst mit ihren größten Lotleinenlängen in Küstennähe keinen Grund fanden. Für sie hatte deshalb diese Insel keine Verbindung zum Meeresgrund, schwamm also auf dem Meer.

Die Aiolos-Insel ist folglich nicht im Mittelmeer, sondern im Atlantik zu suchen, und zwar in einem Seegebiet des Atlantiks, das schon unmittelbar am Küstenrand ungewöhnlich große Tiefen aufweist. Westlich der Straße von Gibraltar liegen im Atlantik vier Inselgruppen, deren Eilande als »schwimmende Inseln« bezeichnet werden könnten. Alle vier sind vulkanischen Ursprungs, steigen aus großer Tiefe fast senkrecht auf und haben vielfach steil ins Meer abfallende Küsten. Es sind die Azoren, die Kapverdischen Inseln, die Kanarischen Inseln und die Insel Madeira. Von ihnen dürften die Azoren und die Kapverdischen Inseln bereits wegen ihrer großen Entfernung ausscheiden; auch unter günstigsten Fahrtbedingungen konnte man von dort mit einem antiken Segelruderer nicht in zehn Tagen und neun Nächten vor die Küste Griechenlands gelangen. Die Kanarischen Inseln sind ebenfalls auszuscheiden, weil es sich bei der Insel des Aiolos offensichtlich um ein isoliertes Eiland handelt, während die Kanaren eine Inselgruppe von dreizehn Inseln bilden. Auch wäre im Zusammenhang mit den Kanaren sicher der majestätische, 3700 Meter hohe Pic de Teide von Teneriffa erwähnt worden – eine jeden Seemann beeindruckende Landmarke.

Es bleibt Madeira. Madeira läßt sich als *eine* Insel bezeichnen, da das kleine Eiland Porto Santo und die drei winzigen Desertas nur unbedeutende Anhängsel sind. Die Hauptinsel entspricht allerdings mit erstaunlicher Genauigkeit allen Angaben des Epos über die Insel des Aiolos:

Sie liegt mitten im Meer, viele hundert Kilometer vom Festland entfernt. Die Bezeichnung »schwimmende Insel« paßt vorzüglich. Bis auf eine Stelle bei Ponta São Lourenço auf der Ostseite, wo die

Wassertiefe nur 80–100 Meter beträgt, fällt der Meeresboden in geringer Entfernung von der Küste in sehr große Tiefen steil ab, und das Meer erreicht unmittelbar südlich der Insel eine Tiefe von 4511 Metern![61] Die antiken Seefahrer konnten daher keinen Grund loten, so daß für sie die Insel nicht mit dem Meeresboden zusammenhing, sondern »auf dem Meer schwamm«.

Auch in seinem topographischen Aufbau entspricht Madeira der Insel des Aiolos. Hohe, örtlich bis zu 600 Meter steil abfallende Felswände umgeben die Vulkaninsel auf allen Seiten. Das von Homer gewählte Bild: »Ganz um sie herum ist eine Mauer eine eherne, unzerbrechliche, und springt glatt der Fels auf« trifft genau die geologische Struktur Madeiras mit der allseits aufragenden Steilküste aus glattem, schwarzem, hartem Basalt und dunklem Lavagestein, das sich wie ein »eherner Panzer« um die Insel legt (siehe Abbildung 1). Vor allem im Osten und Süden wirken die schwarzen Basaltmauern hoch und düster. Das Cabo Girão an der Südküste bildet mit 580 Meter Höhe nach Formosa die höchste Steilküste der Erde. Außer der Bucht von Machico besitzt die Insel keinen flachen Strand. Madeira ist tatsächlich eine »Insel ohne Ufer«. Selbst ein Ansteigen des Meeresspiegels um 200 Meter könnte die äußeren Umrisse der steil aus dem Meer herausragenden Insel und ihren Flächeninhalt nur unwesentlich verändern.[62]

Die Insel Madeira verfügt in reichlichem Maße über gutes Trinkwasser (vgl. 10, 54 »und schöpften uns Wasser«). Von dem hohen Gebirgsstock der Insel, dessen Spitzen über 1800 Meter aufragen, fließen zahlreiche Bäche ins Meer, wogegen die 23 Seemeilen nordöstlich gelegene Insel Porto Santo wasserarm ist. Im Gegensatz zu anderen atlantischen Inseln vor der Westküste Europas und Afrikas führen auf Madeira zahlreiche Flüsse und Bäche das ganze Jahr hindurch Wasser.[63]

Dieser Wasserreichtum und das milde ozeanische Klima schenken der Insel Madeira üppige Vegetation und fruchtbare Gärten. In den Vorratshäusern des Königs Aiolos lagerten genug Lebensmittel, um Odysseus und seine Gefährten einen Monat lang gut zu bewirten. Unter den Inseln im Ostatlantik, ja selbst des Mittelmeers, gab es keine von so paradiesischer Fruchtbarkeit wie Madeira.

Auch die geographische Lage Madeiras stimmt mit den Fahrtangaben Homers überein. Odysseus segelte mit seiner Flotte in zehn Tagen von der Insel des Aiolos mit Westwind bis vor Ithaka. Selbst wenn ein Segeln »mit Westwind« nicht notwendigerweise bedeutet, daß die Flotte mit reinem Ostkurs gesegelt ist, so ist doch ein nur wenig gebrochener Ostkurs anzunehmen, da die Flotte durch den später aufkommenden Sturm aus Osten auf demselben Kurs zurückgetrieben wurde. Bei einer Lokalisierung der Aiolos-Insel westlich der Straße von Gibraltar (die auf dem 36. Breitengrad liegt) kommt daher lediglich eine Insel in Betracht, deren geographische Breitenlage von diesem Breitengrad nicht allzusehr abweicht – und das wäre wiederum Madeira. Eine Fahrt von Madeira mit Westwind in die Straße von Gibraltar und ein Zurücktreiben durch diese Straße nach Madeira bei Ostwind sind angesichts der annähernd gleichen geographischen nördlichen Breitenlage von Madeira (32° 49'), Gibraltar (36°) und Ithaka (38°) durchaus denkbar. Selbst Sizilien bildet kein Hindernis für einen solchen Kurs, weil die Südspitze dieser Insel zwischen dem 36. und 37. Breitengrad liegt.

Die Holzinsel mit dem Drachenbaum

Die Insel Madeira war im Altertum bekannt. Als die portugiesischen Seefahrer João Gonçalves – genannt Zarco, der »Blauäugige« – und Tristas Vaz Teixeira am 8. Juli 1419 die Insel Madeira entdeckt zu haben meinten, war dies in Wahrheit nur eine Wiederentdekkung. Die ursprünglich ganz mit Wald überzogene Insel, die ihren Namen von portugiesisch *madeira* (= *materia* = Holz) herleitet, ist bereits auf einer italienischen Seekarte im Hafenbuch der Mediceer aus dem Jahre 1351 als *isola di legname* (Holzinsel) verzeichnet. Tatsächlich war jedoch Madeira lange vor der Zeitrechnung bekannt, wie mehrere antike Quellen beweisen.[64] Eine dieser Quellen ist der Bericht des Timaios (um 346–250 v. Chr.) bei Diodor, der im 1. Jh. v. Chr. lebte. Das fünfte Buch (Kap. 19, 20) seiner Weltgeschichte erwähnt eine Insel im Atlantik »nach Westen zu und Libyen (d. i. Afrika) gegenüber... mehrere Tage von Libyen entfernt...« In Gadeira (Gadiz) ansässige Phönizier sollen sie entdeckt haben, als sie bei einer Fahrt an der westafrikanischen Küste vom Sturm auf das Meer hinausgetrieben wurden. Die Insel wird beschrieben als ein Eiland mit fruchtbaren Ebenen, dicht bewaldeten Bergen, schiffbaren Flüssen und einem vollkommen ausgeglichenen Klima. Damit kann – das ist heute die überwiegende Meinung der Wissenschaftler – nur Madeira gemeint sein, weil auf keine der übrigen Inseln des Ostatlantiks alle diese Angaben zutreffen. Unter den atlantischen Inseln im Seegebiet vor Afrika hat – neben allen anderen Merkmalen – tatsächlich nur Madeira von allen bekannten Orten der Alten Welt das gleichmäßigste Klima und den mildesten Winter, dazu einen Sommer, der kühler ist als der im Süden Europas. Besonderes Interesse verdient die Bemerkung Diodors, die Bewohner der Insel hätten »zum Schmausen und Tafeln die Hülle und Fülle«; fast klingt dies wie eine Wiederholung der Schilderung zu Beginn des zehnten Gesangs der Odyssee »... und Essen ist da in endloser Fülle« (Weiher).

Nach Diodor müßte die Entdeckung der Insel durch die Phönizier in die Zeit von 535–474 v. Chr. fallen, doch ist ein erheblich früherer Zeitpunkt, nämlich bald nach der Gründung von Gadeira (um 1100 v. Chr.), wahrscheinlicher. Auch die Griechen dürften die Insel längst vor dem 6. Jh. v. Chr. gekannt haben. Festzuhalten ist die weitere Angabe des Berichterstatters, Karthago habe alle Nachrichten über den neuen Ort unterdrückt. Dazu hatten die Phönizier auch guten Grund. Denn auf dieser Insel wuchs (wie auch auf den Kanarischen Inseln) der heute selten gewordene Drachenbaum *(Dracaena draco)*. Dieser liefert bei Verletzung seiner Rinde ein rotes Harz, das »Drachenblut«, das als wertvoller Rohstoff für die Herstellung edler roter Farbe diente. Neben dem Handel mit Edelmetall sowie mit Kupfer und Zinn war es vor allem der für das Färben der Amtstrachten wichtige Purpur, der den phönizischen Reichtum begründete. Nachdem die Phönizier anfänglich aus dem Saft der Purpurschnecke den begehrten Farbstoff hergestellt hatten, war ihnen mit der Entdeckung des Drachenbaums ein weiterer guter Farbstoff zur Hand, dessen Gewinnung zudem einfacher war.[65]

Bei Strabo, dem um die Zeitenwende lebenden griechischen Geographen, wird ein Bericht des Poseidonios (135–51 v. Chr.) wiedergegeben über die Fahrten des griechischen Seemannes Eudoxos von Kyzikos (um 150–100 v. Chr.), der bei seinem Versuch, von Spanien aus den Seeweg nach Indien zu finden, nach Westafrika gelangte. Auf seiner Rückfahrt erkundete er vor der Westküste Afrikas eine »wasserreiche und dichtbewaldete Insel«. Die Kennzeichnung »wasserreich« trifft allein auf Madeira zu. Die anderen atlantischen Inseln vor der westafrikanischen Küste weisen kaum Quellen und nur geringe Niederschlagsmengen auf.

Einen dritten Literaturhinweis überliefert der Historiker Plutarch. In seinem Werk über den römischen Feldherrn Gaius Sertorius (Kap. 8) erwähnt er, daß um 80 v. Chr. einige Seefahrer aus Gades (Gadiz) nach ihrer Rückkehr dem römischen Kriegsmann in Spanien berichtet hätten, sie seien – weit von Afrika entfernt draußen im Meer – auf zwei Inseln gestoßen. Diese lägen vor Nord- und Ostwinden geschützt, im Bereich milder westlicher und südlicher Brisen, die sanften, befruchtenden Regen brächten. Der Hinweis auf das bekömmliche Klima, die vorwiegend südwestlichen Winde, die durch den Regen begünstigte große Fruchtbarkeit und die Erwähnung zweier Inseln lassen wiederum auf Madeira und die Nebeninsel Porto Santo schließen.

Es bleibt noch ein Punkt zu klären: die Odyssee spricht von Inzest in der Familie des Königs Aiolos. Es heißt da (10, 4–7): »Ihm waren auch zwölf Kinder in den Hallen geboren worden: sechs Töchter und sechs Söhne, die standen in Jugendreife. Da gab er die Töchter den Söhnen, daß sie ihnen Lagergenossinnen wären.« Diese Angabe des Dichters wird von den meisten Forschern ignoriert oder mit der Bemerkung abgetan, er habe zeigen wollen, daß es sich hier um wilde, barbarische Menschen handelte, da die Griechen Ehen zwischen Geschwistern als nicht der Sitte entsprechend ablehnten. So einfach läßt sich jedoch über diesen Fall von Blutschande nicht hinweggehen. Das Inzestverbot zwischen Bruder und Schwester sowie Eltern und Kindern war bei einigen Völkern des Altertums, namentlich für die Herrscherfamilien, nicht verbindlich. Zu diesen Völkern gehörten neben den Persern, Ägyptern und anderen Stämmen des Vorderen Orients vor allem die Megalither.

Blonde aus der Steinzeit

Als die Spanier im Jahre 1402 n. Chr. mit der Eroberung der Kanarischen Inseln begannen, trafen sie dort auf eine Bevölkerung, in deren Königsfamilien die Geschwisterehe üblich war. Bei dieser Bevölkerung, die sich auf Teneriffa Guanchen (= Söhne der weißen Berge) nannte, handelt es sich um ein Volk mit altertümlichen Kulturzügen. Diese Guanchen – der Name wurde später für die Bewohner aller Kanareninseln verwendet – waren das einzige Volk der weißen Rasse, das seine Kultur von der jüngeren Steinzeit bis in die Neuzeit bewahrt hatte. Sie kannten kein einziges Metall. Gegen die eindringenden Spanier setzten sie sich mit Waffen aus Holz, Horn und Stein zur Wehr. Ihre Hauptwaffe waren mit großer Treffsicherheit von Hand geschleuderte Steine.

Nach den spanischen Berichten des 15. und 16. Jahrhunderts waren diese Steinzeitmenschen hochgewachsen, mit etwas groben Gesichtszügen, einer weißen, bei den Frauen rosigen Haut, mit hellen Augen und langem, blondem Haar.[66] Da die Guanchen ihre Toten mumifizierten, besitzen wir zahlreiche vollständige Skelette, zum Teil mit erhaltenen Hautteilen und Haaren. Anthropologische Untersuchungen ergaben, daß die Guanchen tatsächlich eine hellhäutige Rasse von blonder Haarfarbe und großem Wuchs waren. Ihre Männer erreichten eine für Steinzeitmenschen ganz ungewöhnliche Körperhöhe von 180 Zentimetern und mehr. Dieser Menschentypus wies die wesentlichen Merkmale der Cro Magnon-Rasse auf.[67]

Sehr wahrscheinlich gehören die Guanchen zur großen Volksgruppe der Megalither. Deren typische archäologische Kennzeichen – Kyklopenmauern, Hünensteine, steinerne Grabkammern, Grabsäulen usw. – finden sich heute noch auf den Kanaren.[68] Die Megalither hatten in der Stein- und Bronzezeit vor allem die Westküsten Europas besiedelt und saßen auch in Nordwestafrika. Aufgrund der Verwandtschaft der kanarischen Sprache mit den Berberdialekten besteht in der Wissenschaft Einigkeit, daß die Guanchen über See auf die Kanaren eingewandert sind und die dortige eigentliche Urbevölkerung – ein Volk von kleiner Statur und dunkler Haut- und Haarfarbe – nach und nach unterwarfen.[69] Auch Madeira dürften sie in Besitz genommen haben. Die Annahme einer solchen Besiedlung wird in dem Bericht des Sertorius bei Plutarch bestätigt. Nach diesem Bericht war die Insel Madeira damals bewohnt. Da die Megalither – eine zahlenmäßig nur dünne Oberschicht in weit verstreuten Siedlungsgebieten – offenbar aus Gründen sozialer Exklusivität den Geschlechtsverkehr zwischen nahen Verwandten bejahten, nimmt es kaum wunder, daß Aiolos nicht die geringsten Bedenken gegen eine Geschwisterehe seiner Kinder hatte.

Madeira war also die Insel des Aiolos. Die Strecke Madeira–Ithaka ist nicht so groß, daß die Flotte des Odysseus sie in zehn Tagen und neun Nächten nicht hätte zurücklegen können: sie beträgt rund 3400 Kilometer. Das ist eine Distanz, die bei außergewöhnlich günstigen Wind- und Strömungsverhältnissen im gegebenen Zeitraum gesegelt werden kann. Die Flotte erschien zudem erst spät am Abend des zehnten Tages vor der griechischen Küste, als die Scheiterhaufen der Feuerwachen schon überall loderten.

Die Heimat lag nahe, aber für Odysseus und seine Männer rückte sie schon bald erneut in unerreichbare Ferne. Die aus dem Lederschlauch freigesetzten Winde trieben sie wieder auf den Atlantik zurück, hinein in ihr nächstes, furchtbares Abenteuer.

V

Der Überfall im Hafen der riesigen Laistrygonen

Diesmal wurde den Griechen die Landung zum Verhängnis. Die Flotte fuhr zwischen hohen Felsen in den Hafen der Laistrygonen ein. Oben auf den Klippen erhoben sich plötzlich die riesigen Gestalten der laistrygonischen Krieger, aus dem Hinterhalt prasselten Steinbrocken auf die Griechenschiffe herab, die im engen Fahrwasser nicht auszuweichen vermochten. Elf griechische Schiffe wurden zerstört, ihre Mannschaften getötet oder gefangengenommen, die Gefangenen später aufgegessen. Allein Odysseus, stets vorsichtig, war mit seinem Schiff außerhalb der Felsenenge geblieben und entkam so samt seiner Besatzung dem Gemetzel. Über fünfhundert Ithaker hatten ihr Leben verloren; rund fünfzig setzten verstört ihre Fahrt fort.

Wie eine Mischung aus Schauermärchen und Seekriegsbericht klingt dieses blutige Abenteuer. Es kann sich jedoch wirklich so abgespielt haben. Anhand der zahlreichen Angaben ist sogar eine Lokalisierung des Ortes möglich, an dem das Gemetzel stattfand. Die Dauer der Fahrt von der Aiolos-Insel zum Hafen der Laistrygonen ist hier zunächst von Bedeutung. Homer gibt die Fahrtdauer mit mehr als sechs Tagen an, wobei die Flotte nicht nur am Tage, sondern auch während der Nacht fuhr. Am siebten Tag kam sie zu dem »herrlichen Hafen« (10, 80). Über die Fahrtrichtung aber verlautet so gut wie nichts. Aus der Angabe, daß die Flotte ununterbrochen auf See war, wäre zu schließen, daß es sich hier nicht um die im gezeitenarmen Mittelmeer übliche Fahrweise entlang der Küste handelte, bei der man abends in Landnähe vor Anker ging. Auch dies war eine Fahrt über das offene Meer.

Verschiedene Forscher folgern aus einer Stelle im zehnten Gesang, Odysseus sei auf der Fahrt zum Laistrygonenland nach Nordeuropa gelangt. Es heißt dort: »Da könnte ein Mann ohne Schlaf sich wohl doppelten Lohn verdienen: den einen als Rinderhirte, den anderen, weiße Schafe weidend, denn nahe sind die Pfade der Nacht wie auch des Tages« (10, 84ff.). Das mag wie eine Anspielung auf die Mittsommernächte des hohen Nordens klingen.[70] Nun ist richtig, daß Odysseus, wie wir noch sehen werden, auf seiner Fahrt bis in den hohen Norden Europas gelangte; so weit aber war er bei den Laistrygonen gewiß noch nicht gekommen. Das Laistrygonenland kann schon deshalb nicht in Nordeuropa gelegen haben, weil Hafen und Stadt Telepylos höchstens eine Fahrt von 6½ Tagen und Nächten von der Aiolos-Insel entfernt waren. Bei einer so relativ kurzen Fahrtzeit konnte die Flotte nicht weit hinauf nach Norden gekommen sein, lokalisiert man die Insel des Aiolos nun im Mittelmeer oder im Atlantik als Madeira.

Aufschlußreich für die Fahrtleistung sind zunächst die Bemerkungen Homers über das »fehlende Heimgeleit« und die »schmerzliche Ruderarbeit« (10, 78, 79). Das heißt also: ein für die Heimfahrt nach Ithaka günstiger Wind blieb aus, und die Mannschaft wurde durch Rudern stark in Anspruch genommen. Der Satz »nicht mehr zeigte sich ein Heimgeleit« kann einmal bedeuten, daß der bei der ersten Abfahrt von der Aiolos-Insel wehende günstige Westwind ganz fehlte oder doch wesentlich schwächer war, so daß die Flotte mit den Segeln nicht rasch genug vorankam und mit Rudern nachgeholfen werden mußte. Es kann aber auch bedeuten, daß der Wind aus einer anderen, für die Heimreise ungünstigen Richtung wehte.

Was die Reisegeschwindigkeit angeht, so schließt der Hinweis auf ermüdende Ruderarbeit keineswegs aus, daß streckenweise auch die Segel gesetzt waren. Nirgends ist gesagt, daß die Boote *nur* durch Rudern fortbewegt wurden. Bei der Ermittlung der Reisegeschwindigkeit ist also sowohl die Geschwindigkeit der Ruder als auch die der Segel in Betracht zu ziehen. Die durchschnittliche Rudergeschwindigkeit für ein antikes Ruderboot mit fünfzig Rudern (wie sie die Boote des Odysseus besaßen) wird allgemein mit 3–3 1/2 Knoten angenommen. Die normale Segelgeschwindigkeit dieser großen Segelboote beträgt 4–6 Knoten. Nach dem Hinweis auf die »schmerzliche Ruderarbeit« müssen wir davon ausgehen, daß die Ruder das hauptsächliche Fortbewegungsmittel waren. Durch das gelegentliche Setzen der Segel dürfte sich die Fahrt der Boote etwa um 1/2–1 Knoten gesteigert haben, vielleicht auch um etwas mehr, da es sich um Schnellsegler handelte, so daß man eine Reisegeschwindigkeit von durchschnittlich rund 3 1/2–4 1/2 Knoten annehmen kann. Das ergibt eine Gesamtstrecke – bei einer ununterbrochenen Fahrt von sechseinhalb Tagen und Nächten – von rund 1 000–1 300 Kilometern. Da Homer sich nicht näher über den Umfang der Rudertätigkeit und die Windverhältnisse äußert, muß man eine solche Fahrtstrecke zugrundelegen.

Ist Madeira die Insel des Aiolos, so kommen für eine Lokalisierung des Laistrygonenhafens lediglich Afrika und die Iberische Halbinsel in Betracht. Die unmittelbar gegenüberliegende afrikanische Westküste scheidet aus, weil die Flotte, selbst wenn sie sich nur der Ruder bedient hätte, bei einer ununterbrochenen Tag- und Nachtfahrt das östlich von Madeira nicht mehr als 600 Kilometer entfernt liegende Festland erheblich früher als am siebten Tag erreicht haben müßte. Die nordafrikanische und die spanische Mittelmeerküste scheiden ebenfalls aus, weil der Odyssee zufolge von einer ununterbrochenen Fahrt, also von einer Fahrt über das offene Meer auszugehen ist, die erst mit dem Erreichen des Laistrygonenhafens endete. Die Flotte kann nicht in den Bereich der Straße von Gibraltar und ins Mittelmeer gelangt sein, da sie sonst bei den ungünstigen Windverhältnissen, entsprechend der Praxis der antiken Seefahrer, abends in Küstennähe geankert hätte.

Daraus folgt, daß wir das Land der Laistrygonen im Gebiet der atlantischen Küste der Iberischen Halbinsel zu suchen haben. Dieses Küstengebiet liegt durchaus im Bereich der ermittelten Gesamtstrecke von rund 1 000–1 300 Kilometern. Wenn Odysseus von der Aiolos-Insel Madeira in nordöstlicher Richtung fuhr, dann werden die Angaben Homers über die wenig günstigen Windverhältnisse und den dadurch bedingten stärkeren Gebrauch der Ruder verständlich, denn in diesem Seegebiet weht im Sommer meist ein Nordost-Passat, der nur gelegentlich von einem aus Südwesten wehenden Gegenpassat abgelöst wird.[71] Während bei der ersten Abfahrt von Aiolia der relativ seltene, deshalb auch auf die besondere Gunst des Windgottes Aiolos zurückgeführte Gegenpassat aus Südwesten wehte – ein guter Wind für die ostwärts fahrende Odysseusflotte –, hatten die Boote bei der zweiten Abfahrt offensichtlich mit den üblichen, für sie ungünstigen Nord- und Nordostwinden zu kämpfen.

Wenig günstig für ein in nordöstlicher Richtung fahrendes Boot ist auch der vom Golfstrom abzweigende, in südwestlicher Richtung verlaufende Kanarenstrom. Nordost-Passat und Kanarenstrom haben in früherer Zeit den Schiffsverkehr von Madeira und den Kanarischen Inseln nach dem Mittelmeer sehr erschwert und den Kanaren den Namen »Inseln ohne Wiederkehr« eingetragen. Da die seetüchtigen Schiffe des Mittelalters und der beginnenden Neuzeit allein auf ihre Segel angewiesen waren, konnten ungünstige Wind- und Strömungsverhältnisse die Rückfahrt von den Kanarischen Inseln tatsächlich zu einem ernsten Problem machen. Da waren die antiken Boote besser gewappnet, denn außer dem Segel verfügten sie über zahlreiche Ruder, so daß Windstille oder selbst Gegenwind sie nicht aufhalten konnten.

Die schlechten Wind- und Strömungsverhältnisse wurden erst besser, als die Flotte sich dem iberischen Festland näherte: vor der portugiesischen Küste überwiegen südwestliche Winde. Dabei ist wichtig, daß sowohl die südliche als auch die nördliche Drift »fast stets eine küstenwärts gerichtete Komponente erkennen lassen«, daß also in jedem Falle die Flotte auf die iberische Küste zugetrieben wurde.[72]

Hafen und Stadt Telepylos

Wo nun lagen an der iberischen Atlantikküste Hafen und Stadt Telepylos, die Heimat der Laistrygonen? Homer macht Angaben über die Gestalt des Hafens, die Lage der Stadt und über das Volk der Laistrygonen (10, 88f.), die ins Detail gehen und sehr kennzeichnend sind. Hier die wichtigsten Fakten:

1. Es gibt einen sehr guten Hafen, um den sich rings Felsen ziehen, und zwar auf beiden Seiten und über eine lange Strecke.
2. Die Hafeneinfahrt ist durch das Zusammentreten der Uferfelsen sehr eng.
3. Im Inneren des Hafens ist das Meer ruhig: »denn niemals wuchs die Flut in ihm heran, weder groß noch gering, sondern rings war lichte Meeresglätte.«
4. Am Hafeneingang erhebt sich ein schroffer, als Ausguck geeigneter Felsen.
5. Vom Hafen aus führt auf gleichbleibender Höhe ein Weg in die Stadt, die ein beträchtliches Stück landeinwärts liegt.
6. Zur Seite dieses Weges steigen bewaldete Berghänge auf.
7. Vor der Stadt liegt eine Quelle, von der die Einwohner das Trinkwasser holen.
8. Die Stadt liegt auf einem Berg; zur Quelle muß man hinabsteigen.
9. Die Laistrygonen sind riesengroße, starke Menschen, die mit schweren Wurfsteinen und Lanzen aus dem Hinterhalt kämpfen.
10. Sie sind Menschenfresser.
11. Die Frau des Königs Antiphates ist groß wie »das Haupt eines Berges«.
12. Die Laistrygonen treiben Viehzucht mit Rindern und Schafen, doch keinerlei Ackerbau.
13. »Nahe sind dort die Pfade der Nacht wie auch des Tages.«

Diese Beschreibung erlaubt es, eine Reihe von Häfen an der spanisch-portugiesischen Atlantikküste vorweg auszuschließen. So kommt also etwa Cadix oder Gadiz an der spanischen Südwestküste nicht in Frage. Diese vermutlich um 1100 v. Chr. von den Phöniziern als Konkurrenz zu dem berühmten Handelsstützpunkt Tartessos angelegte Stadt war befestigt, wie ihr ursprünglicher Name Gadir sagt (*gadir* = phönizisch Burg). Die Griechen nannten die Stadt Gadeira, die Römer Gades. Bereits im Altertum besaß sie einen ausgezeichneten Hafen, der von seiner heutigen Gestalt abwich. Die Topographie des antiken Hafens, die überliefert ist, stimmt jedoch nicht mit den Angaben der Odyssee überein. Gadir lag an der Nordspitze einer schmalen, heute mit dem Festland verbundenen Insel. Das ist typisch für die Anlage einer phönizischen Hafenstadt: fast stets auf einer vorgelagerten Insel – zum Schutz gegen Überraschungsangriffe vom Land her. Nichts könnte also mehr von dem Bild abweichen, das die Odyssee von der Stadt der Laistrygonen zeichnet, die weit landeinwärts liegt. Zudem fehlen die den Hafen einfassenden Felshänge zu beiden Seiten.

Einen anderen günstigen Hafen im antiken Iberien besaß die vermutlich bereits gegen das Ende des 3. Jahrtausends v. Chr. gegründete Stadt Tartessos.[73] Im 2. Jahrtausend wie in der ersten Hälfte des 1. Jahrtausends v. Chr. war diese damals bedeutendste und reichste Industrie- und Handelsstadt Europas eine Metropole des Welthandels und Hauptknotenpunkt der Atlantikschiffahrt. Ursprünglich ein Ausfuhrhafen für im Hinterland gewonnenes Kupfer, Zinn und Silber, wurde Tartessos später zum Hauptumschlagplatz für das aus der Bretagne wie aus Cornwall verschiffte Zinn, für irisches Gold und Kupfer sowie für germanischen Bernstein. Es ist bis heute nicht bekannt, wo Tartessos oder Tarsis, das sündige Tarschisch der Bibel, wirklich gelegen hat. Manche Wissenschaftler suchen es im Mündungsgebiet des Guadalquivir, südlich von Sevilla oder bei Jerez de la Frontera, andere dort, wo heute die Stadt Huelva und der von Kolumbus und anderen Entdeckern benutzte Hafen Palos liegt.[74]

Gleich, wo man die um das Jahr 500 v. Chr. von den konkurrenzneidischen Phöniziern gründlich zerstörte Stadt vermutet: Tartessos dürfte als die gesuchte Stadt Telepylos nicht in Frage kommen. Sollte nämlich Tartessos im Mündungsgebiet des Guadalquivir entweder bei dem heutigen Jerez de la Frontera oder südlich von Sevilla gelegen haben, dann wären Identifizierungen mit Telepylos schon deshalb nicht denkbar, weil die Umgebung beider Orte flach und ohne die hafensäumenden Felsen ist. Sucht man Tartessos nahe bei den alten Kupfer- und Zinnminen der Sierra Morena, also im Mündungsgebiet des Rio Tinto, dann erscheint die hier gelegene Stadt Huelva mit dem Hafen Palos gleichfalls nicht als heutige Entsprechung zum homerischen Telepylos, weil Huelva früher unmittelbar am Meer lag und erst im Laufe der Jahrhunderte durch das Schwemmland des Rio Tinto zur Binnenstadt geworden ist.

Bei der Suche nach einem anderen entsprechenden Hafen an der iberischen Atlantikküste fällt der Blick auf Portimão in der portugiesischen Südprovinz Algarve. Stadt und Hafen liegen etwas landeinwärts; die Zufahrt führt durch eine schmale felsige Schlucht. Die Stadt Portimão liegt jedoch nicht auf einem steilen Berg, und die Gebirgswälder der Serra de Monchique zeigen sich nicht vor der Stadt, wenn man sich vom Meer her nähert, sondern hinter ihr. Auch Portimão weist also nicht alle erforderlichen Merkmale auf.

Vom Kap S. Vicente an der Südwestspitze der Iberischen Halbinsel ist die atlantische Küste gegen Norden über große Strecken hin flach. Den hier gelegenen Häfen fehlt das charakteristische Merkmal der homerischen Beschreibung, daß »sich rings der Fels hinzieht, steil aufsteigend, fort und fort auf beiden Seiten«. Entweder liegen die Häfen in flacher, sandiger Umgebung, oder sie sind höchstens auf einer Seite von Bergen umfaßt.

Häfen in »ertrunkenen Flüssen«

Von Bergen auf *beiden* Seiten eingeschlossene Häfen finden sich erst wieder an der Nordwestecke der Halbinsel. Hier liegen die seit Jahrtausenden benutzten Häfen von Vigo, Pontevedra, Padrón, Noya, La Coruña. Sie alle haben im Altertum eine bedeutende Rolle gespielt, weil auf den ihnen vorgelagerten Inseln oder in ihrem Hinterland reiche Erzvorkommen, besonders an Silber und Zinn, abgebaut wurden. Typisch für diese Häfen ist ihre fjordartige Gestalt. Sie liegen an der Mündung von Bergflüssen, die sich auf ihrem Weg zur Atlantikküste tief in die Felsen der Gebirge am Westrand der Iberischen Halbinsel eingegraben haben und deren Mündungsläufe sich durch Senkung des Landes unter den Meeresspiegel zu weit ins Land hineinreichenden Hafenbuchten erweiterten. Diese »ertrunkenen Flußmündungen« nennt man Rias (von *rio* = Fluß). Sie sind ziemlich schmal, trichterförmig, mit hohen, felsigen Ufern. Ihre Gestalt entspricht durchaus den Beschreibungen der Odyssee, die ein fjordartiges Aussehen des Laistrygonenhafens vor Augen stellt. Wegen dieser Ähnlichkeit mit norwegischen Fjorden meinten viele Forscher, den Hafen der Laistrygonen in Norwegen suchen zu müssen, was schon wegen der Entfernung unmöglich ist.

Das Argument der allzu großen Entfernung gilt auch für den größten Teil dieser Rias-Häfen von La Coruña bis hinunter zur Ria de Muros y Noya: sie liegen bereits zu weit ab von der Aiolos-Insel. Kein antikes Schiff hätte bei den geschilderten widrigen Wind- und Strömungsbedingungen in sechseinhalb Tagen und Nächten von der Insel des Windgotts zu diesen Häfen gelangen können, gleich, ob man die Aiolos-Insel im Mittelmeer oder im Atlantik sucht.

Die Häfen von Padrón, Pontevedra und Vigo sind dagegen nicht mit Gewißheit auszuschließen, weil unsere Berechnung der Gesamtstrecke von 1000–1300 Kilometern keine exakte Basis hat, sondern auf – wenn auch wahrscheinlichen – Annahmen beruht. Es könnte also möglich sein, daß die Flotte in der angegebenen Zeit diese Häfen erreichte. Dennoch scheiden auch sie aus, weil hier die Rias viel zu breit sind. Der Odyssee zufolge muß es sich nicht nur um einen Hafen mit schmaler Einfahrt, sondern auch um einen verhältnismäßig engen Hafen handeln, da die Laistrygonen vom Ufer aus durch Steinwürfe die griechischen Schiffe zerstören konnten, wobei die Griechen wegen der Enge des Hafens den Geschossen nicht auszuweichen vermochten.

Nun ist die zum Hafen von Padrón führende Ria de Arosa an ihrer engsten Stelle noch 4 Kilometer breit, auch weist ihre Zufahrt eine Breite von über 5 Kilometern auf. Sie scheidet daher mit Sicherheit aus. Nicht viel anders liegen die Dinge bei der Ria de Pontevedra. Sie hat im Innern eine Breite von 4 Kilometern. Auch die Ria de Vigo kommt nicht in Betracht. Sie ist zwar an ihrer engsten Stelle nur einen Kilometer breit, aber ihre Zufahrt vom Meer her hat die stattliche Breite von 10 Kilometern, während sie im Innern durchschnittlich 5 Kilometer breit ist.

Abbildung 4:
Der *North Haven* der Insel Fair mit seinem flachen Strand, auf den die Griechen ihr Schiff hinaufziehen konnten. Bei den hohen Steilküsten, die die Insel umgürten, ein unerwartet idealer Hafen.

Als ein weiterer Flußhafen bleibt in diesem Bereich die Ria des Miñho, des Grenzflusses zwischen Spanien und Portugal. Diese Ria liegt – da die Entfernung von Madeira rund 1 200 Kilometer beträgt – anders als weiter nördliche Rias-Häfen innerhalb der angegebenen Fahrtdistanz über sechseinhalb Tage und Nächte. Die Miñho-Mündung zeigt ebenfalls jene fjordartige Gestalt, wie sie für die Rias typisch ist. Auch hier hat sich der Fluß auf seinem Lauf zur Küste ein tiefes Bett ins Felsgestein gegraben, und seine Mündung wird auf beiden Seiten von Bergen flankiert. Die Senkung des Landes unter den Meeresspiegel schuf hier ebenfalls eine »ertrunkene Flußmündung«, die einen idealen natürlichen Hafen abgibt, den schon die antiken Schriftsteller rühmend erwähnen. Poseidonios hebt am Miñho hervor, daß er hohe Ufer habe, so daß bei Flut das Wasser nicht über die Ufer trete, und Strabo bezeichnet die Miñho-Mündung mit der Insel Insua als einen vortrefflichen Ankerplatz (Geographie, 3, 153).

Auf zwei Seiten säumen Berghänge den Hafen der Miñho-Mündung: auf der Nordseite liegt der steil in die Höhe ragende, bis 352 Meter hohe Bergkegel des Monte Santa Tecla, während sich an der Südseite ein zum Fluß abfallendes Waldgebirge hinzieht, das an der Flußmündung mit dem Monte Salgueiros die stattliche Höhe von 575 Metern erreicht. Als unverkennbare Landmarken für den Seemann zeigen sich am Nordufer des Miñho der Monte Santa Tecla und für die von Süden kommenden Schiffe die südlich der Mündung sich erstreckende Serra de Santa Luzia mit ihrem weithin sichtbaren 552 Meter hohen Gipfel. Die Nordhänge dieses bewaldeten Berg-

Abbildung 5:
Die Blendung des Kyklopen Polyphem. Nach dieser Darstellung auf einer attischen Schale um 500 v. Chr. (Antikenmuseum Berlin-West) hat der Riese deutlich sichtbar zwei Augen! Auf der Brust trägt er zusätzlich als »drittes Auge« das megalithische »Augenmotiv«.
Abbildung 6:
Der listenreiche Odysseus flieht, unter dem Bauch eines Widders verborgen, aus der Höhle des geblendeten Polyphem. (Griechische Vase um 510 v. Chr., Landesmuseum Baden, Karlsruhe.)

zuges treten so dicht an den Fluß heran, daß beim Bau der Straße (wie der Eisenbahnstrecke) nur ein schmaler Streifen zu nutzen war. Auch die Einfahrt in den Hafen ist schmal, denn unmittelbar an der Mündung springen zangenartig von Norden und von Süden Uferfelsen vor. Im Norden ist es die Punta de los Picos am Südabfall des Monte Santa Tecla, auf der Südseite die Punta Ruiva. Zwischen beiden bleibt nur eine Durchfahrt von etwa 1 200 Metern Breite.

Im Vergleich zu den meist mehrere Kilometer breiten Einfahrten in die anderen – nördlichen – Rias ist diese Durchfahrt recht schmal. Gemessen an den relativ kleinen Booten der Griechen erscheint dieser Meeresarm, der sich im Inneren der Mündung zwischen Caminha und Lanhelas verbreitert, jedoch wiederum allzu geräumig. Es fällt daher trotz allem schwer, in der Minho-Mündung den gesuchten engen Hafen mit der schmalen Zufahrt zu sehen. Auch liegen die Ufer so weit auseinander, daß es den Laistrygonen kaum möglich gewesen sein dürfte, von den Berghängen aus mit Steinwürfen die griechische Flotte zu vernichten.

Der »herrliche« Hafen

Etwa 70 Kilometer südlich der Minho-Mündung liegt ein weiterer, auf beiden Seiten von Bergen umgebener natürlicher Hafen. Hier mündet der Dóuro. Wie auch bei den anderen Rias im Nordwesten der Halbinsel hat der Fluß sich in den Felsen eingeschnitten und bildet an seinem Unterlauf steile, bis zu 70 Meter fast senkrecht abfallende Felsufer. Etwa 5–6 Kilometer von der Mündung des Dóuro in den Atlantik entfernt erhebt sich auf steilem Granitfelsen die Stadt Porto oder Oporto. Diese Stadt, deren Name schlicht »der Hafen« bedeutet, war schon in der Antike bekannt für ihren guten Hafen, den *portus cale.* Der Name dieses Hafens, der auf das griechische Wort *kalos* (= herrlich, trefflich, schön) zurückgeht, ist später der Name der Grafschaft Portucalia und dann des gesamten Landes Portugal geworden.

Aber nicht das heute auf dem rechten Flußufer liegende Porto, sondern die gegenüber auf der linken Seite des Dóuro sich ausbreitende Vorstadt Vila Nova de Gaia ist die ursprüngliche alte Siedlung. Schon zur Römerzeit lag dort ein Fischerstädtchen mit dem Namen Cale, als die Stadt Porto noch gar nicht existierte. Der Hafen dieser Siedlung, der *portus cale,* lag ursprünglich am südlichen Dóuro-Ufer. Erst im 10. Jahrhundert n. Chr. griffen Ort und Hafen auch auf das nördliche Ufer über, wo das heutige Porto liegt. Dieser Hafen muß jedoch lange vor der Römerzeit bekannt gewesen sein, denn es gibt Anhaltspunkte dafür, daß vordem eine griechische Kolonie an der Dóuro-Mündung bestand.[75]

Der »herrliche Hafen«, wegen seiner ziemlich südlichen Lage in angemessener Entfernung zur Aiolos-Insel Madeira gelegen, dürfte am ehesten den Angaben der Odyssee über den Hafen der Laistrygonen entsprechen. Er ist wirklich eng und wird auf beiden Seiten von steilen Felsen überragt. Von der Höhe von Arrabida an, wo heute im Westen von Porto eine 1963 für den Verkehr freigegebene Autobahnbrücke den Dóuro überquert, bis zu der 1877 von Eiffel, dem Schöpfer des Pariser Eiffelturms, erbauten Eisenbahnbrücke Ponte de Doña Maria Pia im Osten der Stadt säumen senkrecht abfallende Granitfelsen das Flußbett. Die steilen Ufer, die auf beiden Seiten bis zu 120 Meter aufsteigen, liegen hier durchschnittlich 200–300 Meter auseinander. An der schmalsten Stelle sind es nicht einmal 140 Meter!

Verteidigern müßte es hier leichtfallen, eine in die Flußmündung eingedrungene Flotte mit Steinwürfen von beiden Uferhöhen herab zu vernichten. Damals gab dichter, von den Höhen bis hinab zum Fluß reichender Baumbewuchs gute Deckung für den Überraschungsangriff der Laistrygonen, die den Blicken der Griechen entzogen blieben; der Feind schien aus allen Richtungen anzugreifen. Für die überraschte Flotte des Odysseus gab es wegen der Enge des cañonartigen Flußtals keine Möglichkeit, dem vernichtenden Steinhagel aus großer Höhe auszuweichen. Die Griechen saßen in der Falle.

Auch die übrigen Angaben Homers finden ihre Entsprechung in der Realität. So ist die Hafeneinfahrt zwischen zwei vorspringenden Felsgestaden bei Arrabida und Afurada schmal, nur etwa 200 Meter breit. Die vom homerischen Text hervorgehobene »lichte Meeresglätte« wird ohnehin durch den Namen *porto cale* bestätigt. Eine Barre aus Sandbänken und Klippen vor der Mündung des Dóuro bricht die Wellen des Ozeans. Die unmittelbar vor der Küste auftretenden beträchtlichen Gezeitenströme sind besonders bei starkem Oberwasser des Flusses »nicht mehr bemerkbar«. Auch der schroffe Ausguckfelsen am Hafeneingang, den Odysseus zu seiner Orientierung erklommen hat, läßt sich ausfindig machen: vermutlich waren es die Höhen von Afurada am Südufer, oder der Monte Rabida am Nordufer. Beide Anhöhen bilden zugleich eine gute, weithin sichtbare Landmarke.[76]

Schließlich ist auch der ebene Weg vorhanden, auf dem laut dem 104. Vers des zehnten Gesangs »Wagen von den hohen Bergen das Holz zur Stadt brachten«. Er könnte in der Straße gesehen werden, die sich noch heute über dem linken Flußufer am Fuße des Bergrükkens von Afurada nach Vila Nova de Gaia hinzieht. Auf diesem Weg dürften die drei Späher gegangen sein, um die Stadt ausfindig zu machen. Die Entfernung vom vermutlichen Anlegeplatz der Flotte (wohl zwischen Arrabida und Castel Regadas) bis hin zur Stadt beträgt etwa 2–3 Kilometer. Über diese Strecke waren der Hinweg wie auch die Flucht zurück zu den Schiffen in angemessener Zeit zu bewältigen.

Die auf einem steilen Berg gelegene Stadt der Laistrygonen, Telepylos, dürfte sich dort befunden haben, wo die alte antike Siedlung Cale lag, also an der Stelle des heutigen Vila Nova de Gaia. Durch seine erhöhte Lage über dem steilen Flußufer bietet dieser Ort alle Geländevorteile einer befestigten Bergstadt. Er liegt, wie viele dieser Hafenstädte, »landeinwärts«, nämlich etwa 5–6 Kilometer vor der Mündung des Dóuro in den Atlantik, auf einem bis zu 120 Meter ansteigenden Höhenzug. Dabei ist bemerkenswert, daß Vila Nova de Gaia von der Mündungseinfahrt her nicht zu sehen ist – nicht einmal von den dort sich hinziehenden Höhen, weil die Stadt hinter einer Flußbiegung auf der linken Uferseite liegt.

Selbst die Quelle Artakie, zu der die Bewohner der Stadt zum Wasserholen hinabstiegen, läßt sich nachweisen. Vila Nova de Gaia besitzt zahlreiche, zum Teil sehr alte Quellen, die Trinkwasser von ausgezeichneter Qualität führen. Noch heute liefert die alte Fonte de Senhor Além am Fuße der Serra do Pilar unterhalb der Stadt am Ufer des Dóuro, wo die Doppelbrücke Don Luis I. den Fluß überragt, der Bevölkerung reichlich Wasser.

Das sandige Pylos des Westens

Im Namen der Laistrygonenstadt finden wir eine Erinnerung an die griechische Heimat: Telepylos heißt »das ferne Pylos«, wird also verglichen mit der in der Odyssee mehrfach erwähnten Hafenstadt Pylos an der westgriechischen Küste. Dieses griechische Pylos, die »hochaufragende Feste«, lag landeinwärts auf einem Berg am Ende eines sandigen, geschützten Hafens mit schmaler Zufahrt (1, 93; 2, 214; 3, 485 u. a. m.). Die allgemeinen Lagemerkmale stimmen also mit Vila Nova de Gaia überein. Auch diese Stadt liegt auf einem Berg landeinwärts, auch ihr Hafen ist entfernt von der Stadt, besitzt eine schmale Zufahrt und durch die vorgelagerte Barre einen guten Wellenschutz. Ebenso läßt sich die Kennzeichnung »sandig« für das iberische Gegenstück des messenischen Pylos anwenden. Die Versandung ist eine typische Eigenart gerade der iberischen Flußhäfen am Atlantik, weil die aus den Höhen des Hinterlandes meerwärts strömenden Flüsse beträchtliche Mengen Schwemmsand mit sich führen. Die Dóuromündung macht hier keine Ausnahme. Die Versandung im Mündungsbereich hat sogar die Anlage eines künstlichen Hafens für größere Schiffe an der Küste bei Leixões nordwestlich von Porto notwendig werden lassen.[77]

Steinzeitmenschen mit Gardemaß

Tatsächlich hat es auch einst an der Mündung des Dóuro eine Bevölkerung gegeben, die Ähnlichkeit mit den in der Odyssee beschriebenen Laistrygonen zeigt. In der ausgehenden Bronzezeit, als langsam der Gebrauch des Eisens aufkam, etwa zwischen dem 9. bis 6. Jh. v. Chr., gab es auf der Pyrenäenhalbinsel drei große ethnische Gruppen: einmal die dunkelhaarigen und dunkelhäutigen, kleingewachsenen Iberer mit einer nichtindogermanischen Sprache. Sie waren aus Afrika herübergekommen und hatten den Süden und Südosten des Landes besiedelt. Später dann die hellen, blonden, hochgewachsenen Kelten, die von Norden über die Pyrenäen nach Süden drangen; sie besetzten den Norden und das Zentrum der Halbinsel. Als die eigentliche Urbevölkerung gelten aber die Lusitaner, ein äußerst kriegerisches Volk, das vor allem an der Atlantikküste zwischen dem Minho im Norden und dem Guadiana im Süden saß. Leider sind nähere Angaben über Herkunft und Aussehen der Lusitaner nicht überliefert, doch ist es sicher, daß sie in späterer Zeit einen stark keltischen Einschlag zeigten.[78]

Die riesigen Laistrygonen sind gewiß nicht die kleinen Iberer, wahrscheinlich aber auch nicht die großen Kelten. Diese waren zwar im Vergleich zu den meisten Völkern des Mittelmeers durchaus von stattlichem Körperwuchs, so daß sie den dort Ansässigen oft wie Riesen erschienen, zur Zeit der Odysseusfahrt und des Homer aber sind sie in diesem Raum der Halbinsel noch nicht sicher nachzuweisen; denn nach überwiegender Meinung haben die Kelten die iberische Atlantikküste erst im 6. Jh. v. Chr. besiedelt.[79]

So bleiben also noch die Lusitaner. Wie die Kyklopen werden auch die Laistrygonen als herkulische Menschen geschildert, »nicht Männern gleichend, sondern Riesen« (10, 120). Ähnlich wie der geblendete Kyklop Polyphem, der das abfahrende Schiff des ihn verhöhnenden Odysseus durch mächtige Steinwürfe zu zerschmettern versuchte, griffen auch die Laistrygonen die griechische Flotte mit zerstörerischen Steinwürfen an – diesmal verheerend in ihrer Wirkung. Mit welcher Treffsicherheit athletische Männer von hohem Wuchs schwere Steinbrocken auf große Entfernungen zu schleudern verstehen, lehren die Berichte der Spanier über ihre Kämpfe mit den riesigen Guanchen bei der Eroberung der Kanarischen Inseln. Die schweren Steine wirkten wie die Wurfgeschosse von Katapulten; sie wurden aus großer Höhe nicht nur herabgewälzt, sondern auch zielsicher geworfen.

Homers Bericht über die Vernichtung der griechischen Flotte im Hafen verdient um so mehr Glauben, als den Laistrygonen neben dem Überraschungsmoment vor allem zustatten kam, daß sie von den steilen Uferklippen herab auf die unter ihnen dicht beieinanderliegenden elf Schiffe der Griechen besonders treffsicher werfen konnten. Die von dem Steinhagel aus heiterem Himmel völlig überraschten Hellenen vermochten sich gegen den oben in den Klippen verborgenen Feind überhaupt nicht zu verteidigen. Auch eine Flucht dürfte – falls die Boote überhaupt noch manövrierfähig waren – kaum möglich gewesen sein. Die schmale, nur 200 Meter breite Hafeneinfahrt war von den Laistrygonen ohne Schwierigkeit durch pausenlose Würfe zu sperren.

Wie die Kyklopen lebten auch die Laistrygonen nach Homers Darstellung vorwiegend von der Viehzucht, nicht vom Ackerbau. Sie wohnten in einer jener befestigten Bergstädte, wie sie im westlichen Mittelmeerraum nicht nur aus prähistorischer Zeit bekannt sind. Der griechische Geograph Strabo berichtet in seiner *Geographie* (154), daß die Lusitaner, anstatt den fruchtbaren Boden zu bebauen, lieber die Ländereien ihrer Nachbarn plünderten, was die Römer veranlaßte, ihre befestigten Bergstädte – die *citanias* oder *castros* – zu zerstören und die Bewohner in der Ebene anzusiedeln. Bis es allerdings so weit war, kam es zu überaus harten und blutigen Kämpfen mit den stolzen und kriegerischen Stämmen – den letzten, die sich in Spanien den römischen Legionen unterwarfen –, und es war kein Geringerer als Cäsar, dem das gelang.

Was die körperlichen Merkmale der Laistrygonen anlangt, so sind wir, abgesehen von ihrer Körpergröße, auf Vermutungen angewiesen. Manches spricht dafür, daß dieses Volk von heller Haar- und Hautfarbe gewesen ist, weil großwüchsige Völkerschaften im Westen Europas, von denen wir ausführlicher Zeugnis haben, fast stets ein helles Aussehen hatten. Homer – dessen Griechen zumeist Blonde waren – hätte wohl auch in einem dunklen Typus eher das Fremdartige, also Erwähnenswerte gesehen. Die schwarze Haarfarbe des Gottes Poseidon gibt ihm jedenfalls Anlaß zu wiederholter Hervorhebung (3, 6; 9, 528).

Auf den im Altertum weit verbreiteten Kannibalismus stießen wir bereits im Kapitel über den Kyklopen Polyphem. Bei den Laistrygonen sollen dem Text zufolge sogar sämtliche Besatzungsmitglieder der elf überfallenen Boote – insgesamt also über fünfhundert Griechen – dem Kannibalismus zum Opfer gefallen sein. Aber offensichtlich hat Homer in dem Bestreben, die grausige Ungeheuerlichkeit dieses Geschehens besonders herauszustellen, hier sehr kraß und mit Übertreibung berichtet. Es ist unwahrscheinlich, daß die wohl kaum sehr große Bevölkerung der Laistrygonenstadt eine solche Anzahl von Menschen hätte aufessen können, außerdem fielen sicher nicht alle Griechen auf den sinkenden Schiffen in ihre Hand. Pauschal als Märchen abtun läßt sich die ganze Erzählung jedoch nicht. Aber für die Lokalisierungsfrage ist dieser Aspekt ohnehin nicht von Bedeutung.

Im übrigen war der Angriff der Laistrygonen wohl weniger eine kannibalische Attacke als die Abwehr eines vermeintlichen Seeräuberangriffs. Die Piraterie hatte sich mit der Zunahme des Warenverkehrs seit der Mitte des 2. Jahrtausends v. Chr. zu einer wahren Geißel der Küstenvölker entwickelt. Auch in die Geschichten der Odyssee spielt dieses Seeräuberunwesen wiederholt hinein. Äußerungen des greisen Nestor (3, 73) und des Riesen Polyphem (9, 254) bezeugen, wie verbreitet die Angst vor Seeräubern damals war. Offenbar befürchteten die Laistrygonen beim plötzlichen Auftauchen der großen, fremden Flotte in ihrem Hafen den Überfall einer starken Piratenbande, denn Lusitanien war reich an Gold, Silber und Zinn. (Sie hatten damit nicht so Unrecht – was war denn der Überfall des Odysseus auf die Stadt der Kikonen?) So kam es zu einem Akt vermeintlicher Notwehr, und dies vermag vielleicht den heimtückisch erscheinenden Überraschungsangriff aus dem Hinterhalt in all seiner wilden Maßlosigkeit zu erklären.

Wie Fische seien seine Landsleute aufgespießt worden, berichtet Homer (10, 124). Offenbar besaßen die Laistrygonen als weitere typische Waffe neben dem Schleuderstein einen Stoß- oder Wurfspieß. Bekannt ist, daß die Lusitaner sich einer solchen Waffe bedienten. Während des Ersten Punischen Krieges lernten die Römer in Hispanien bei ihren Kämpfen mit den iberischen Söldnern der Punier die Wurflanze – *lancea* – als gefährliche Waffe kennen. Es handelte sich um einen mit einem Wurfriemen versehenen langen Speer, der mit großer Kraft und oft tödlicher Treffsicherheit weit geschleudert wurde. Spanische Berichte über die Guanchenkämpfe auf Teneriffa bezeugen zudem, daß die wichtigste Waffe der Guanchen neben dem Wurfstein ein hölzerner Stoß- und Wurfspeer war.

Die Kultur der großen Steine

Zwischen den Laistrygonen der Pyrenäenhalbinsel, den kanarischen Guanchen und den nordafrikanischen Kyklopen scheinen also gewisse Gemeinsamkeiten zu bestehen. Möglicherweise gehörten die Laistrygonen zur gleichen Völkergruppe wie die Kyklopen. Sie sind vermutlich, genau wie diese und die Guanchen, großwüchsige Vertreter der megalithischen Bevölkerungsschicht, die – nach den Spuren ihrer charakteristischen Kultur während der Bronzezeit zu schließen – auch an der Atlantikküste Iberiens verbreitet war. Geradezu Leitfossilien dieser Megalithkultur sind Totenhäuser aus riesigen Steinen, und sie finden sich auch im Siedlungsgebiet der Lusitaner im nördlichen Portugal in großer Zahl: als von Erdhügeln überdeckte Steinkammern (Dolmen), als Ganggräber oder als kunstvoll angelegte Kuppelgräber (Tholoi).[80] Die Laistrygonen sind also sowenig wie die Kyklopen originelle Erfindungen dichterischer Phantasie, sind keine monströsen Menschenfresserriesen aus einem Gruselmärchen, sondern Menschen eines besonders großwüchsigen ethnischen Typs mit spezifischen Kulturmerkmalen.

Selbst die reichlich fabulös klingende Beschreibung der Frau des laistrygonischen Königs Antiphates – groß wie »das Haupt eines Berges« – hat einen realen Hintergrund. Es handelt sich um ein Vergleichsbild für hohen Wuchs, so wie etwa die Freunde des 1,90 Meter großen Komponisten Georg Friedrich Händel ihren Tafelgenossen »Mannsberg« nannten. Wie sehr bereits die Frauen der Kelten, später die der Germanen, durch Größe und Kraft die Südländer beeindruckten, ja in Schrecken versetzten, haben antike Schriftsteller wiederholt geschildert. So berichtet z. B. der im 4. Jh. n. Chr. lebende römische Geschichtsschreiber griechischer Herkunft Amianus Marcellinus von den Galliern und ihren Frauen: »Eine ganze Schar wäre nicht in der Lage, einem einzigen Gallier Widerstand zu leisten, wenn er seine Frau herbeiriefe, die ihm an Kraft überlegen ist, besonders wenn sie, tief Atem holend, zähneknirschend und ihre riesigen, weißen Arme schwingend, dazu übergeht, Schläge und Tritte auszuteilen, die wie Wurfgeschosse aus einer Schleuder treffen.«[81]

Ein Hirte als Doppelverdiener

Zum Schluß noch eine Bemerkung zu dem seltsamen Satz, der Anlaß zu kontroversen Auslegungen gegeben hat: »Da könnte ein Mann ohne Schlaf sich wohl doppelten Lohn verdienen: den einen als Rinderhirte, den anderen, weiße Schafe weidend, denn nahe sind dort die Pfade der Nacht wie auch des Tages« (10, 84f.). Hierin ist kein Hinweis auf die Mittsommernächte Nordeuropas zu sehen, denn der Ausdruck »nahe« ist nicht zeitlich, sondern örtlich zu verstehen. Richtig dürfte deshalb die Ansicht sein, daß mit den »Pfaden« die Weidetriften für Rinder und Schafe gemeint sind. Die Schafe ließ man tagsüber weiden, die Rinder dagegen in der Nacht, in der sie vor der Sonnenhitze und den Bremsen besser geschützt waren.[82] Die guten, meist in ebenem Gelände abgesteckten Weideplätze der Rinder waren nahe bei den dürftigeren, häufig in bergigem Gelände gelegenen Weiden der Schafe. Es handelt sich somit um eine Landschaft, in der Tal- und Gebirgsweiden dicht beieinander liegen – zutreffend für das Gebiet der alten Provinz Minho, zu der ursprünglich auch Porto gehörte, einer der landschaftlich reizvollsten Teile der Pyrenäenhalbinsel: Bergeshöhen und Flußniederungen wechseln hier einander ab, üppige Wiesentäler liegen neben kargen Gebirgsweiden. Insgesamt ist das Gebiet gutes Weideland und besonders für die Rinderhaltung geeignet, während sich in den meisten anderen Gegenden der Iberischen Halbinsel die Viehhaltung fast nur auf Schafe und Ziegen beschränkt.

Vom Ackerbau hielten die Laistrygonen offenbar nicht viel: »Da zeigten sich weder die Werke von Rindern noch von Menschen«, heißt es im zehnten Gesang, Vers 98 der Odyssee. Somit gab es weder von Rindern vor dem Pflug beackertes Land noch durch Menschenhand gepflegte Felder. Die intensive Weidewirtschaft der Laistrygonen bei fehlender Entwicklung des Ackerbaus stimmt überein mit den Erkenntnissen der Wissenschaft, daß die Völker der Megalithkultur ursprünglich vor allem Hirten und Viehzüchter waren.[83]

VI

Auf der Insel der Zauberin Kirke

Mit dem letzten Schiff seiner Flotte erreicht Odysseus die Insel der Zauberin Kirke. Die Insel liegt einsam im Weltmeer, nur bewohnt von dieser geheimnisumwitterten Frau und ihren Dienerinnen. Kirke verzaubert die Hälfte der Männer in Schweine, doch Odysseus ist auf der Hut und reagiert beherzt: mit einem Gegenzauberkraut, das sein göttlicher Ahne Hermes ihm gab, wehrt er seine Verzauberung ab und vermag später seine Männer aus dem Zauberbann zu lösen. Mehr noch: es gelingt ihm, die Liebe der Kirke zu gewinnen, und so können es sich die Griechen ein Jahr lang wohl sein lassen. Ohne Kirkes kundigen Rat aber hätte Odysseus seine Heimat nicht wiedergesehen, denn ihr verdankten es die Griechen, daß sie ohne Schaden an der Sireneninsel vorbeikamen und zwischen Skylla und Charybdis mit nur geringem Verlust hindurchruderten.

Keine blutige Schlacht wie bei den laistrygonischen Hünen droht Odysseus und seinen Gefährten auf Aia, der Insel der Kirke. Und doch – auch hier lauern Schrecken, überfällt sie die Angst. Nicht blanken Waffen sind sie ausgesetzt, sondern den Giften und Zauberkräften einer Frau, die für sie von dämonischer Macht ist.

Kirke lebt eingesponnen in ein Geheimnis, und ihre Insel liegt wie hinter Nebeln verborgen. Jedenfalls wird die Lokalisierung der Kirke-Insel dadurch besonders erschwert, daß der Text weder etwas über die Fahrtdauer noch über die Fahrtrichtung zur Insel Aia verrät. Es heißt lakonisch: »Von dort fuhren wir weiter, betrübten

Herzens, froh dem Tode entronnen, verlustig vieler Gefährten. Und wir kamen zur Insel Aia« (10, 133f.). Meist wird deshalb angenommen, eine Angabe der Fahrtdauer sei entfallen, da es sich nur um eine kurze Strecke gehandelt habe. Auch wird gerne geglaubt, die Fahrt sei nach Osten gegangen, weil Odysseus, der vom Ostwind zur Aiolos-Insel zurückgetrieben worden war, sich westlich von Ithaka befand, folglich mit Ostkurs heimwärts hätte segeln müssen. Beide Annahmen sind nicht zwingend, treffen auch schwerlich zu. Die sich darauf stützenden Lokalisierungen dürften alle falsch sein.

Kurze Reisestrecken pflegt Homer durch das Wort *epeita* (»dann«, »alsdann«, »hierauf«) zu kennzeichnen (vgl. 12, 201, 261). Dieses Wort oder ein ähnliches fehlt hier. Es wäre falsch, aus dieser Fortlassung auf eine nur kurze Fahrt zu schließen; daß sie so kurz gar nicht war, darf aus Einzelheiten des Textes geschlossen werden. Da wird einmal geschildert, wie die Schiffsbesatzung völlig erschöpft und zerschlagen auf Aia an Land ging: »Dort stiegen wir aus und lagen zwei Tage und zwei Nächte und verzehrten unseren Mut zugleich in Ermattung und Schmerzen« (10, 142). Da der vorsichtige Odysseus sein Schiff im Laistrygonenland außerhalb des Hafens hatte ankern lassen, war es seiner Besatzung erspart geblieben, an den furchtbaren Kämpfen teilzunehmen. Die Erschöpfung der Männer konnte daher nicht die Folge der Anstrengungen bei der Schlacht im Hafen gewesen sein. Sie läßt sich jedoch erklären aus den Strapazen einer langen Seefahrt.

Für diese Erklärung spricht, daß Odysseus »den Gefährten die Mahlzeit« gab (10, 153). Die Tatsache, daß der Kapitän sich die Verteilung der Lebensmittel persönlich vorbehalten hatte, läßt darauf schließen, daß die Lebensmittelvorräte knapp geworden waren und streng rationiert werden mußten – es hatte offenbar keine Gelegenheit gegeben, die Schiffsvorräte an Land zu ergänzen. Die große Freude der Besatzung über den von Odysseus kurz nach der Landung auf Aia erlegten Hirsch läßt ebenfalls auf eine lange Reise ohne Frischfleisch schließen. Desgleichen Vers 177 im zehnten Gesang: »Laßt uns der Speise gedenken und uns nicht quälen mit dem Hunger!«, der nachfühlen läßt, wie sehr die Besatzung zuvor Hunger gelitten haben muß. Auf die nach langer Seefahrt prekär gewordene Versorgung zielt auch die Äußerung der Kirke zu den Leuten des Odysseus: »Jetzt aber seid ihr abgezehrt« (10, 463). Für die Fahrt vom Laistrygonenland zur Insel Aia dürfte demnach eine größere Anzahl von Tagen, vielleicht sogar von Wochen anzusetzen sein.[84]

Auf Nordkurs

Auch die zweite, immer wieder geäußerte Annahme, Odysseus sei vom Hafen der Laistrygonen aus nach Osten gefahren, ist unzutreffend. Diese Annahme stützt sich gar nicht auf die Angaben der Odyssee, sondern beruht auf der Überlegung, Odysseus sei doch sicher von dem Wunsch getrieben gewesen, so schnell wie möglich zu seiner Heimatinsel Ithaka zu gelangen. Er habe daher, weil er sich westlich der Insel befand, notwendig einen Ostkurs steuern müssen, um nach Hause zu gelangen. Dies mag zunächst einleuchten, steht jedoch in Widerspruch zu anderen Angaben der Dichtung. Und diese Angaben lassen darauf schließen, daß Odysseus während seines Wegs zur Insel der Kirke auf *Nordkurs* ging.

Denn als er sich später auf heftiges Drängen seiner Gefährten zur Heimfahrt anschickte von dieser Insel Aia, die der entfernteste Punkt seiner ganzen Fahrt war, steuerte er auf dem Weg zum Land der Phäaken stets *Südkurs*. Nur auf Nordkurs kann er folglich mit seinem Schiff bis zur Insel der Kirke gelangt sein. Man muß ein Augenmerk auf die Details haben: die Abfahrt von der Insel Aia bestimmte, dem Text zufolge, ein Nordwind. Das Boot der Griechen muß daher aus südlicher Richtung dorthin gekommen sein. Ein Nordwind trug dann den Odysseus auf die Enge von Skylla und Charybdis zu. Demnach muß Aia nördlich dieser Enge gelegen haben. Wiederum Nordwind brachte die Griechen zur Insel Thrinakia – und dort wurde die Weiterfahrt vor allem durch einen ständig wehenden starken Südwind verhindert. Der kam also aus der Richtung der vor ihnen liegenden Fahrtstrecke. Verständlich, daß sich unter der Besatzung Mißmut über diesen Gegenwind ausbreitete;

sie wollte ja weiter nach Süden. Zum Schrecken des Odysseus trieb ihn nach dem Schiffbruch hinter der Insel Thrinakia ein Südwind auf die gefährliche Enge zurück. Auch dies zeigt an, daß er aus dem Norden gekommen war. Und schließlich hat ihn ein Nordwind gegen die Küste des Phäakenlandes geworfen. Dieses Land lag somit ebenfalls südlich der Kirke-Insel. Odysseus mußte, wie wir noch näher sehen werden, von der Insel der Kalypso zu den Phäaken Südkurs halten. All dies sagt der homerische Text, und wir sollten ihn ernst nehmen.

Die Insel Aia liegt also nördlich aller späteren Landepunkte, und diese wurden folglich allesamt mit nördlichen Segelwinden angefahren. Der Schluß scheint daher fast zwingend, daß Odysseus von Süden her zu Kirke kam. Vor Kirkes Insel blieb er auf Südwind angewiesen; erst nachdem er diese Wendemarke seiner Fahrt verlassen hatte, wurde ihm der Nordwind günstig.

Kirke – aus der Familie des Okeanos

Für eine allgemeine Lokalisierung von Kirkes Insel ist der Stammbaum der Zauberin wichtig: Kirke ist die Tochter der Perse, diese eine Tochter des Okeanos. Die Antike neigte in allem zur Personifizierung, auch in der Geographie; Okeanos als Großvater Kirkes ist ein deutlicher Hinweis darauf, daß ihre Insel wohl nicht im Mittelmeer, sondern eben im Okeanos, im Atlantischen Ozean zu suchen ist. Dies wiederum stimmt mit unserer Vermutung überein, daß die von Kirkes Insel aus zu erreichende Meerenge von Skylla und Charybdis mit ihren starken periodischen Wasserhüben Merkmale ozeanischer Art aufweist. Da die Insel Aia nördlich von dieser Enge liegt, müßte sie ebenfalls im Atlantischen Ozean gelegen haben.

Abbildung 7:
Blick aus dem Innern der Höhle Smoo an der schottischen Nordküste. Links oben einer der »Erdschlünde«, eine der Öffnungen im Dach der Höhle. Rechts unten der Zugang vom Meer her, der nur bei Ebbe begehbar ist, mit den Rinnsalen des Flusses der »Unterwelt«.

Eine wichtige Bestätigung unserer Erwartung, Kirkes Insel außerhalb des Mittelmeeres zu finden, bringt die weitere Angabe Homers, die Insel sei rings vom »unendlichen Meer« umgeben. Damit ist klar gesagt, daß es sich nicht um eine Insel in Festlandnähe handelt. Darüber hinaus aber bedeutet der Begriff des »unendlichen Meeres« etwas ganz Bestimmtes. Die Odyssee kennt nicht nur das Mittelländische Meer, sie unterscheidet vielmehr verschiedene Meere: das »fischreiche Meer« oder »das Meer« schlechthin ist das Mittelmeer; »Okeanos« oder »Ströme des Okeanos« heißen die Wassermassen eines breiten Stromes, der die äußere Erdscheibe umfließt (im Westen sind dies die europäischen und afrikanischen Küstengewässer des Atlantiks); »das unendliche, unfruchtbare, weitbahnige, vielflutende Meer« endlich ist der offene Atlantik, den man sich jenseits des Okeanos dachte.

Es besteht kaum ein Zweifel – nimmt man Homer beim Wort –, daß die Insel der Kirke im offenen Atlantik zu suchen ist. Denn Kirke erklärt dem Odysseus, wie er zur Unterwelt zu fahren habe: mit Hilfe des Nordwinds könne er den Okeanos durchsegeln (10, 508). Offensichtlich befand sich Odysseus auf Aia bereits außerhalb des breiten, die Festlandküsten umfließenden Okeanosstromes. Entsprechend lautet der Bericht über die Fahrt zum Hades: »Das Schiff kam zu den Grenzen des tiefströmenden Okeanos« (11, 13). Mit diesen Grenzen ist offenbar nicht die Grenze zwischen Küste und Okeanos gemeint, sondern die dem offenen Atlantik zu-

Abbildung 8:
Blick auf die Insel Skye mit ihren hohen, schwer erklimmbaren, dunklen Bergen. Davor der Ort Kyleakin an der Kyle of Lochalsh, die den Inner Sound (rechts) von dem Loch Alsh (links) trennt. Von hier ist es nicht mehr weit zur nördlichen Einfahrt der eigentlichen Enge von Kyle Rhea, links im Hintergrund.

Abbildung 9:
Blick auf die Südeinfahrt der Kyle Rhea, der Meerenge zwischen der Insel Skye und dem schottischen Festland. In der Bildmitte die schmalste Stelle der Meerenge, flankiert links vom höheren, spitzen Berg der Skylla und rechts vom niedrigeren Bergrücken auf der Charybdis-Seite; davor die Bernera-Bucht.

gewandte Seite des Okeanosstroms, dort, wo der Okeanos an das »weitbahnige Meer« stößt. So heißt es denn zur Rückfahrt des Odysseus vom Hades zur Insel Aia zu Beginn des zwölften Gesangs: »Als aber das Schiff die Strömung des Flusses Okeanos verlassen hatte und auf das Gewoge des weitbahnigen Meeres und zur Insel Aia gekommen war...«. Das sind keine beliebigen, falschem Verständnis entsprungene Aussagen, wie sich aus den Worten der Antikleia ergibt, der aus Gram über den vermißten Sohn vorzeitig gestorbenen Mutter des Odysseus. Als der Sohn sie im Hades aufsucht, wundert sie sich, daß er den Weg zu diesem Ort gefunden habe, da doch nicht nur der Okeanos, sondern auch noch andere riesige Ströme und schreckliche Fluten zu überwinden waren (11, 157).

Nur im offenen Atlantik kann also Kirkes Insel liegen. Die Frage stellt sich: in welchem Teil? Nicht wenige Hinweise Homers deuten auf eine Lage in nördlichen Breiten. So etwa jene Ansprache der Ratlosigkeit, die Odysseus seinen Leuten nach der Ankunft auf Aia hält: »Freunde! Wir wissen ja nicht, wo das Dunkel ist und nicht wo Morgen, auch nicht, wo Helios, der den Sterblichen scheint, unter die Erde geht und wo er wieder heraufkommt« (10, 190).

Da Homer zuvor von der auf- und untergehenden Sonne spricht, können nicht besonders ungünstige Wetter- und Sichtverhältnisse – etwa Nebel oder tiefhängende Wolken – die ungefähre Bestimmung der Himmelsrichtungen nach dem Sonnenstand unmöglich gemacht haben. Wenig stichhaltig ist auch das Argument, Odysseus habe ausdrücken wollen, er wisse nicht mehr, unter welchem Himmelsstrich er gelandet sei und wie die umliegenden Länder hießen – er steuerte doch auf seiner ganzen Irrfahrt nur unbekannte Länder an! Seine Orientierungsschwierigkeiten sind vielmehr nur dadurch zu erklären, daß Aufgang und Untergang der Sonne für die übliche Bestimmung der Himmelsrichtungen keinen festen Anhalt mehr boten. Offenbar ging die Sonne in ganz anderen Bereichen des Horizonts auf und unter, als die Griechen es vom Mittelmeer her gewohnt waren.

Die Sonne als Kompaß

Die antiken Seefahrer mußten vermutlich noch ohne Kompaß auskommen. Leidlich genau verstanden sie es, am Tage die Himmelsrichtungen allein nach dem Stand der Sonne zu bestimmen. Sie wußten dabei, daß die Sonne bis zur Jahresmitte immer weiter nordöstlich aufgeht, während sie entsprechend abends immer weiter im Nordwesten hinter den Horizont sinkt. Odysseus, dessen Heimatinsel Ithaka etwa auf dem 38. Grad nördlicher Breite liegt, hat es aufgrund seiner Erfahrung sicher verstanden, aus dem Stand der Sonne bei ihrem Aufgang und Untergang den Ost- wie den Westpunkt des Himmels hinreichend genau zu bestimmen. Er muß sich aber auf der Insel der Kirke schon in hoher nördlicher Breite befunden haben; die Aufgangs- und Untergangspunkte der Sonne hatten sich dort offenbar derart weit nach Norden verschoben, daß seine im Mittelmeer gewonnene Erfahrung versagte. Obwohl er also auf der flachen Insel mitten im Meer Erscheinen und Verschwinden des Tagesgestirns besonders gut beobachten konnte, war es ihm nicht möglich, die Himmelrichtungen mit der erforderlichen Genauigkeit festzulegen.

Sicher ist die Insel Aia im Nordatlantik zu suchen, nicht auf der südlichen Hemisphäre, denn es verlautet nichts über einen ungewöhnlichen Stand der Sonne am Mittag. Auf der nördlichen Erdhälfte taucht für einen nach Süden schauenden Beobachter die Sonne am Morgen zur Linken auf, um die Mittagszeit erblickt er sie vor sich, wobei sein Schatten hinter ihm nach Norden fällt, und am Abend sieht er sie zur Rechten. In völliger Umkehrung erscheinen diese Verhältnisse auf der südlichen Halbkugel. Verfolgt dort ein Beobachter die Bahn der Sonne im Lauf des Tages, so muß er sich die meiste Zeit nach Norden wenden. Am Morgen geht die Sonne dann nicht zu seiner Linken auf, sondern sie erscheint rechts von ihm über dem Horizont. Sie steht mittags im Norden, sein Schatten fällt südwärts, und abends geht das Tagesgestirn zur Linken unter. Je südlicher ein Beobachter zum Äquator steht, desto weiter im Norden wird sich ihm zur Mittagszeit die Sonne am Himmel zeigen.

Nun erwähnt aber Homer an keiner Stelle, die Sonne habe – bei gewohnter Erwartung, sie morgens links über dem Horizont aufsteigen zu sehen – plötzlich zur Mittagszeit im Rücken der Beobachter am Himmel gestanden, so daß ihr Schatten nach Süden gefallen sei. Odysseus ist demnach auf der nördlichen Erdhalbkugel – im Nordatlantik – in die Irre gefahren.

Wie nahe am Eis fuhr Odysseus?

Vieles spricht dafür, daß die Insel der Kirke weit nördlich des 40. Breitengrades gelegen haben muß – weit nördlicher also als der gewohnte seemännische Erfahrungsbereich der Griechen mit seinen vertrauten Erscheinungsbildern der Sonne innerhalb eines bestimmten Sektors am Horizont. Eine Abweichung von nur wenigen Breitengraden hätte keine auffälligen Veränderungen mit sich gebracht, sie wären wohl unter der Schwelle des Bemerkbaren geblieben. Also dürfte die Insel Aia nördlich des 50. Breitengrads gelegen haben, denn allein bei einem solchen Abstand der Breiten treten Veränderungen im Sonnenstand auf, die mit dem vom Mittelmeer her gewohnten wirklich unvereinbar scheinen. Darauf deutet auch Vers 470 im zehnten Gesang, wo von »langen Tagen« gesprochen wird. Da es nur in größerer Entfernung vom Äquator »lange Tage« gibt, muß Kirkes Insel sogar ziemlich hoch im Norden liegen. Allerdings dürfte sie nicht nördlich des 66. Breitengrades zu suchen sein. Hätte nämlich Odysseus einen Punkt nördlich des Polarkreises (66,6 Grad nördlicher Breite) erreicht, dann müßte Homer auch die absonderliche Tatsache berichtet haben, daß die Sonne im Sommer zu einer bestimmten Zeit überhaupt nicht untergeht, während sie im Winter viele Wochen lang gar nicht über den Horizont heraufsteigt. Da Odysseus sich ein volles Jahr bei Kirke aufgehalten hat, hätte er diese ihm unbekannten Erscheinungen der Mittsommernacht und des Polarwinters zweifelsohne beobachtet und davon berichtet.

Es läßt sich der fragliche Bereich nach Norden hin sogar noch mehr eingrenzen. Aller Wahrscheinlichkeit nach dürfte Odysseus nicht über den 61. Grad nördlicher Breite hinaus gelangt sein, denn sonst hätte Homer die für Anwohner des Mittelmeers ganz ungewöhnliche Länge oder Kürze der Tage und Nächte hervorgehoben. Zur Zeit der Sommersonnenwende dauert die Nacht auf 64°/39' nördlicher Breite nur etwa zwei Stunden, auf 63°/39' n. Br. rund drei Stunden und auf 60°/52' n. Br. etwa fünf Stunden.[85] Während eine Nachtdauer von fünf Stunden noch unter der Grenze des Auffälligen liegen mag, wäre eine Nachtzeit von vier und weniger Stunden dem guten Beobachter nicht nur aufgefallen – die Tatsache hätte auch als Phänomen Erwähnung gefunden. Es mag bei den meisten Autoren der Antike falsch sein, aus ihrem Schweigen kurzerhand auf ein Nichtvorhandensein des Unerwähnten zu schließen. Bei einem Berichterstatter wie Homer (oder doch dessen Gewährsmann), wo jede Schilderung so prall ist von Gesehenem, von kennzeichnenden Details, ist eine solche Vereinfachung weniger unangemessen. Denn gerade die klimatischen, astronomischen und geographischen Einzelheiten sind da bis in Geringfügigkeiten getreu wiedergegeben. Erscheinungen wie Mitternachtssonne oder ganztägige Winternacht wären solch ungewöhnlicher Beobachtungsgabe selbstverständlich nicht entgangen und hätten ihren Niederschlag im Bericht gefunden.

Von Aia aus fuhr Odysseus mit Nordwind zum Hades, zur Unterwelt, deren Eingang in der Nähe des Gaues der Kimmerischen Männer liegt. Da Odysseus bei Morgengrauen losfuhr und bei Sonnenuntergang dort eintraf, ist die Kirke-Insel also nur eine Tagesfahrt nördlich des Festlandes zu suchen. Nach Auffassung der antiken Welt ist der Hades sehr weit von Griechenland entfernt, im äußersten Nordwesten der Erde am Okeanos.

Auch die Insel Aia liegt fern von Griechenland. Homer sagt das zwar nicht unmittelbar und ausdrücklich, jedoch erwähnt er die große Distanz zwischen der Heimat Ithaka und der Insel der Kalypso. Da Odysseus diese Insel auf seiner Heimfahrt von Kirkes Insel erreichte, muß letztere noch weiter von Griechenland entfernt gelegen haben als die Kalypso-Insel, deren große Entfernung vom häuslichen Herd des Odysseus Homer nie zu betonen vergißt. Da ist der Stoßseufzer des Götterboten Hermes, der sich wegen des weiten

Weges vom Olymp nach Ogygia in Selbstmitleid ergeht: »Wer liefe denn freiwillig durch das große salzige Wasser, das unsägliche?« (5, 99). Zuvor aber wird von der Fahrt des Hermes gesagt: »Doch als er nun zu der Insel gekommen war, der fernen...« (5, 55). Selbst bei den Phäaken, deren Land seiner Heimat noch um einiges näher liegt, sagt Odysseus: »Komme ich hierher, weit aus einem fernen Lande« (7, 23). Und Alkinoos, der König der Phäaken, spricht zu den anderen Phäakenführern von Odysseus als einem Mann, der »auch von gar weit her ist« (7, 193).

Zu erwähnen wäre noch, daß die Insel Aia, obwohl sie sich sogar noch jenseits des »tiefströmenden Okeanos« im Weltmeer befindet, im Gegensatz zur Insel des Aiolos nicht als eine »schwimmende Insel« beschrieben wird. Das kann nur bedeuten, daß die Insel Aia in einem weniger tiefen Seegebiet des ansonsten sehr tiefen Atlantiks zu suchen ist. Man sollte meinen, eine solche Insel könne es jenseits des tiefströmenden Okeanos gar nicht geben, schon gar nicht in relativ flachen Gewässern. Doch nähere Betrachtung wird zeigen, daß hier keine Unvereinbarkeit vorliegt.

»Steckbrief« der Insel Aia

Fassen wir die Angaben der Odyssee über die Insel der Kirke zusammen: zu suchen wäre eine einzeln liegende, meerumströmte Insel auf der nördlichen Halbkugel in höherer nördlicher Breite, vermutlich zwischen dem 50. und 61. Grad nördlicher Breite, etwa eine Tagesfahrt nördlich des Festlands, jenseits des Okeanos-Stromes im offenen Atlantik, aber nicht in sehr tiefen Gewässern. Die Insel ist klein, von einem schroffen Berg aus zu überschauen; sie zeigt meist flaches, leicht hügeliges Gelände, das von einem Tal durchzogen wird. Auf der Insel fließt ein Bach. Ein guter, sandiger Landeplatz mit einer unweit gelegenen Höhle ist vorhanden. Das Klima ist insgesamt mild. Es wachsen Eichen, Buchen und Kornelkirschen. Schnee und Eis kommen hier nicht vor. Von Griechenland aus gesehen liegt diese Insel im Nordwesten, sehr weit entfernt von Ithaka.

Das ist eine Fülle von Details, die zum Teil sehr ins einzelne gehen, manchmal widersprüchlich erscheinen, insgesamt aber doch sehr kennzeichnend sind. Leicht dürfte es dennoch nicht sein, diese Insel genau zu lokalisieren – und das erklärt auch die vielen vergeblichen Versuche bis heute. Es hat bislang keine einzige Lokalisierung gegeben, die allen oder auch nur einem größeren Teil dieser Kennzeichnungen entsprochen hätte. Auf der anderen Seite bietet der breite Fächer von Merkmalen eine Gewähr dafür, daß es möglich ist, eine in Frage kommende Insel mit Sicherheit zu identifizieren, sofern sie nur *allen* Angaben Homers gerecht wird.

Da die Insel Aia jenseits des Okeanos, also im offenen Atlantik liegen muß, scheiden vorweg alle Inseln im Mittelmeer aus – sie liegen in keinem Fall »jenseits des Okeanos«, selbst wenn man fälschlich das westliche Mittelmeer als den homerischen Okeanos ansieht (nach dieser irrigen Auffassung reicht der Okeanos bis zur Straße von Gibraltar). Damit entfallen alle Lokalisationen wie Lipari, Ustica, Capri, Elba oder der Monte Circeo.[86] Es erübrigt sich daher, im einzelnen auf die zahlreichen anderen Gründe einzugehen, die außerdem gegen diese Lokalisierungen sprechen. Keine einzige dieser Inseln entspricht *allen* Angaben der Odyssee, die meisten nicht einmal in den hauptsächlichsten Merkmalen. Der aus sprachlichen Gründen gerne als Insel der Kirke identifizierte, 540 Meter hohe Monte Circeo kann schon deshalb nicht in Betracht kommen, weil er keine »ringsum vom unendlichen Meer umgebene Insel« ist, sondern schlicht ein Vorgebirge südlich von Rom.

Nicht in Betracht kommen auch die im Atlantik vor der spanischen, französischen, belgischen, holländischen, deutschen, dänischen und norwegischen Küste gelegenen Inseln – wegen ihrer großen Festlandsnähe. Viel zu nahe am Festland liegen insbesondere auch die normannischen Inseln am Kanal und die Friesischen Inseln, ganz gleich, wie sie in der Bronzezeit ausgesehen haben mögen (ihre Umrißgestalt wie ihre Oberflächenbeschaffenheit war noch in historischer Zeit starken Veränderungen ausgesetzt). Nicht anders liegen die Dinge im Falle Helgolands, ob man nun von der heutigen Gestalt ausgeht oder vom Zustand vor der Zeitrechnung. Allein die Entfernung träfe nicht zu: es ist von Helgoland keine Tagesfahrt zur südlich gelegenen Festlandsküste. Dann befand sich zu Homers Zeiten zwischen Helgoland und der heutigen schleswig-holsteinischen Küste vor der Westspitze von Eiderstedt, auf dem heute sogenannten »Steingrund«, eine zweite große Insel, Süderstrand, die um 1200 v. Chr. erstmals vom Meer überflutet wurde, im 9. Jh. v. Chr. wieder auftauchte, im Jahre 1362 n. Chr. bei einer großen Sturmflut aber endgültig versank.[87] Da somit die Inselgebiete des westeuropäischen Küstensaums ausscheiden müssen, bleiben allein die Gewässer rings um die Britischen Inseln als vielversprechendes Gebiet der Suche.

Kirke in Schottlands Gewässern

Bei Betrachtung des Seegebiets von Großbritannien und Irland ergibt sich: vor der ganzen Süd- und Ostküste Englands bis hinauf zur Nordostecke Schottlands findet sich in größerer Entfernung zum Land keine so kleine Insel, wie Homer sie beschreibt. Gleiches gilt für das Seegebiet um Irland. Der Rahmen für die Lokalisierung verengt sich daher auf die Gewässer vor der Nord- und Westküste Schottlands. Da es hier eine größere Anzahl auch festlandsferner Inseln gibt, scheint es ein fast hoffnungsloses Unterfangen, ausgerechnet hier Kirkes Insel herausfinden zu wollen. Es zeigt sich indes bald, daß angesichts der vielen präzisen Angaben Homers nur ganz wenige Inseln in die engere Wahl kommen können.

Die ziemlich weit nördlich, fern vom Festland gelegenen Orkneys, Shetlandinseln und Färöer kommen nicht in Betracht, weil die Odyssee von einer einzigen, isoliert liegenden Insel spricht, nicht aber von einer Inselgruppe. Bei den genannten Inseln handelt es sich jedoch um Gruppen, von denen die Färöer aus 18 großen und zahlreichen kleinen Inseln bestehen, während die Orkney- und Shetlandinseln aus 68 bzw. 100 Inseln gebildet werden. Ähnlich inselreich sind auch die Äußeren Hebriden, wohingegen die Inneren Hebriden bereits wegen ihrer Festlandsnähe ausscheiden. An festlandsfernen Inseln im Seebereich von Schottland wären noch die Flannan-Inseln zu erwähnen. Sie liegen westlich der Insel Lewis, die zu den Äußeren Hebriden gehört, weit draußen im Atlantik, und auch hier handelt es sich um eine Inselgruppe, nämlich drei Gruppen von insgesamt sieben größeren und über einem Dutzend kleinerer Inseln, die zudem nicht flach, sondern ausgesprochen steil und schroffelsig sind. Sie scheiden deshalb ebenso aus wie die drei vor der Nordküste Schottlands einzeln liegenden kleinen Felseninseln Sula Sgeir, Sule Skerry und Stark Skerry sowie der rund 400 Kilometer westlich der Äußeren Hebriden weit draußen im Atlantik aufragende, nahezu unbesteigbare Felskegel Rockall.

Für eine nähere Untersuchung verbleiben also lediglich die Inseln St. Kilda, Foula, North Rona und Fair Isle. Die etwa 65 Kilometer westlich der Äußeren Hebriden mitten im Ozean liegende Insel St. Kilda dürfte nicht in Frage kommen. Abgesehen davon, daß St. Kilda keine einzelne Insel ist, sondern als Hauptinsel einer aus vieren bestehenden Gruppe angesehen werden muß, handelt es sich um ein ausgeprägtes Felseneiland mit zahlreichen bergigen Gipfeln, die Höhen bis zu 424 Meter erreichen; auch findet sich hier kein Tal in der Inselmitte. Das steht ganz im Gegensatz zu der bei Homer gegebenen Topographie der Kirke-Insel, denn Odysseus berichtet seinen Leuten nach Besteigung des »schroffen Ausguck«, die Insel habe ohne Erhebung vor ihm gelegen (»sie selber liegt flach da«). Außerdem erwähnt er das Tal in der Mitte der Insel. Dort habe er durch das dichte Gehölz und den Wald Rauch aus einem Haus aufsteigen sehen (10, 150, 197–198).

Ähnliche Unvereinbarkeiten mit der homerischen Schilderung sprechen auch gegen Foula. Diese 20 Kilometer westlich der Shetlands gelegene Insel läßt sich genausowenig als »flach« bezeichnen. In ihrer Mitte ziehen sich Berggipfel von 418 und 343 Metern Höhe, während im Süden und Westen die Erhebungen 371 und 244 Meter erreichen. Selbst der niedrigere Soberlie Hill im Nordwesten hat immer noch eine Höhe von 210 Metern. Hinzu kommt, daß gerade in der Mitte der Insel, wo sich das Tal mit dem Haus der Kirke befinden müßte, die höchsten Erhebungen liegen.[88]

Die nordwestlich von Schottland auf 59° 7' nördlicher Breite und 5° 50' westlicher Länge gelegene kleine Insel North Rona ist dagegen zum größten Teil flach. Lediglich im Südosten ragt eine steile,

107 Meter hohe Erhebung auf, der East Peak. Mehrere Landungsplätze ermöglichen den Zugang zur Insel. In der Nähe eines solchen Landungsplatzes befindet sich auch eine Höhle. Die Wassertiefe rings um die Insel ist erstaunlich gering, weil diese am Ende einer Bank mit nur 22 bis 55 Meter Tiefe liegt. Da Klippen die Insel umgeben, ist es schwierig, sie anzusteuern. Wasserstellen sind mehrere vorhanden. Die Entfernung zur südöstlich gelegenen Nordküste Schottlands beträgt etwa 100 Kilometer – das entspricht einer Tagesfahrt.

Obwohl also eine ganze Zahl von Angaben der Dichtung hier erfüllt ist, kommt North Rona als Insel der Kirke doch nicht in Betracht, weil sie in anderen wichtigen Punkten der homerischen Schilderung nicht entspricht. So erwähnt Homer, die Griechen hätten bei ihrer Rückkehr von der Unterwelt zur Insel Aia ihr Schiff »auf dem Sande auflaufen lassen« (12, 5). Die von steilen Felsabstürzen umgebene Insel North Rona weist jedoch nur einige Felseinschnitte auf, die zwar eine Ausbootung ermöglichen, aber ein Auflaufen auf den Sand oder das Anlandziehen oder -schieben eines größeren Bootes nicht zulassen.[89] Der East Peak kann zudem nicht der »schroffe Ausguck« des Odysseus sein. Der Held braucht für den Weg vom Schiff zum Hügel und zurück einen ganzen Vormittag; bei Sonnenaufgang ist er losgegangen und hat auf dem Rückweg zur Mittagszeit einen Hirsch erlegt, der zur Tränke an einen Bach kam. Auf North Rona aber sind die Entfernungen von den möglichen Landeplätzen zum Berg wesentlich kleiner. Außerdem gibt es auf dieser Insel kein fließendes Gewässer, sondern nur spärliche Sickerquellen. Schließlich spricht gegen North Rona die Angabe, Odysseus habe von seinem Ausguck aus Rauch aufsteigen sehen »von der weiträumigen Erde« (10, 149 und 11, 52). Die Insel hat jedoch eine maximale West-Ost-Ausdehnung von nur wenig über 1200 Metern und ist von Norden nach Süden etwa genauso lang. Derart bescheidene Abmessungen entsprechen nicht dem Eindruck einer »weiträumigen Erde«.

Fair Isle

Es bleibt schließlich die Insel Fair übrig. Sie liegt ebenfalls auf dem 59. Breitengrad (genau: 59° 35' n. Br. und 1° 40' w. L.), und zwar auf halbem Wege zwischen den Orkneys und den Shetlands, nordöstlich vor der schottischen Nordküste. Fair ist eine einzeln liegende Insel, nicht sehr groß, und zeigt steile Küstenränder aus rotem Sandstein. Sie befindet sich weit entfernt vom Festland, also jenseits der Strömungen des festlandumfließenden Okeanos, aber dennoch nicht in tiefen Gewässern, sondern in einem durchschnittlich nur 73 bis 110 Meter tiefen Meeresbereich der Nordsee! Von Griechenland aus gesehen liegt sie im äußersten Nordwesten, sehr weit von Ithaka entfernt. Trotz der hohen nördlichen Breite ist aber das Klima dank der Einwirkung des warmen Golfstroms mild.

Auch in allen anderen Punkten entspricht Fair Isle den Angaben der Odyssee. Nicht nur, daß sie mehrere Landungsplätze aufweist – es ist darunter auch genau ein Anlegeplatz, wie ihn die Dichtung beschreibt. Zwar ist der am Südende der Insel gelegene South Harbour felsig und durch Klippen versperrt (das »Nordsee-Handbuch« gibt noch heute den Rat, diesen Hafen nur unter Führung Ortskundiger anzulaufen), aber auf der Ostseite der Insel öffnen sich zwei gut geschützte Buchten: North Haven und South Haven. Es ist eine vorgelagerte Halbinsel, Bu Ness, die wie ein Wellenbrecher beiden Buchten Schutz gibt. Der beste Landeplatz ist North Haven, denn am innersten Teil der Bucht senkt sich die sonst überall steilfelsige Küste – überraschend genug – zu einem flachen Sandstrand (siehe Abbildung 4). Hier konnte Odysseus mit seinen Männern das Schiff auf den Strand auflaufen lassen. Hier konnten die Griechen es an Land ziehen, wie dies die Inselbewohner heute noch tun. Auch findet sich nahe bei diesem so günstigen Landeplatz eine geräumige Höhle wie jene, zu der die Griechen ihre Güter und Geräte schafften (10, 404, 424).

Ein Gott ging voran

Es ist nicht leicht für einen Fremden, diesen guten Hafen in erster Anfahrt zu finden. An allen anderen Stellen machen steile, unzugängliche Felswände, zahlreiche winzige Eilande und Klippen bei den hier herrschenden starken Gezeitenströmen eine Landung ungemein schwierig. Deutlich ist die Warnung des »Nordsee-Handbuches«: »Bei unsichtigem Wetter ohne Radar ist sie (d. i. Fair Isle) jedoch der Schiffahrt höchst gefährlich. Zahlreiche Schiffe sind schon bei ihr gestrandet.«[90] Der Leser der Odyssee wird angesichts solcher Verhältnisse wohl glauben, daß beim geglückten Einlaufen in den Hafen »irgendein Gott voranging« (10, 141).

Auch die Topographie der Insel Fair entspricht den Angaben der Odyssee. Odysseus ging vom Landeplatz zu einer Bergkuppe, von der aus er die ganze Insel überblicken konnte. Dieser »schroffe Ausguck« ist der im Nordwesten der Insel gelegene 216 Meter hohe Ward Hill. Von dieser Warte aus läßt sich tatsächlich die ganze Insel überschauen: flach liegt sie vor Augen, rings vom unendlich scheinenden Meer umflossen (siehe Abbildung 2). Hier ist die höchste Erhebung der Insel; das Gelände fällt in der Inselmitte auf 68 Meter, zur Halbinsel Bu Ness im Osten sogar auf 34 Meter ab. Im weiteren Verlauf der Ostküste steigt das Gelände zum Vasetter wieder auf 110 Meter an, fällt dann nach Süden zum Meo Ness bis auf 31 Meter ab und hat am Malcolm Head im Südwesten wieder eine Höhe von 107 Metern. Es entspricht dem Bild, das die Odyssee uns gibt. Wie die meisten britischen Inseln hat auch Fair vor der Zeitenwende reichlichen Strauch- und Baumwuchs getragen, der inzwischen durch Raubbau vernichtet wurde. Der Boden ist aber noch immer so gut, daß heute die Bewohner neben der Fischerei etwas Landwirtschaft betreiben können. Außer Kartoffeln und Rüben werden Hafer und Gerste angebaut, auch hält man Rinder, Schweine und Schafe.[91]

Hirschjagd auf der »weiträumigen Erde«

Odysseus hatte auf seinem Rückweg von der Bergkuppe zum Schiff einen Hirsch erlegt, der an einem Bach zur Tränke zog. In etwa 500 Meter Entfernung von der Bucht North Haven fließt an der Ostküste der Insel wirklich ein Bach ins Meer. Ihn muß Odysseus auf seinem Weg zum Ward Hill und zurück zur Landestelle überquert haben. Die Abmessungen entsprechen durchaus den Angaben der Odyssee. Es dürfte schon etliche Stunden gedauert haben, bis Odysseus in dem damals noch mit dichter Vegetation bestandenen Gelände den Weg zum etwa 1750 Meter entfernt gelegenen Ward Hill und zurück zum Schiff bewältigt hatte. Er mußte dabei die Felshänge des 216 Meter hohen Berges überwinden – ein Aufstieg, den auch heute noch die überall verstreuten Felsbrocken erschweren. Das Vorkommen von Rotwild auf den Inseln dieses Seegebiets in früherer Zeit wird durch die Knochenreste von 36 Hirschen in einem megalithischen Steingrab der benachbarten Orkney-Inseln bezeugt.[92]

Die Insel Fair hat in ihrer Mitte ein Tal, das den Steinhäusern und Tiergehegen der Kirke genug Raum hätte bieten können. Auch Wasser ist reichlich vorhanden. Im Nordteil der Insel finden sich ein größerer und ein kleinerer Wasserlauf, und in der Inselmitte fließen zwei größere Bäche zur Ostküste, von denen der südliche so viel Wasser führt, daß er einige Mühlteiche zu speisen vermag. Das homerische Wort von der »weiträumigen Erde« paßt nicht schlecht auf dieses Gebiet: vom Ward Hill aus wirkt es flach und auseinandergezogen. Heute führt eine Straße von der Nordspitze der Insel bis zu ihrem südlichsten Vorgebirge. Die Distanz beträgt über 5 Kilometer, während die größte Breite quer über die Insel von West nach Ost bei rund 2 Kilometern liegt.

Eine nördliche Insel ist Fair gewiß, allerdings wiederum nicht so nördlich, daß hier Tage und Nächte extrem lang oder kurz wären. »Lange Tage« (10, 469) und kurze Nächte gibt es im Sommer zwar schon, entsprechend auch lange Nächte und kurze Tage im Winter, doch selbst um die Mittwinterzeit währt das Tageslicht hier immerhin noch sechs Stunden.[93]

Bliebe noch zu sagen, daß auch das letzte der bestimmenden Merkmale – die Festlandküste südlich der Insel liege eine Tagesfahrt entfernt – von Fair erfüllt wird: rund 120 Kilometer südwestlich der Insel erstreckt sich die Küste Nordschottlands.

Die Zaubergöttin

Homer nennt Kirke die »flechtenschöne, die furchtbare Göttin, begabt mit Sprache«, und er meint eine besondere Art des Sprechens: die Wahrsagekunst, die Weissagungskraft ihrer Worte. Kirke ist also Seherin, eine »weise Frau«. Wenn sie »furchtbar« ist, so deshalb, weil sie durch Zaubermacht Menschen zu schaden vermag. Denn eine Zauberin ist sie, und Homer stellt sie ganz in den Kreis der magischen Gestalten aus der Nachkommenschaft des Helios: die Erzzauberin Medea aus Kolchis erscheint in den mythischen Stammbäumen als Tante der Kirke, ihr Bruder ist der Unheilstifter Aietes.

Diese Charakterisierung einer mit magischer Macht begabten Seherin von priesterlicher Hoheit fügt sich ins übrige Bild, paßt zum »heiligen Tal« und zu den »heiligen Häusern«. Und erklärbar wird unter diesem Aspekt auch die Abgeschiedenheit, in der Kirke lebt – außer ihr befinden sich auf der Insel nur eine Schaffnerin und vier dienende Frauen, Männer aber keine. Von diesen Dienerinnen wird überdies gesagt, sie stammten alle aus heiligen Quellen, Flüssen und Hainen (10, 351), und das will nichts anderes bedeuten, als daß sie ebenfalls von höchster Abkunft waren, auch wenn sie im Heiligtum Dienst taten.

Kirkes Rang über allen anderen wird deutlich hervorgehoben durch die Beschreibung des kostbaren Hausrats, ihres Besitzes an Gold und Silber. Da wird mit ausmalender Gründlichkeit geschildert, daß der Stuhl, auf dem Odysseus Platz nahm, mit Silbernägeln beschlagen war; daß silberne Tische aufgestellt wurden; daß der Mischkrug aus Silber war; daß eine Dienerin Wasser in einer goldenen Kanne brachte und es zum Waschen in ein silbernes Becken goß. Auf den Tischen standen goldene Körbe, der Wein wurde aus goldenen Bechern getrunken, das Mus in einem goldenen Gefäß zubereitet (10, 355f.). Offenbar lag die Insel der Kirke vor einem Land, das über reiche Vorkommen an Edelmetallen verfügte. Auf den Britischen Inseln wurden in der Antike ja nicht nur Zinn und Kupfer, sondern auch Gold und Silber in bedeutendem Umfang gewonnen.

Heilige Inseln

Die Insel Aia war wohl eine jener zahlreichen »heiligen Inseln«, von denen in späteren Berichten antiker Autoren über die Religion der keltischen Bewohner Galliens und Britanniens die Rede ist. So berichtet Strabo im 1. Jh. v. Chr. unter Berufung auf Poseidonios von einer kleinen Insel vor der Loiremündung, die von einer Frauengemeinschaft bewohnt wurde – Männern war der Zutritt strikt verboten. Ein Jahrhundert später beschreibt Pomponius Mela die Insel Sena vor der Spitze der Bretagne, auf der neun Priesterinnen lebten. Weiter berichtet dieser aus Iberien stammende Geograph, jene Priesterinnen seien zauberkundig gewesen, hätten Unwetter bewirkt, sich in Tiere verwandelt, Kranke geheilt und Seeleuten, die von ihnen Rat einholten, die Zukunft vorausgesagt. Fast möchte man meinen, Pomponius habe das Beispiel der Kirke vor Augen gehabt.[94]

Römische Berichte über Quellheiligtümer und heilige Haine in Britannien nennen besonders das Quellheiligtum der Göttin Coventia beim Römerkastell Brocolitia (heute Carrowburgh) an der Südseite des Hadrianswalls. Plutarch führt einen Gewährsmann namens Demetrius an, der von einsamen Inseln im Meer um Britannien erzählte: sie trügen die Namen von Halbgöttern, auch lebten dort nur wenige Menschen, und sie alle würden von den Britanniern für heilig und unverletzlich gehalten. Auch Tacitus erwähnt in seinen *Annalen* einen geheiligten Hain auf der Insel Anglesey vor der Küste von Wales.[95] Noch heute trägt eine vor Anglesey liegende Insel den Namen »Holy Island«, ihre Hafenstadt ist Holyhead, ihr höchster Berg heißt Holyhead Mountain. Eine weitere kleine Insel mit dem Namen Holy Island liegt auf der Westseite des Firth of Clyde. Auf ein Inselheiligtum weist auch der Name von Holy Isle, einer kleinen Insel vor der englischen Ostküste südlich von Berwick in der Grafschaft Northumberland.

War Kirke eine keltische Priesterin?

Kennzeichnend für die Religion der Kelten ist ihre enge Verbundenheit mit der Natur, die sich in Göttern und Göttinnen personifiziert, vielfach aber unmittelbar in Quellen, Seen, Flüssen, Bergen, Bäumen und Hainen zum Gegenstand frommer Verehrung wird. Die Betreuung dieser oft weitab von jeder menschlichen Ansiedlung gelegenen Stätten und Heiligtümer oblag Priestern und Priesterinnen, auf die etwas von der unheimlichen Macht des Kultorts überging.[96] Die Abgelegenheit dieser heiligen Naturmale hat übrigens in späterer Zeit den Missionaren die Christianisierung erleichtert: Bäume und Haine wurden kurzerhand mit der Axt beseitigt, die Seen zugeschüttet und über den Quellen und auf den Bergkuppen errichtete man Kapellen und Kirchen. Mit der Vernichtung der Heiligtümer aber war die magische Kraft des alten Glaubens gebrochen, das Volk nahm den neuen Glauben an.

Abgeschiedenheit der Kultstätte war also geradezu ein Charakteristikum der keltischen Religion, und Kirkes Heiligtum auf landferner, einsamer Insel ließe sich leicht in einem solchen Zusammenhang sehen – wenn wir nur wüßten, ob Kirke als keltische Priesterin überhaupt denkbar ist. Denn bislang ist nicht sicher festzustellen, wann Kelten in Schottland erstmals gesiedelt haben, und die Zeit vor Homer erscheint nach allem, was wir wissen, problematisch früh. Zumeist gilt heute die Auffassung, die ersten Kelten seien nicht vor dem 6. Jh. v. Chr. nach Schottland gelangt. Dem wird jedoch von Sachkennern vereinzelt widersprochen. Sie halten es durchaus für möglich, daß die keltische Landnahme in Britannien einige Jahrhunderte früher anzusetzen ist.[97] Der Erweis für diese Auffassung steht indes aus, so daß wir sie hier nicht zugrunde legen können.

Kult um große Steine

Anstelle der keltischen Religion wäre dann an die ihr vorausgegangenen Kulte der Megalither zu denken. Neben einer ausgeprägten Ahnenverehrung kennt die megalithische Bevölkerung auch den Dienst an der Erdmutter, einer neolithischen *magna mater*, die mit den Totengebräuchen eng verbunden war. Wie später bei Kelten und Germanen ist ebenfalls bei den Megalithern die Verehrung heiliger Naturmale als Orte göttlicher Anwesenheit weit verbreitet gewesen. Betreut wurden solche Kultstätten unter freiem Himmel in dieser stark mutterrechtlich geprägten Gesellschaft vor allem durch Priesterinnen und heilige Frauen. Unbekannt ist weithin, welche Gottheiten die Megalither außer der Großen Mutter noch verehrt haben, doch geben ihre Steinsetzungen Zeugnis davon, daß sie auch Sonnenverehrer waren.[98] Die Einordnung Kirkes in die Familie des Sonnengotts Helios, wie Homer sie vornimmt – sie ist die Tochter des Helios –, paßt jedenfalls in dieses Bild.

Interessant ist in diesem Zusammenhang, daß Homer mehrmals auf die Bauweise des Hauses der Kirke hinweist: es sei aus »behauenen« oder »geglätteten Steinen« erbaut gewesen (10, 210, 253). Nun war das gewöhnliche Baumaterial des vorgeschichtlichen Westeuropas das Holz, und kein anderes Volk in diesem Bereich Alteuropas hat die Kunst, Steine glatt und fugendicht zu bearbeiten, so vollendet beherrscht wie diese »Großstein-Leute«, die Megalither. Außer Zweifel steht, daß sie auch im hohen Norden der Britischen Inseln gesiedelt und ihre Spuren hinterlassen haben: in Nordschottland, auf den Hebriden, den Orkney- und Shetlandinseln. Noch heute trifft dort der Wanderer an abgelegenen Küstenstrichen auf die gewaltigen steinernen Rundtürme, die *brocks*, die in den sardinischen Nuragen, den süditalienischen Trulli, den hellenischen Tholoi im Süden ihre Entsprechungen finden. Diese imposanten Steinbauten sind die Hinterlassenschaft eines Volkes, das ganz auf den Stein als Material spezialisiert war und bereits Steinhäuser zum Wohnen errichtete, als andere Völker noch in Binsenhütten, Lederzelten oder Blockhäusern lebten.

Gerade Schottland und seine Inselwelt ist reich an Funden megalithischer Steinsetzungen. Berühmt sind die *standing stones* von Callernish auf der Hebrideninsel Lewis, eine Steinsetzung von 47 riesigen Felsblöcken um ein Hünengrab, und der *ring of Brodgar*, ein bronzezeitlicher Steinkreis auf den Orkney-Inseln. Zwischen Galloway in Südwestschottland und den Shetland-Inseln sind über 500 megalithische Kammergräber gefunden worden. Unter ihnen ist das gewaltige Kuppelgrab von Maes Howe auf der Insel Mainland (Orkneys) – »der schönste vorgeschichtliche Grabbau der Britischen Inseln«, sind die 30 Ganggräber von Moray Firth in Schottland. Bei Skara Brae auf Mainland konnte unter einer meterhohen Sandschicht sogar ein megalithisches Dorf mit sieben Steinhäusern samt steinernem Inventar ausgegraben werden, das wohl vor dem Jahr 2000 v. Chr. entstand.[99] In dieser Welt des Steinkults und der Sonnenverehrung dürften manche Eigentümlichkeiten der Zauberin Kirke ihren Platz finden.

Ein Giftkraut für Gegenzauber

Auf dem Weg zum Haus der Kirke begegnet Odysseus seinem göttlichen Vorfahren Hermes, der ihm als Gegengift und Schutzmittel gegen die zauberischen Kräfte der weisen Frau ein wunderbar wirkendes Kraut überreicht. »Schwarz war es an der Wurzel, aber der Milch vergleichbar war die Blüte, und Moly nennen es die Götter. Schwer ist es für sterbliche Männer zu ergraben, die Götter aber können alles« (10, 303–305). Seit Jahrhunderten ist die Frage, um welche Pflanze es sich bei dem Kraut Moly denn handle, Gegenstand lebhaften gelehrten Disputs. Während die meisten antiken und mittelalterlichen Schriftsteller in dem geheimnisvollen Kraut Moly entweder eine Lauchart oder die Mandragora sahen, wollen die Botaniker neuerer Zeit in ihm zumeist die Schwarze Nieswurz erkennen. Diese Streitfrage ist für die Lokalisierung insofern von Belang, als die Lauchart wie auch die Mandragora der älteren Deutung vorwiegend in den wärmeren, südeuropäischen Gebieten zu Hause sind, so daß damit eine Insel Aia in Nordeuropa fraglich erscheinen könnte.

Der griechische Naturforscher Theophrast (372–287 v. Chr.) hielt das homerische Moly für ein Zwiebelgewächs, ebenso nach ihm Plinius d. Ä., der 79 n. Chr. beim Ausbruch des Vesuv den Tod fand. Beide Autoritäten bestimmten noch die Ansichten der Kräuterbücher des 17. und 18. Jahrhunderts. Linné, der große schwedische Botaniker, benannte sogar eine Lauchart *Allium moly*, eine andere *Allium magicum* (»Zauberlauch«). Während *Allium moly* goldgelbe Blüten hat, also wohl nicht das homerische Moly sein dürfte, besitzt der Zauberlauch weiße Blüten.

Die zu den Nachtschattengewächsen zählende, ebenfalls im Mittelmeerraum beheimatete Mandragora *(Mandragora officinalis)* gilt häufig als das »Kraut der Kirke«. Sie wurde im Altertum nicht nur zu Liebestränken, als Aphrodisiakum und Narkotikum verwendet, sondern diente auch als Schutz gegen Behexung. Diese stark giftige Pflanze mit weißgelben oder violetten Blüten besitzt einen tief in den Erdboden reichenden Wurzelstock von dunkler Färbung, aus dem man die echten Alraunen oder »Wurzelmännchen« schnitzte, die als Amulett gegen Hexerei oder als Zaubertalismane getragen wurden.[100]

Auch im Norden Europas wachsen indes weißblühende Giftpflanzen, und ihnen wird die gleiche Kraft des Gegenzaubers nachgerühmt wie dem Zauberlauch und der Mandragora. Da ist zunächst die Schwarze Nieswurz *(Helleborus niger)*, auch Schnee- oder Christrose genannt. Diese etwa 30 Zentimeter hohe Pflanze hat einen schwarzen Wurzelstock, dazu prächtige schneeweiße Blüten. Sie wächst auf steinigem Untergrund, oft an nicht zu schattigen Abhängen unter Büschen, und ist sehr giftig. Neben einem digitalisähnlichen Herzgift enthält die Wurzel ein scharfes Alkaloid, das Niesreiz und Erbrechen hervorruft. Schon zur Zeit des bedeutenden griechischen Arztes Hippokrates (460–377 v. Chr.) wurde die Nieswurz als Heilmittel und zu rituellen Reinigungen gebraucht. Sie galt als heilig, auch glaubte man, sie vertreibe Gespenster und die Pest. Der Name *Helleborus* ist griechischen Ursprungs, doch von ungeklärter Etymologie. Der andere deutsche Name Christrose wird irrigerweise mit ihrer Blütezeit um das Christfest in Zusammenhang gebracht. Es dürfte aber eher so sein, daß hier eine vormals für den heidnischen Kult bedeutsame Pflanze »christianisiert« wurde, um möglichem Aberglauben entgegenzuwirken. Da dieses Hahnenfußgewächs in felsigem Grund wurzelt, ist der Wurzelstock »schwer... zu ergraben«, doch enthält gerade er die wirksamsten Giftstoffe. Wenn die Etymologen das griechische Wort *moly* in Beziehung setzen zu dem altindischen Wort *mulam,* das allgemein die Wurzel bezeichnet, so wäre auch unter diesem Aspekt denkbar, daß mit dem Kraut Moly die auf den Britischen Inseln wachsende Schwarze Nieswurz gemeint ist.[101]

In Betracht käme noch eine andere Giftpflanze des nördlichen Europa, die ebenfalls als Gegenzauber Verwendung fand: die ziemlich selten anzutreffende rotbeerige Zaun- oder Gichtrübe *(Bryonia dioica).* Auch sie besitzt einen tiefgehenden schwarzbraunen Wurzelstock und weißgelbe Blüten. Diese Wurzel, von betäubendem Geruch, enthält in ihrem weißen Milchsaft neben der Wirksubstanz Bryonin das hochgiftige Bryonidin. Seit alters gilt sie als Schutz gegen Unheil. Jahrhundertelang war es Brauch, aus dem Wurzelstock jene »unechten« Alraunen zu schnitzen, die Glück für Haus und Hof brachten, weil sie das Übel vor der Tür hielten und sich bei der Austreibung böser Geister verwenden ließen. Noch bis in unsere Zeit haben die Bauern in Mecklenburg dem Vieh kleine Schnitzel der Zaunrübe ins Futter gemischt, um es vor Hexen und Unholden zu schützen. Dabei ist der Glaube an die Heilkraft der Zaunrübe sehr alt. Das vor dem 5. Jh. v. Chr. entstandene Zauberbuch der Kyrenaiker nennt die Bryonia eine »Gottgeschenkte«, ein »höchst heiliges und bewundernswertes Kraut«.[102] Als Göttergeschenke hat der Mensch in mythischen Zeiten Pflanzen von starker Wirkung immer betrachtet. Auch Odysseus erhielt das Kraut Moly durch Hermes, seinen göttlichen Ahnen.

Verwandlung in Schweine

Noch bleibt ein Wort zu sagen zur Verwandlung von 22 Gefährten des Odysseus in Schweine. Kirke hatte ihnen eine Mahlzeit gereicht, zuvor aber Gift daruntergemischt. Hierdurch sollen die

Männer ihre Menschengestalt verloren haben und zu Schweinen geworden sein. Das klingt phantastisch und irreal, und es mag sich die Frage aufdrängen: Wenn Homers Erzählung hier doch offenkundig reine Erfindung ist – wie hat er es da wohl in anderen Dingen gehalten?

Zunächst bleibt sicher, daß Kirke sich gut auf die Kunst der Giftzubereitung verstand. Das ist nicht erstaunlich für eine magische Priesterin auf neolithischer Kulturstufe, so wenig erstaunlich, wie Giftkenntnis bei einem Schamanen oder einem Medizinmann der Naturvölker. Gift – eine Frage der Dosis – ist ja immer auch Heilmittel, Medizin. Die Priester aller frühen Kulturen haben fraglos mit den Wirksubstanzen umzugehen vermocht, die ihnen die Natur zur Hand gab. Anfänglich schrieben die Menschen Krankheiten göttlicher Einwirkung zu. Die geeigneten Helfer waren daher die Priester. Sie sind vor allem daran interessiert gewesen, die Wirkung pflanzlicher Mittel auf das Erleben und die geistigen Funktionen des Menschen in den Griff zu bekommen.

Natürlich hat Kirke die Gefährten des Odysseus nicht zu Säuen gemacht, aber offenbar war es ihr gelungen, durch Zusätze bewußtseinsverändernder Substanzen zu den Speisen in ihren Köpfen halluzinatorische Vorgänge zu erzeugen. Es ist also doch alles nach Naturgesetzen zugegangen. Aus Berichten über mittelalterliche Hexenprozesse ist uns die Anwendung von »Hexensalben« bekannt, mit denen sich die »Hexen« vor ihrer alljährlichen Luftfahrt in der Walpurgisnacht einschmierten. Diese »Hexensalben« enthielten als wirksame Substanzen die Gifte der Tollkirsche, des Bilsenkrauts und des Stechapfels, häufig auch das giftige Akonit des Eisenhuts. Diese Narkotika, die alle stark erregend auf Gehirn und Nerven wirken, gleichzeitig aber auch lähmen und betäuben, gaukelten den Betroffenen herrliche Träume und bedrückende Erlebnisse vor. Aufgrund dieser Halluzinationen und einer von der Haut ausgehenden Sinnestäuschung glaubten sie sich in Tiere verwandelt und meinten deutlich, das aus ihrem Körper herauswachsende Haar- oder Federkleid zu spüren. Die »Hexen« waren wirklich der Überzeugung, in Katzen, Hasen, Eulen oder sonstiges Getier verzaubert zu sein. Dabei erwies sich für die Opfer als besonders verhängnisvoll, daß sie, wie die Gerichtsakten bezeugen, nach Abklingen der Giftwirkung die Gewißheit behielten, das Geträumte tatsächlich auch erlebt zu haben. Nach Auffassung des Gerichts bestätigten damit die Betroffenen durch eigenes Zeugnis ihr Teufelsbündnis und rechtfertigten die Verurteilung, die zumeist auf Tod durch Verbrennen lautete.[103]

Das von Kirke verabreichte Gift hatte also bewirkt, daß die Männer in Verwirrung ihrer Sinne sich wirklich in Schweine verwandelt glaubten. Da die Verzauberung von Menschen in Schweine ein in den Märchen und Sagen ziemlich seltenes Motiv ist, mag es in diesem Zusammenhang interessant sein, daß es sich gerade in irischen und bretonischen Sagen am häufigsten findet. In den gleichen geographischen Bereich weist die Zusammensetzung der Speise, die Kirke den Männern vorsetzt, und die Homer genauer beschreibt: eine Mischung aus Käse, Gerstenmehl, gelbem Honig und »pramneïschem Wein« (10, 235–236). Ein Gericht in dieser Zusammensetzung aber war von alters her bis ins 19. Jahrhundert in Schottland gebräuchlich; an die Stelle des Weines trat allerdings Branntwein: Whisky. Ein deutscher Schottlandreisender berichtet im Jahre 1844, eine Mahlzeit dieser Art sei auch der Queen Victoria bei ihrem Schottlandbesuch vorgesetzt worden. Er beklagt sich aber, ihm selbst habe man den mit heißem Wasser gemischten Whisky anstatt mit feinem Honig, wie gebührlich, nur mit einfachem Syrup gesüßt.[104] Ob der homerische »Wein aus Pramne«, für den sich bisher keine überzeugende Herleitung hat finden lassen, vielleicht eine Art prähistorischer Whisky gewesen ist?

Roter Wein aus nördlichen Lagen

Letzte Bedenken botanisch-kulinarischer Art gegen eine Lage der Insel Aia am Saum des nordischen Meers wären noch auszuräumen. Woher kam jener »süße, rote Wein«, den Kirke ihren griechischen Gästen zu trinken anbot? Leicht wäre da auf mögliche Importe aus südeuropäischen Anbaugebieten hinzuweisen. Demnach hätte die zauberkundige Frau einen Rotwein kredenzt, der im Austausch über die vielbefahrenen Wege des Zinnhandels nach Aia gekommen sein dürfte – eine durchaus plausible Erklärung.

Vielleicht aber war dieser rote Wein doch ein Gewächs aus dem britannischen Norden, womöglich der Insel Aia selbst. Es fällt auf, daß Homer statt des von ihm sonst verwendeten Wortes *oinon* für den Wein (vgl. 3, 472; 4, 220; 9, 358) auch den Ausdruck *methy* gebraucht (10, 468, 477; 12, 30). Nun wird dieses Wort zwar häufig ebenfalls mit »Wein« übersetzt, aber primär bedeutet es »Rauschtrank«, was also nicht so bestimmt auf den vergorenen Traubensaft festzulegen ist. Eigentlich war damit der berauschende Honigwein gemeint – der Met, das älteste alkoholische Getränk der Indogermanen. Dieser Met wurde aus vergorenem Wildhonigwasser hergestellt und ursprünglich bei kultischen Festen als Rauschtrank genossen. Es wäre also nicht erstaunlich, wenn die Zauberpriesterin Kirke davon reichlichen Vorrat gehabt hätte.

Aber selbst wenn Homer von *oinon erythron* spricht (12, 20), muß dieser »rote Wein« nicht unbedingt aus edlen Weintrauben gekeltert worden sein. Es ließe sich durchaus an einen aus Wildbeeren gewonnenen Wein denken. Denn nicht nur in alter Zeit hat man in Skandinavien, Sibirien, Nordamerika und Island einen berauschenden roten Wein aus Beeren hergestellt, und in manchen Gegenden Deutschlands gibt es heute noch »Beerenwein« aus Johannisbeeren, Schlehen, Brombeeren oder Himbeeren. Auch Vergorenes aus Moos- und Preiselbeere, mehr noch aus der Heidelbeere, findet in einigen Ländern nach wie vor seine Liebhaber. Nicht von ungefähr hat man früher die Heidelbeere als die »Traube des Nordens« bezeichnet.[105]

Auf der Suche nach Elpenors Grabstein

Wenn die Insel Fair allen wesentlichen Angaben des homerischen Textes entspricht – wäre es da zu kühn, sich auch Gedanken über die mögliche Lage der Grabstätte des unglücklichen Elpenor zu machen, der im Rausch vom Dach des Hauses der Kirke stürzte und sich den Hals brach? In Vers 12, 14 wird das steinerne Grabmal erwähnt, das die trauernden Gefährten ihm setzten. Die Einäscherung der Leiche fand in der Nähe des Landeplatzes statt, dort »wo das Gestade am weitesten vorsprang«. Nun steht tatsächlich auf der nach Osten weit vorspringenden Halbinsel Bu Ness seit alten Zeiten ein großer Monolith, den die Bevölkerung heute noch ehrfurchtsvoll *Norwegian boulder* nennt – was nichts anderes besagt, als daß dieses Mal für einen »Norweger«, also einen Landesfremden, errichtet worden ist. Könnte dies der Grabstein des Elpenor sein?

Eine solche Zuschreibung wäre aber wissenschaftlich ebensowenig zu begründen wie die Annahme, die Insel Fair habe ihren Namen vom englischen Wort *fairy* erhalten, das »Fee« oder »Zauberin« bedeutet. Träfe dies zu, hieße also die Insel der Kirke tatsächlich »Insel der Zauberin«, dann wäre dies eine besonders hübsche Bestätigung unserer Ansichten. Leider läßt uns hier die Etymologie im Stich. Ohnehin taugen philologische Argumente nur sehr bedingt zur Absicherung einer Lokalisierung. Bei allen Vorbehalten sollte man aber doch einräumen, daß die sprachliche Herkunft des Inselnamens wissenschaftlich keineswegs gesichert ist, also nicht völlig ausgeschlossen werden kann, daß ein Zusammenhang der angedeuteten Art besteht.[106]

Wie auch immer: fest steht jedenfalls, daß alle im homerischen Text aufgeführten charakteristischen Merkmale der Kirke-Insel Aia sich auf Fair wiederfinden lassen.[107] Und das ist nicht wenig.

Kurs auf Kirkes Insel

Überlegungen sind schließlich anzustellen über den Weg, den das Schiff des Odysseus vom Land der Laistrygonen zur Insel Aia genommen hat. Da Homer sich bei dieser Frage nicht aufhielt, bleiben allein Vermutungen. Immerhin gibt es nur drei Seewege von der iberischen Küste zur Insel Fair.

Da ist zunächst der Seeweg zwischen Irland und England durch die Irische See. Diese naheliegende, zu jener Zeit, wie wir wissen, vielbefahrene Route muß jedoch ausscheiden, weil Odysseus diesen Wasserweg bei seiner Heimfahrt von Fair aus benutzt hat, es aber

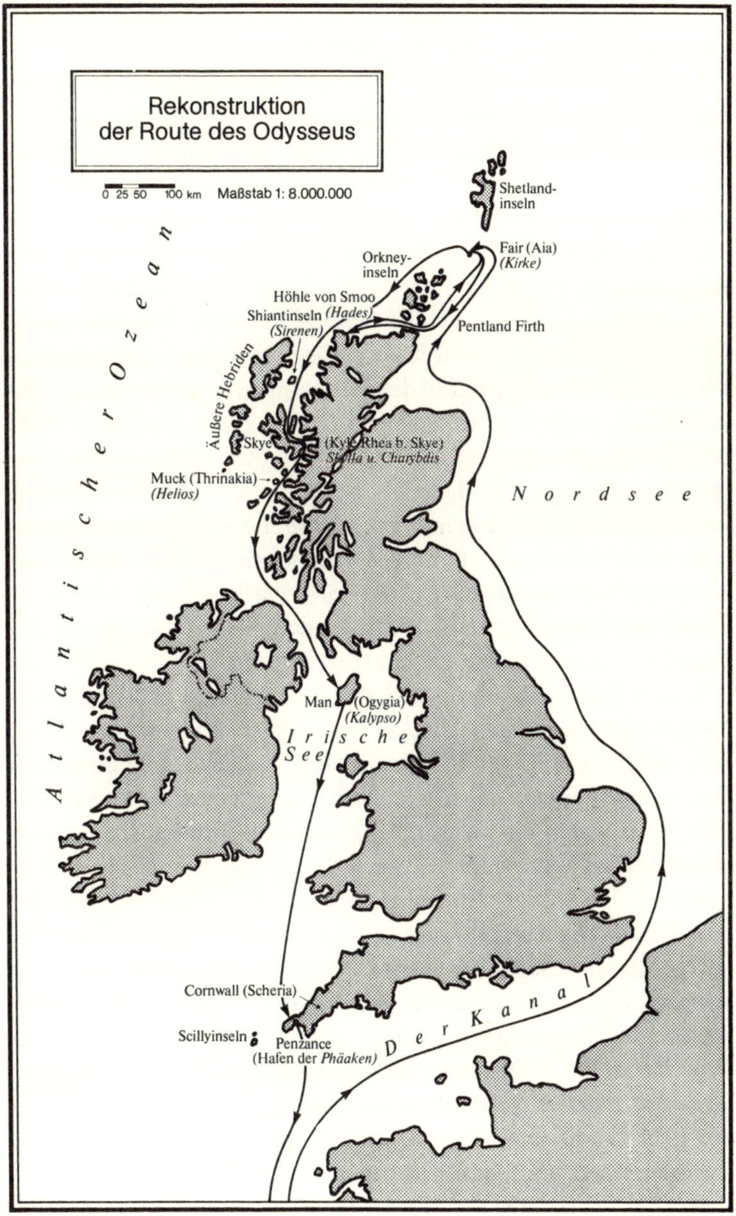

Rekonstruktion der Route des Odysseus
0 25 50 100 km
Maßstab 1: 8.000.000
Shetland-inseln
Fair (Aia)
(Kirke)
Orkney-inseln
Höhle von Smoo
Shiantinseln (Hades)
(Sirenen)
Pentland Firth
Äußere Hebriden
Skye
(Kyle Rhea b. Skye)
Skylla u. Charybdis
Muck (Thrinakia)
(Helios)
Atlantischer Ozean
Nordsee
Man
(Ogygia)
(Kalypso)
Irische See
Cornwall (Scheria)
Scillyinseln
Penzance
(Hafen der Phäaken)
Der Kanal

keinen einzigen Hinweis darauf gibt, er sei durch ein ihm bereits bekanntes Seegebiet südwärts gefahren.

Auch eine Fahrt entlang der Westküste von Irland und den Äußeren Hebriden kommt sicherlich nicht in Betracht. Die irische Westküste gehört mit den Äußeren Hebriden zu den stürmischsten Küsten der Welt – selbst die kühnsten Seefahrer der Antike dürften sie gemieden haben. Eine Fahrt über den offenen Atlantik gar, weitab von den klippenreichen Gestaden Irlands, hätte wegen des häufig sehr schweren Seegangs doch wohl allzugroße Anforderungen an Segel und Ruder bronzezeitlicher Schiffe gestellt. Das Argument, Odysseus habe die Gefährlichkeit dieser Route gar nicht kennen können – er habe diesen Teil des Meeres niemals befahren, ist nicht stichhaltig. Kenntnis aus eigener Erfahrung war überhaupt nicht notwendig. Aus den Ereignissen bei den Lotophagen und den Laistrygonen wissen wir, daß Odysseus landes- und sprachkundige »Herolde« bei sich hatte, mit deren Hilfe er Kontakt zu den jeweils besuchten Völkern aufnahm. Den häufiger nach Irland oder Britannien fahrenden fremden Seeleuten war ja die besondere Gefährlichkeit dieses Seeweges westlich von Irland bekannt und ebenso den Herolden und an Bord genommenen Lotsen.

Wahrscheinlich also ging die Fahrt entlang der französischen Küste durch den Ärmelkanal und an der Ostküste Englands nach Norden (siehe Karte S. 121). Zwar war auch dieser Seeweg durch den damals noch etwas schmaleren Ärmelkanal keineswegs ungefährlich, doch waren die hier entlangsegelnden Schiffe durch die vorherrschenden Westwinde wie auch die stetige westöstliche Kanalströmung begünstigt. Die Fahrt durch die Nordsee, vorbei an der englischen Ostküste, bot wegen der dort nur lokal auftretenden Felsen geringere Risiken. Zweifelhaft bleibt, ob für diese Route die merkwürdige Stelle im dritten Kapitel der *Germania* des Tacitus spricht: »Übrigens meinen einige, auch Ulixes (Odysseus) sei auf jener langen und fabelhaften Irrfahrt in diesen Ocean verschlagen, nach den Landen Germaniens gekommen, und Asciburgium, das am Ufer des Rheines gelegen, noch heute bewohnt wird, sei von ihm gegründet und benannt worden ...«. Vielleicht hat Odysseus einen Abstecher innerhalb des Seegebiets der Nordsee gemacht?

VII

Im Reich der Toten

Bevor Odysseus von der Insel Aia, dem Wendepunkt seiner Fahrt, die Heimreise antreten konnte, mußte er auf Weisung der Kirke noch hinab zur Unterwelt, dem vom Gott Hades und seiner Gemahlin Persephoneia beherrschten Reich der Toten. Kirke gibt dem Odysseus eine genaue Wegbeschreibung, weist ihn ein, wie er das Opfer vollziehen und mit den Seelen der Verstorbenen sprechen soll. Auch zwei Opferschafe bringt sie ans Schiff. In der Unterwelt erfährt Odysseus von Teiresias, dem blinden Seher aus Theben, was ihm auf der Heimreise und nach seiner Rückkehr in Ithaka noch alles bevorsteht. Seine verstorbene Mutter Antikleia tritt heran, es erscheinen griechische Frauen und Männer: Achill ist in der Totenschar, Herakles, die großen Gestalten der Heroensagen. Dann aber drängen sich die Schwärme der Toten mit lautem Geschrei immer näher heran, und Odysseus flieht aus dem Hades ans Tageslicht. Am Strand warten seine Gefährten, mit denen er nach Aia zurückkehrt.

Homer hat diese phantastische Schilderung der Begegnung des Helden mit den Toten zur großen Szene gestaltet. Nichts ist geeigneter, die beispielhafte Unerhörtheit der Taten des Königs von Ithaka stärker herauszustellen, als gerade dieses äußerste Wagnis: als einzigem Sterblichen gelingt es ihm, das Totenreich aufzusuchen, mit den dort weilenden Schatten zu sprechen und lebend wieder ans Tageslicht zurückzukehren. Um diese jede Wirklichkeit übersteigende Darstellung möglichst real erscheinen zu lassen, gibt Homer eine nähere Beschreibung der Anfahrt und des Ziels, so daß man versuchen kann, diesen als Unterwelt beschriebenen Ort geographisch zu bestimmen.

Die Welt, wie Homer sie sah

Für die Griechen zur Zeit Homers war die Erde eine weite Scheibe, in deren Zentrum sich der Olymp befand, umflossen vom breiten Strom des Okeanos. In einem gewaltigen Höhlengewölbe unter dieser Scheibe lag das Totenreich des Hades; zu ihm führten Wege durch Erdschlünde hinab. Auch vom Okeanos her führten Zugänge in die Abgründe der ewigen Schatten. Tief unter dem Hades – in gleicher Entfernung wie Himmel und Erde – lag der Tartaros. Dorthin hatte Zeus die besiegten alten Götter, Kronos und die Titanen, verbannt. Der Eingang zum Totenreich lag im Land der untergehenden Sonne irgendwo im äußersten Nordwesten der Erde, verhüllt von Nebeln. Es war ein Ort am Okeanos, weitab von allen menschlichen Siedlungen.

Wer immer diesen Ort später zu lokalisieren versucht hat, behielt dabei den Nordwesten Europas im Auge: Gallien, mehr noch Britannien. In nachhomerischer Zeit hat Claudius Claudianus (375–404 n. Chr.) das Reich der Toten im äußersten Westen Galliens gesucht, bis nach Britannien schalle von dort das Klagen der Toten. Den Ort, wo Ulixes (Odysseus) »das schweigende Volk« erweckte, sah er umströmt von den Gewässern des Ozeans. Der oströmische Historiker Prokopios (6. Jh. n. Chr.) berichtet vom skandinavischen Germanenstamm der Heruler, dort glaube man, daß der Weg zum Totenreich durch »Britta« (offensichtlich Britannien) führe, ein Land in Nacht und Nebel.[108] Dies entspräche den Schilderungen der Odyssee, die hier vielleicht als Vorstellungskern gedient haben. Denn ihnen zufolge liegt das Totenreich am Okeanos nahe beim Gau der Kimmerischen Männer, von denen gesagt wird, sie seien in Dunst und Nebel eingehüllt, und niemals blicke der leuchtende Helios mit seinen Strahlen auf sie herab (11, 14–16).

Die Odyssee enthält Angaben über Richtung und Dauer der Fahrt zum Hades. Was die Fahrtrichtung angeht, so liegt das Totenreich südlich von Kirkes Insel, doch nicht genau im Süden. Zwar antwortet Kirke auf die Frage des Odysseus nach dem ihm unbekannten Weg zum Hades, »das Schiff wird dir der Atem des Nordwinds tragen« (10, 507). Daß damit aber nicht ein plattes Segeln vor dem Wind, also ein genauer Südkurs gemeint ist, ergibt die spätere Stelle: »... dieses (das Schiff) lenkte der Wind und der Steuermann« (11, 10). Es käme also ein Kurs nach Südosten oder Südwesten in Betracht.

Über die Dauer der Fahrt macht Homer folgende Angaben: nachdem Odysseus zeitig nach Sonnenaufgang ausgelaufen und bei gutem Wind den ganzen Tag gesegelt war, kam das Schiff bei Sonnenuntergang »zu den Grenzen des tiefströmenden Okeanos, wo Gau und Stadt der Kimmerischen Männer ist«. Mit der Strömung des Okeanos ging die Fahrt weiter. Da das Schiff vom frühen Morgen bis nach Sonnenuntergang unter dem Segel war, läßt sich bei den langen Tagen im Norden eine Fahrtzeit von 15 bis 17 Stunden annehmen. Weil ferner Homer von einem günstigen Fahrwind spricht, »der das Segel füllte«, wird die Geschwindigkeit bei 5 Knoten gelegen haben. Das ergibt eine Tagesstrecke zwischen 130 und 150 Kilometern. In dieser Entfernung von Aia muß also der Gau der Kimmerischen Männer gesucht werden.

Homer liefert noch folgende wichtige Details über die Fahrt zum Hades:

1. Zuerst war das »weitbahnige Meer«, also die offene See, jenseits des Okeanosstroms zu durchfahren.
2. Dann mußte der Okeanos selbst durchsegelt werden, der an dieser Stelle besonders starke Wirbel und Strudel aufweist.
3. Weiter ging der Weg an der Küste entlang, bis ein niedriges Gestade erreicht wurde. Dort fanden sich Haine mit hohen Pappeln und Weiden, denen die Frucht verdarb. Dort auch konnte das Schiff am Strand auflaufen.
4. Von da an mußte der Weg zu Fuß fortgesetzt werden, weil der Eingang zur Unterwelt nur so zu erreichen ist.

5. Das Haus des Gottes Hades, die Unterwelt, wird als dunkel und modrig geschildert.

Legt man die Angaben der Dichtung zugrunde und geht man davon aus, daß Kirkes Insel die heutige Insel Fair ist, so wäre der Hades an der schottischen Nordküste zu suchen. Die Küste Nordschottlands liegt südwestlich von Fair. Diese Richtung stimmt überein mit der Kursangabe, die sich auf Nordwind und die Tätigkeit des Steuermanns beruft. Auch die Entfernung träfe zu, denn die Küste ist eine gute Tagesfahrt, nämlich 125 Kilometer, von der Insel Fair entfernt. Da Fair außerhalb des Festlandstroms Okeanos liegt, mußte Odysseus zuerst das »weitbahnige Meer« durchqueren, bis er an die Außengrenzen des Okeanos stieß, dann aber den Okeanosstrom selbst durchfahren, ehe er zur Küste gelangte.

Die Männer des Nebellandes

An dieser Küste liegt die Stadt der Kimmerischen Männer. Gemeint sind die Bewohner Nordschottlands, eines Nebellandes par excellence: »In Dunst und Wolken sind sie eingehüllt, und niemals blickt der leuchtende Helios auf sie herab mit seinen Strahlen, weder wenn er zum gestirnten Himmel aufsteigt, noch wenn er sich vom Himmel her wieder zurück zur Erde wendet, sondern böse Nacht ist über die armen Sterblichen gebreitet« (11, 14–19). Dieser für sich allein wenig verständliche Satz veranschaulicht in dichterischer Sprache durchaus zutreffend die klimatischen Verhältnisse der Region. So steht bei F. Klute im Handbuch der Geographischen Wissenschaft, West- und Nordeuropa: »Von der englischen Südküste abgesehen, erfreut sich der Engländer, der Schotte und der Ire demnach tagsüber nur weniger Stunden Sonnenschein, im Norden und Nordwesten nur sehr weniger. Zwar sind für einige Sommerwochen Tage ziemlich wolkenlosen Himmels und strahlenden Sonnenscheins nicht unbekannt, doch während des größten Teils des Jahres lassen Bewölkung, Nebel, Dunst die Sonne nicht hindurch; meist breitet sich eine schwere, graudunstige Wolkendecke über die

Insel aus« (S. 246). Die homerische Schilderung trifft also genau dieses neblig-trübe, sonnenarme maritime Klima mit seiner hohen Luftfeuchtigkeit, den reichlichen Niederschlägen, der ständig verdeckten Sonne, die gar nicht vorhanden zu sein scheint. Auch Tacitus schrieb in seinem *Agricola* (Kapitel 127) über dieses Land: »Der Himmel ist durch häufige Regen und Nebel verdunkelt.«

Viele Forscher stimmen darin überein, daß die oben angeführte Schilderung der Odyssee ein Gebiet charakterisiert, wie es nur im Norden Europas zu finden ist. Wer das Land der Kimmerischen Männer in Nordschottland sucht[109], steht nicht in Widerspruch zu dieser allgemeinen Lokalisierung. Die Kimmerer Homers sind ein anderes Volk als die schon im Frühlicht der geschriebenen Historie auftauchenden Kimmerier vom Nordrand des Schwarzen Meers; sie sind auch nicht gleichzusetzen mit den germanischen Kimbern, die ursprünglich die jütländische Halbinsel bevölkerten. Die Kimmerer Homers sind wiederzufinden im Volk der Kymrer, das lange vor der Zeitwende beiderseits der Irischen See bis hinauf nach Schottland saß.[110] Diese Kymrer gehörten wohl zur Jagd treibenden Urbevölkerung des Landes: ein kleiner, schwarzhaariger Menschenschlag, der vielleicht mit den Picten in nähere Beziehung zu setzen ist. Vor überlegenen Einwanderern – Megalithern zuerst, später Kelten – hatten sie in die unwirtlichsten Rückzugsgebiete des Landes ausweichen müssen. Erst als die Herrschaft der Megalither sich aufzulösen begann, erlangten Kymrer und Picten wieder Bedeutung (wie nochmals gegen Ende der keltischen Herrschaft). Herkunft und Sprache dieser Völker kennen wir nicht, sie gehörten aber wahrscheinlich zur vorindogermanischen Bevölkerungsschicht Alteuropas.[111] Die Kymrer haben sich mit dem aus Irland eingewanderten Volk der Scoten vermischt, deren Untertanen sie zunächst waren. Auch die Scoten sind ihrer Herkunft nach schwer zu bestimmen, stark keltischer Einschlag ist jedoch gewiß. Von ihnen leitet Schottland seinen Namen her.

Es liegt auf der Hand, daß der Eingang zur Unterwelt nicht mitten im Wohngebiet der Kimmerischen Männer zu suchen ist – die Menschen jener Zeit mieden bei der Anlage ihrer Siedlungen solche Orte möglichen Unheils. Ein Sterblicher sollte möglichst nicht wissen, wo es dereinst hinabging in die unentrinnbare Tiefe. Kein Wort denn auch bei Homer, daß Odysseus unmittelbar bei der Stadt der Kimmerer in den Hades gestiegen sei. Vielmehr ist er die Küste entlanggefahren, dem Okeanos folgend, der hier besonders tiefe Strudel und Wirbel bildete – Kirke hatte ihn davor gewarnt. Sie wußte, warum: zwischen den Orkneys und der schottischen Nordküste liegt der gefürchtete Pentland Firth, eines der gefährlichsten Seegebiete – nicht nur der Britischen Inseln. Die Gezeitenströme erreichen hier Geschwindigkeiten von mehr als 10 Seemeilen, also 18,5 Kilometer in der Stunde! Erschwert wird die Schiffahrt durch unter der Küste in entgegengesetzter Richtung laufende, sehr kräftige Neerströme und durch wilde Stromwirbel über dem unregelmäßigen Relief des Untergrunds. Warnend schreibt hierzu das Nordsee-Handbuch: »Ein britisches Kriegsschiff hat im Jahre 1906 O-wärts steuernd bei Weststrom von 8 bis 9 sm/h und W-lichem Wind von Stärke 7 bis 8 derart wild durcheinanderlaufende, kurzbrechende See angetroffen, daß wahrscheinlich jeder schwächere Dampfer oder ein Segelschiff verloren gewesen wäre.« Das Handbuch stellt weiter fest, daß bei Springflut unter Voll- und Neumond sogar Stromgeschwindigkeiten von 13 sm/h – also etwa 24 km/h! – gemessen wurden, und fügt hinzu: »Es ist aber kaum zweifelhaft, daß noch größere Stromgeschwindigkeiten im Firth auftreten.«[112] Dabei können die Wellen Höhen bis zu 30 Metern erreichen!

Homers Hinweis auf die tiefen Wirbel und Strudel des Okeanos in diesem Gebiet läßt sich als Indiz verwenden, daß Odysseus, nachdem er auf die Küste gestoßen war, nicht an der Ostseite Schottlands weiterfuhr, sondern durch den Pentland Firth in westlicher Richtung entlang der Nordküste. Damit kam er in unbewohntes Gebiet. Denn während die Ostecke Nordschottlands fruchtbar und nach dem Zeugnis zahlreicher Funde genau wie die Shetlands und Orkneys seit der Steinzeit bewohnt ist, gehört der nordwestliche Teil Schottlands bis zum heutigen Tage zu den am dünnsten besiedelten Gebieten Britanniens. Auch haben sich bisher keine Spuren menschlicher Besiedlung in der Jungsteinzeit oder der Bronzezeit nachweisen lassen.

Abbildung 10:
Die Darstellung auf dem griechischen Glockenkrater aus Süditalien (Paestum) – um 330 v. Chr. (Antikenmuseum Berlin-West) – zeigt den am Mast festgebundenen Odysseus, wie er dem Gesang der beiden Sirenen lauscht, die als Mischwesen, halb Frau, halb Vogel, wiedergegeben sind.

Kirke hatte Odysseus geraten, am Okeanosstrom entlangzufahren. Er werde dann zu einem niedrigen Gestade gelangen und zu den Hainen der Persephoneia. Das klingt recht allgemein und scheint wenig Orientierungshilfen zu bieten. Bei näherer Prüfung erweist sich diese Angabe jedoch als hinreichend präzis, denn die Nordküste Schottlands ist überwiegend steil und hoch. Nach der flachen Nordostecke von Caithness erstreckt sich meilenweit nach Westen eine felsige, unzugängliche Küste. Lediglich zwischen dem Kap Whiten Head, 156 Meter senkrecht in die See abstürzend, und dem Kyle of Durness in der Grafschaft Sutherland breitet sich westlich der Meeresbucht von Loch Eriboll niedriger Sandstrand aus. Nur hier, im Gebiet der Sango Bay, beim Dorf Durness, erlaubt es die Beschaffenheit der Küste, ein Schiff auf den Strand auflaufen zu lassen. Und hier landete Odysseus.

Was das zweite Orientierungsmerkmal betrifft, den Hain der Persephoneia, so läßt sich heute hieraus kein Anhaltspunkt mehr gewinnen. Abholzung, durch Jahrhunderte rücksichtslos betrieben, hat im ehemals sehr waldreichen Britannien auch auf den Inseln und Küstenstrichen im Norden Schottlands Wälder und Haine an vielen Orten völlig verschwinden lassen.[113] Die Vorstellung freilich, es habe in dieser Gegend vor über zwei Jahrtausenden üppigen Baumwuchs gegeben, fällt nicht schwer: noch heute existiert in der ganzen Grafschaft Sutherland kein grüneres Fleckchen als Durness. Der nur in diesem Bereich der Nordküste anzutreffende Kalkstein verwittert dort zu fruchtbaren Böden.

Abbildung 11:
Das typische schottische Hochlandrind – eine sehr alte, prähistorische Rinderrasse mit braunem, zottigem Fell, breitstirnigem Kopf und hochragenden Hörnern, ganz wie Homer die Rinder des Sonnengottes beschreibt.
Abbildung 12:
Insel Man. Ein Blick auf das menschenarme Landesinnere mit seinen saftigen, grünen Wiesen im leicht hügeligen Gelände – ein Bild, das bereits den Götterboten Hermes entzückte.

Die Teufelshöhle von Smoo

Wer am Strand der Sango Bay von Durness aus ein Stück ostwärts wandert, gelangt in die kleine Bucht Geodha Smoo. An ihrem Ende liegt die Höhle von Smoo *(cave of Smoo)*, eine Sehenswürdigkeit für Naturfreunde und Touristen. Sie gliedert sich in drei Bereiche. Der äußere Höhlenraum ist sowohl von der Landseite durch Erdgänge als auch von See her zu betreten, allerdings nur bei Ebbe. Der Zugang zur Höhle führt durch ein 16 Meter hohes und 36 Meter breites Felsenportal. Die äußere Höhle weist in ihrem vorderen Abschnitt eine Länge von 60 Metern und eine Höhe von 40 Metern auf. In eine der weiter innen gelegenen Teilhöhlen, die ständig unter Wasser stehen, stürzt durch eine der Öffnungen im Höhlendach aus 24 Meter Höhe ein Gebirgsbach, der Allt Smoo. Die erst im Jahre 1833 näher erforschte Höhle dringt insgesamt 135 Meter weit in den Kalksteinfelsen vor, scheint aber endlos ins Innere der Erde zu führen. Seit Jahrhunderten ist dieses Naturwunder Gegenstand unheimlicher Erzählungen und Sagen, wurde es mit dem Teufel oder mit Hexen in Verbindung gebracht.[114]

Es ist eine düstere, feuchte, dicht am Meer liegende Höhle – und das stimmt überein mit Homers Beschreibung und der allgemeinen Vorstellung: sie ist vom Okeanos her, aber auch durch Erdschlünde zu erreichen (siehe Abbildung 7). Vom Uferrand des Allt Smoo aus kann der Höhlenbesucher auch heute noch ins »modrige Haus des Hades« gelangen, wenn er nicht den bequemeren Zugang vom Strand her vorzieht. Die in der Dichtung geschilderte schaurige Szenerie entspricht ganz der urweltlich-unheimlichen Stimmung des Orts.

Odysseus war zuerst ein Stück Wegs am Ufer entlanggegangen – die Höhle liegt eine Meile östlich von Durness – und betrat dann bei Ebbe vom Meer her den Strandstreifen vor dem Höhlenportal. Mit dem Schwert hob er eine Grube im Sand der äußeren Höhle aus, in die das Blut der beiden getöteten Opferschafe floß. Während seine Gefährten draußen das Opferfleisch verbrannten, sprach er mit den im Höhlendämmer erscheinenden Toten: mit Antikleia, seiner vom Gram über den verloren geglaubten Sohn getöteten Mutter, mit Elpenor, dem auf Aia zuvor verunglückten jüngsten Gefährten, auch mit dem blinden Seher Teiresias, der ihm seine Rückkehr und sein weiteres Schicksal weissagte. In der Schar der Abgeschiedenen begegneten ihm die großen Heroen, unter ihnen auch gefallene Mitstreiter der Kämpfe um Troja wie Patroklos und Achill. Es war ein Teil seiner eigenen Vergangenheit, die da aus dem Dunkel der Höhle vor Odysseus auftauchte, aber auch die ganze mythische Tradition der Griechen.

So wäre denn die Unterwelt Homers an der Küste Nordschottlands geographisch bestimmt; der in der Nähe liegende Loch Eriboll mag zu weiteren Mutmaßungen anregen, die den griechischen *erebos,* die Unterwelt betreffen.[115] Und daß es sich gerade um diese Höhle handeln dürfte, gewinnt an Wahrscheinlichkeit durch die Darstellung Homers, nach der Odysseus beim Gang in die Unterwelt *nicht* in die Tiefe hinabsteigt – und gleichwohl unter die Erde gelangt.

Da die Höhle ganz nahe am Meer liegt, wird auch klar, warum Odysseus seinen Besuch in der Unterwelt so plötzlich abbrechen mußte. Er hätte gerne noch andere Heroen gesehen, doch dann eilte er davon, angeblich aus Angst, Persephone könnte ihm das Haupt der scheußlichen Gorgo entgegenschicken, deren Blick den Menschen versteinert. Warum aber hätte Odysseus, längst wieder unter freiem Himmel und zurück am sicheren Strand, seine Gefährten antreiben sollen, eiligst an Bord zu gehen und fortzurudern (11, 637)? Den wahren Grund für seine Hast enthüllt der folgende Satz: »Und das Schiff trug die Woge mit der Strömung den Okeanosstrom hinab, zuerst mit Ruderarbeit, dann war schöner Fahrwind.« Die Strömungswoge des Okeanos war die einsetzende Flut! Bei Flut hätte Odysseus in der Höhle von Smoo nicht länger bleiben können, ohne sein Leben zu gefährden, denn dann steht die ganze Höhle unter Wasser. Andererseits trug der einsetzende Gezeitenstrom, der hier an der Nordküste Schottlands bei Flut hauptsächlich in West-Ost-Richtung läuft, das Schiff »den Okeanosstrom hinab«. Der später aufkommende »schöne Fahrwind«, der das Schiff spät am Abend nach Aia zurückbrachte, war ein Südwind – im Bereich der Orkney-Inseln außer dem Nordwind der häufigste Wind.

Da die Gezeitenströme an der Nordküste Schottlands selbst außerhalb des Pentland Firth bei Springtide hohe Geschwindigkeiten erreichen (etwa 3 sm/h, also 5,5 km/h), kam das Schiff mit dem ostwärts treibenden Flutstrom schnell voran. Kräftig, wie die Winde in diesem Gebiet fast immer, trug der Südwind das Boot bald wieder zur Insel Aia zurück. Dabei kam Odysseus zustatten, daß die im Uhrzeigersinn drehenden Gezeitenströme in nordöstlicher Richtung auf die Shetland-Inseln zulaufen, ein Arm sogar direkt auf die Insel Fair trifft. Besonders schwierig war es also nicht, die mitten im Meer liegende kleine Insel wiederzufinden. Bei klarem Wetter sieht man zudem vom schottischen Festland aus die Orkneys, und von den Orkneys aus ist wiederum Fair Isle mit ihren hohen, steilen und hellen Küstenfelsen bereits auf 30 Seemeilen, also auf rund 55,5 Kilometer Entfernung auszumachen.[116]

Auch hier also treffen *alle* Angaben der Odyssee auf unsere Lokalisation zu[117], so daß es kein Wagnis der Phantasie mehr ist, die Höhle von Smoo an der menschenleeren Küste des nebligen Nordschottland als den Ort zu identifizieren, den Homer als den Eingang zur Unterwelt beschreibt.

VIII

Die Insel der lockenden Sirenen

Aus dem Totenreich zurückgekehrt, verließ Odysseus mit seinen Gefährten endgültig die Insel Aia. Auf der Heimfahrt mußte er an der Insel der beiden Sirenen vorbei. Kirke gab ihm den Rat, seinen Männern die Ohren mit Wachs zu verstopfen, sich selber aber am Mast des Schiffes festbinden zu lassen: nur dadurch sei dem lockenden Sirenengesang zu widerstehen. Odysseus tat wie ihm geheißen und konnte so ungefährdet dem Gesang lauschen. Nachdem er heil an den betörenden Sirenen vorübergekommen war, stand er vor der Entscheidung, ob er den nahezu unpassierbaren Weg entlang den Prallfelsen oder die kaum weniger gefährliche Durchfahrt durch die Enge von Skylla und Charybdis wählen sollte.

Nicht zuletzt hat diese Episode dazu beigetragen, die ganze Odyssee als ein kunstvolles Werk dichterischer Phantasie erscheinen zu lassen, obgleich die realen Kerne unschwer herauszuschälen sind. Eine kleine Insel wird da beschrieben, auf der zwei Frauen leben, deren Allwissenheit in die Zukunft reicht. Sie gehen mit Toten um, singen mit herrlicher Stimme, und wer ihnen zu nahe kommt, dem wird beglückendes Wissen zuteil, so daß gar ein Mann die Heimkehr zu Weib und Kind vergessen mag (12, 38f., 187f.). Bei den Griechen galten die Sirenen als mythische Wesen, halb Frau, halb Vogel; durch ihren betörend schönen Gesang lockten sie Seeleute zu ihrer Insel und töteten sie auf den Klippen. In der homerischen Schilderung treten diese mythischen Züge weniger hervor, die Sirenen erscheinen mehr wie reale Frauen, und so sollen sie auch hier verstanden werden.

Über die Fahrtrichtung zur Sireneninsel sagt der Text nicht mehr, als daß »der Wind und der Steuermann« das Schiff lenkten. Da sie nördlich von Skylla und Charybdis liegt und da Odysseus von Kirkes Insel mit Nordwind zum Hades fuhr, dürfte auf diesem Seeweg der Wind zumeist von Norden her geweht haben. Weil aber nicht nur der Wind, sondern auch der Steuermann Einfluß auf den Kurs des Bootes nahm, ist eine reine Nord-Süd-Richtung kaum anzunehmen. Was die Fahrtdauer anlangt, so erfahren wir nur, daß das Schiff »schnell zur Insel der beiden Sirenen (gelangte), denn ein leidloser Fahrwind trieb es« (12, 166).

Ein Ort der Entscheidung

Nachdem er die Sireneninsel passiert hatte, schon auf dem Wege zu Skylla und Charybdis, stand Odysseus vor der Entscheidung, zwischen Ungeheuer und Strudel hindurchzufahren oder besser die Fahrt entlang den Prallfelsen zu wählen. Die Möglichkeit einer solchen Alternative macht deutlich, daß all die üblichen Lokalisierungen nicht zutreffen können, gleich, ob man die Sireneninsel in einer der Liparischen Inseln, in einer Insel bei Neapel, in Capri, den Galli-Inseln im Golf von Salerno, in Ustica oder gar in der Insel Punta del Faro am Eingang der Messinastraße sieht (vgl. Anmerkung 13). Im Fall der letztgenannten Insel ist eine Wahl der Route sogar gänzlich ausgeschlossen, weil der Seefahrer sich nach der Vorbeifahrt an der angeblichen Sireneninsel bereits in der Meerenge befindet. Die anderen Inseln liegen viel zu weit von der Enge entfernt, ein auf bloße Sicht fahrender Seemann der Antike hätte also noch keine Entscheidung über seinen Weg treffen können. Von Capri bis zur Straße von Messina sind es über 250 Kilometer, von Ustica etwa 230 Kilometer, und selbst von Vulcano und Lipari beträgt die Entfernung noch über 60 Kilometer. In allen diesen Fällen wäre zudem die Alternative zur Fahrt durch die Meerenge nur der Weg um die Westspitze Siziliens – aber wo sind da die Prallfelsen? Und gefährlicher ist diese zweite Route hier ganz gewiß nicht, im Gegenteil, sie war während der gesamten Seefahrtsgeschichte der Antike dicht befahren, also ungefährlich. Vor die bedrückende Entscheidung zwischen sicherem Untergang einerseits und teilweisem Verlust der Besatzung bei Rettung des Schiffs andererseits, wäre Odysseus vor Messina also gar nicht gestellt worden.

Eine genauere Ortsbestimmung der Insel der Sirenen wird erst möglich, wenn bekannt ist, wo die Enge von Skylla und Charybdis wirklich liegt, denn die Sireneninsel befindet sich zwischen dem Hades und dieser Enge. Der Hades ist gefunden: die Höhle von Smoo an der Nordküste Schottlands. Die Enge aber – und dies wird sich im Folgekapitel zeigen – ist die zwischen dem schottischen Festland und der Insel Skye sich hinziehende Meeresstraße der Kyle Rhea.

Als Odysseus am Kap Wrath die nordwestlichste Ecke Schottlands erreicht hatte und nun zur Heimfahrt auf Südkurs ging, gelangte er in den North Minch, eine Meerenge zwischen der schottischen Westküste und den Äußeren Hebriden. Hier mußte er mit Sicherheit auf die Shiant-Inseln stoßen, denn sie sind die einzigen Eilande inmitten dieser Seestraße und des Kleinen Minch und ragen mit ihrem höchsten Punkt 159 Meter über der Wasseroberfläche auf.[118]

Tatsächlich läßt sich hier nun sagen, daß dem Seefahrer nach dem Passieren dieser Inselgruppe zwei Wege für die Weiterreise nach Süden zur Auswahl stehen: er muß sich entscheiden, ob er den westlichen Weg zwischen den Äußeren Hebriden und der Westseite der Insel Skye nimmt oder lieber die östliche Route zwischen der Ostseite der Insel Skye und dem Festland.

Der Weg im Windschatten der Insel Skye ist der weniger gefährliche. Gefahr droht hier – wie sich noch zeigen wird – vor allem in der engen Durchfahrt wegen der enormen Strömungsgeschwindigkeiten der mächtigen Gezeitenhübe. Die Fahrt auf der Westseite der Insel Skye führt dagegen an einer sehr stark zergliederten, felsigen Küste entlang, risikoreich durch zahlreiche Untiefen und Klippen bis zu 7 Seemeilen vor der Küste. Dieser Weg ist auch heute noch für schwächere Schiffe höchst gefahrenträchtig wegen der häufigen Stürme und des stets anbrandenden schweren Seegangs vom Atlantik her, nicht zuletzt aber wegen der über 300 Meter hohen Felsenküste mit ihrer unübersehbaren Zahl vorgelagerter *skerries* – Felsenriffe, die bei Flut unter der Wasseroberfläche verschwinden und nicht mehr auszumachen sind. Für antike Segelschiffe, nach Möglichkeit immer auf Sichtweite zur Küste fahrend, bestand bei den vorherrschenden westlichen Winden die Gefahr, gegen die Klippen der Küste geworfen zu werden oder auf Untiefen weit draußen in tobender Brandung zu stranden, wo die schweren Brecher mit der Wucht von Schlaghämmern die Schiffe in kurzer Zeit zertrümmerten.[119]

Angesichts der Shiant-Inseln war der alte Seemann Odysseus also wirklich vor die schwere Wahl gestellt, auf welchem Kurs er nun navigieren sollte. Es war ihm hier allerdings durchaus möglich, auf bloße Sicht hin eine Entscheidung über den Kurs zu treffen. Die Nordspitze der Insel Skye liegt nur knapp 20 Kilometer entfernt. Da die Sicht in diesem Seegebiet vor Westschottland oft sehr gut ist – trotz des wolkenreichen Wetters –, konnte Odysseus bald nach der Sireneninsel die Insel Skye ausmachen, deren bis 1 000 Meter aufragende Berge schon von weitem ins Auge fallen.

Die Toteninsel

Ganz dem Text der Odyssee entsprechend, ist die Sireneninsel nicht weit von der Meerenge entfernt, da die Distanz von den Shiant-Inseln bis zur Einfahrt in die Enge bei Kyleakin nur etwa 75 Kilometer beträgt. Auch in den übrigen Merkmalen entsprechen die Shiant-Inseln den Angaben des homerischen Textes über die Insel der beiden Sirenen. Diese Inselgruppe, auch Eileanan Mora genannt, besteht aus einer Hauptinsel mit den beiden Teilen Garbh Eilean und Eilean an Tighe, dazu der Nebeninsel Eilean Mhuire sowie weiteren unbedeutenden kleinen Eilanden. Kein Zweifel, daß die aus hartem Basalt bestehende Inselgruppe sich seit homerischer Zeit kaum verändert hat. Der südliche Teil der Hauptinsel, Eilean an Tighe, ist erheblich niedriger als der nördliche und fällt an der Ostseite steil zum Meer ab. Es ist an dieser Stelle möglich, bis auf Rufweite an die

Insel heranzufahren. Weideland – »blumige Wiese« – gibt dieser Insel ihren Charakter.

Wie aber ist jener unheimlich klingende Satz zu verstehen, der die Umgebung der Sirenen beschreibt: »Um sie her ist von Knochen ein großer Haufen, von Männern, die verfaulen, und es schrumpfen rings an ihnen die Häute ein« (12, 43 f.). Um es gleich vorwegzunehmen: damit sind nicht etwa die Überreste von Unglücklichen gemeint, die den angeblich mörderischen Sirenen zum Opfer fielen (so die gewöhnliche Deutung) – es handelt sich vielmehr um die zur Verwesung ausgesetzten Leichen von Menschen, die eines natürlichen Todes gestorben sind: die Insel war ein Friedhof. Denn nirgends in der Odyssee wird davon gesprochen, daß die Sirenen Menschen töten. Auf diesem unbewohnten Eiland, auf dieser Toteninsel, wurden die Leichname zur Bestattung ausgesetzt, wie das den Bräuchen vieler Völker entsprach. Vor allem im hohen Norden Europas war die Beisetzung unter freiem Himmel eine uralte Form des Totenkults. Der Verstorbene wurde über der Erde auf einem Holzgerüst aufgebahrt (wie bei manchen nordamerikanischen Indianerstämmen noch im vorigen Jahrhundert und heute noch bei einigen Völkern Hinterindiens) und so in Luft und Licht und Wetter der natürlichen Auflösung anheimgegeben. Mitunter wurden die Leichen auch einfach auf die blanke Erde gelegt.

Möglich, daß die Sireneninsel nicht der endgültigen Bestattung der Toten diente, sondern nur ihrer Entfleischung vor der schließlichen Beisetzung an einem anderen Ort. In der fast keimfreien Seeluft, bei starkem Salzgehalt des Sprühwinds vom Meer, mögen die Leichen zunächst mumifiziert worden sein (»es schrumpften rings an ihnen die Häute ein«), aber nach und nach kam es doch zum Zerfall des Gewebes, bis endlich nur noch die Knochen übrigblieben (»von Knochen ein großer Haufen«). Für eine Leichenaussetzung besonders geeignet waren vor der Küste liegende, möglichst unbewohnte Inseln. Die fleischlosen Skelette wurden später – vermutlich auf dem Festland – beigesetzt, näher bei den Siedlungen. Eine solche Endbestattung nach Verwesung hatte auch in Europa eine alte Tradition, die durch Jahrtausende reichte. Aus Höhlen und Grabstätten wurden vielfach Gebeine und Schädel geborgen, die mit einem roten Pulver aus Eisenocker oder Zinnober bestreut waren; die Verteilung dieses Pulvers zeigte klar, daß nicht etwa der ganze Körper, sondern nur die Knochen auf diese Art behandelt worden waren.[120]

Für Nordwesteuropa war in der jüngeren Steinzeit die Beisetzung in Gemeinschaftsgräbern die Regel. Kollektivbestattung gab es in der ältesten neusteinzeitlichen Kultur Englands, der Windmill-Hill-Kultur, in großen, bis zu 3 Meter hohen und über 100 Meter langen Erdhügeln, den sogenannten *longbarrows.* Seit etwa 3000 v. Chr. aber, mit der Ausbreitung der Megalither in Britannien, wurde in gewaltigen steinernen Grabkammern mit Erdaufschüttung bestattet.[121] Weil Odysseus nur die Leichenverbrennung kannte, war für ihn der Anblick der unter freiem Himmel verwesenden Leichen ebenso ungewohnt wie für einen heutigen Europäer der Anblick zerfallender Leichname parsischer Feueranbeter auf den »Türmen des Schweigens« bei Bombay.

Seelenvögel

Noch ein Wort zu den Sirenen selbst: nach der griechischen Mythologie sind sie Seelenvögel, also Darstellungen der Seele in Mischgestalt, halb Mensch, halb Vogel (siehe Abbildung 10). Der auf leichten Schwingen durch den Raum schwebende, bald hierhin, bald dorthin ziehende Vogel ist eines der verbreitetsten Symbole der Seele, ist ein Bild des freien, schwerelosen Gedankens. Weit verbreitet ist unter Völkern der vorindustriellen Welt auch der Glaube an die gefährlichen Möglichkeiten, die solch ein frei umherschweifender Seelenvogel gegenüber den Lebendigen hat. So dürfte sich der negative Zug im antiken Bild der Sirenen erklären, die fast gespenstische Atmosphäre, in der sie gesehen wurden. Dies mag sich weiter verknüpft haben mit Bildern des alten Brauchs der Totenklage: da singen Totenweiber beim Verstorbenen die Trauerlieder. Aus dem Zusammenblenden des Seelenvogels und der Klageweiber könnten zuletzt diese Mischwesen entstanden sein, halb Frau, halb Vogel, Begleiterinnen der Persephoneia, der Gattin des Hades, unheimliche Sängerinnen, deren verzauberndes Lied anlockt und den Tod bringt.[122]

In der Odyssee allerdings ist von solchen Mischwesen nicht die Rede. Zur Gestalt der Sirenen sagt Homer kein Wort. Jedoch hätte er es kaum zu erwähnen vergessen, wäre Odysseus so seltsamen Zwitterwesen wirklich begegnet. Wenn die Sirenen bezaubern »mit ihrem hellen Gesang« (12, 42 u. 182), so läßt sich daraus jedenfalls nichts Übernatürliches ableiten. Auch als Menschentöterinnen führt sie uns der Text nicht vor. Es wird sogar eigens gesagt, daß ein Mann, der ihrem Gesang gelauscht hat, mit Wissen reich beglückt in die Heimat fährt. Jedoch soll er dort dann von Weib und Kind nichts mehr wissen wollen – auch kein so ganz ungewöhnlicher Vorgang, wenn wir an die plötzliche Abwendung vom weltlichen Leben der frühchristlichen oder buddhistischen mit »höherem Wissen« Erleuchteten denken.

Jedenfalls sind die Sirenen Frauen von tiefer Weltweisheit (sie wissen alles, »wieviel nur geschehen mag auf der an Nahrung reichen Erde« (12, 190), sie vermitteln das rechte Wissen vom Glück und verstehen es, durch Gesang ihre Zuhörer tief zu bewegen. Da sie zugleich über die verwesenden Leichname wachen, liegt es nahe, in ihnen Priesterinnen der Todesgöttin zu sehen, die in ihren Klageliedern die Taten der Verstorbenen verherrlichen und aus der dauernden Nähe zum Tod eine weltabgewandte, beglückende Weisheitslehre schöpfen. Diese Lebensweisheit kann einen Mann dazu bringen, Frau und Kinder nach seiner Rückkehr in die Heimat ganz zu vergessen. Jedenfalls hat Kirke dem Odysseus einen Rat erteilt, wie er diesen Sirenen zuhören könne, ohne die Wiedervereinigung mit Frau und Sohn in Frage zu stellen.

Sicher haben die Shiant-Inseln in alten Zeiten einem wichtigen kultischen Zweck gedient – ihr Name zeugt noch davon. Er ist sehr alt. Keltisch heißen diese »heiligen Inseln« *Eileanan sianta.* In dem Wort *sianta* stecken die Bezeichnungen für Elfe oder Fee *(sia)* und für Frau *(ana).* Es sind also Inseln der Elfen- oder Feenfrauen. Ein vorkeltischer Name der Inseln ist nicht bekannt, dürfte aber eine ähnliche Bedeutung gehabt haben und später keltisiert worden sein (die kulturelle Kontinuität vom Vorkeltischen zum Keltischen ist auf den Britischen Inseln häufig gewahrt worden). Wieso Homer dazu kommt, diese Frauen als Sirenen (griechisch *seiren*) zu bezeichnen, ist unklar. Ob das griechische Wort, etymologisch nicht sicher abzuleiten, sich aus Zusammensetzungen keltischer Wörter erklären lassen könnte, bleibt fraglich. Kombinationen aus den keltischen Wörtern für »Elfe« und »Musik« (*sia* und *rim*), oder für »Wasser« und »Frau« (*suir* und *ana*) mögen an singende Elfen oder an Wasserfrauen denken lassen. Wäre das griechische Wort für die Sirene tatsächlich von einem keltischen Begriff für Elfenmusik abgeleitet, so hätte die »Insel der Sirenen« einen passenden Namen.[123]

Auch eine andere merkwürdige Textstelle findet ihre natürliche Erklärung: »... es ward Meeresglätte, still vom Winde, und ein Daimon ließ sich die Wogen legen« (12, 168, 169). Diese scheinbar unerklärliche, auf das Eingreifen eines Gottes zurückgeführte Meeresstille ist das in der Karte der Gezeitenströme um die Shiant-Inseln verzeichnete Stillwasser, das beim Umschlagen der Tidenströme eintritt.[124] Bei Stillwasser und fehlendem Wind (»Da hörte mit einem Mal der Wind auf« 12, 168) ist die Meeresoberfläche völlig ruhig. So war es denn auch, als das Schiff sich der Sireneninsel näherte.

Übrigens spricht der von Kirke gegebene Hinweis auf das Argonautenschiff Argo, das nicht den Weg durch die Meerenge, sondern den anderen entlang den Prallfelsen gewählt hatte, keineswegs gegen eine Lokalisierung in dieser Gegend. Bei antiken Schriftstellern ist wiederholt die Ansicht zu finden, die Argonauten, zu denen auch Laertes, der Vater des Odysseus, gehörte, seien auf der Rückfahrt vom Kaukasus in den Nordatlantik gelangt. Dabei hätten sie während der Heimreise das Land zu ihrer Linken gehabt.[125] Jahrhunderte später sollten die Wikinger mit ihren Schiffen zwischen Atlantik und Schwarzem Meer segeln, wobei die Ströme Rußlands die Verbindung über die Ostsee herstellten...

IX

Auf Leben und Tod – zwischen Skylla und Charybdis

Nachdem Odysseus an der Sireneninsel vorübergefahren war, entschied er sich für die Route durch die unheimliche und gefährliche Meerenge von Skylla und Charybdis. Auf der einen Seite dieser sehr schmalen, in hohe Berge eingeschnittenen Meerenge saß in einer Höhle die »männermordende Skylla«, ein riesiges Untier mit mächtigen Fangarmen.

Auf der anderen Seite war die »gewaltig einschlürfende und ausspeiende Charybdis«, ein wilder Strudel, der mit der Gewalt seiner aufgewirbelten Wassermassen jedes Schiff zu verschlingen drohte. Odysseus erkannte in der Skylla die geringere Gefahr, und sein Schiff entkam ihrem gierigen Zugriff. Sechs seiner Männer aber riß das Untier vom Deck hinweg hoch in die Luft und verschlang sie vor den entsetzten Blicken der Gefährten.

Seit jeher galt diese Geschichte als Kernstück der Odyssee, und bis heute ist sie in ihrer sprichwörtlichen Allgemeingültigkeit lebendig geblieben: zwischen Skylla und Charybdis gerät, wer zwei gleichermaßen bedrohlichen, unvermeidlichen Gefahren begegnen muß, von denen die eine aber wenigstens die Chance des Entrinnens bietet. Auch diese Szene hat Homer in allen Einzelheiten sehr plastisch geschildert, und seine Angaben machen wiederum eine Lokalisierung möglich. Ihre Fülle, Genauigkeit und kennzeichnende Art gestatten bei *vollständiger* Berücksichtigung eine sogar eindeutige Festlegung.

Was die Lage der Meerenge betrifft, so muß sie, da Mittelmeer und Schwarzes Meer ausscheiden, im Atlantik gesucht werden. Und wenn unsere Lokalisierung der Kirke-Insel richtig ist, dann kommt auch hier nur das Seegebiet der Britischen Inseln in Betracht. Es erweist sich, daß es dort nur eine einzige Meerenge gibt, die *allen* Beschreibungsmerkmalen der Odyssee gerecht wird: die Meerenge zwischen der Westküste des nordschottischen Festlands und der Insel Skye, der größten Insel der Inneren Hebriden.

Eine Felsschlucht im Meer

Die eigentliche Meerenge von Skye, die als »die Enge« anzusehen wäre, ist eine zwischen der Ostseite von Skye und dem schottischen Festland gelegene Durchfahrt, die den Loch Alsh im Norden mit dem Sound of Sleat im Süden verbindet (siehe Abbildung 8). Sie trägt den bezeichnenden Namen »Kyle Rhea«, also »Rhea-Meerenge« – das vom gälischen *caol* für »eng« abgeleitete schottische Wort *kyle* bedeutet »enge, schmale Straße, Meerenge«. Diese schmale Passage verläuft – ganz wie bei Homer – etwa in nordsüdlicher Richtung. Sie ist etwas mehr als 3 Kilometer lang und im Durchschnitt 600 Meter breit. Die – mit nur 420 Metern – engste Stelle liegt an ihrem südlichen Ausgang. Keltisch trägt sie den Namen Caolas an Lamhachaidh, wobei *caolas* wiederum »enge Straße« bedeutet. Kyle Rhea ist also eine wirkliche Enge – im Gegensatz zu der mehrere tausend Meter breiten Straße von Messina oder gar der Durchfahrt von Gibraltar. Und bei der homerischen Bezeichnung »Enge« handelt es sich nicht um »dichterische Übertreibung«.

Diese Meerenge ist tatsächlich so schmal, daß Odysseus einen Pfeil zum Felsen der Charybdis hätte hinüberschießen können. Es dürfte für einen guten Bogenschützen des Altertums nicht allzuschwer gewesen sein, den Pfeil 200 Meter weit zu schießen, zumal Odysseus als ausgezeichneter Bogenschütze gelten konnte. Er sagt selbst, daß unter den Griechen vor Troja im Bogenschießen nur Philoktetes besser gewesen sei als er (8, 219). Wenn sein Schiff in der Mitte der an der schmalsten Stelle eben nur 420 Meter breiten

Enge fuhr, dann betrug hier die Schußdistanz bis zum Ufer der Charybdis lediglich 210 Meter. Die bisher bei allen anderen geographischen Zuweisungen nicht der Realität entsprechende Textstelle »... du könntest auch mit dem Pfeil hinüberschießen...« (12, 99) – meist als dichterische Übertreibung abgetan oder als Nebensächlichkeit ignoriert – findet hier eine wirklichkeitsgerechte Erklärung.

Der unbesteigbare Berg

Von den beiden Klippen der Enge reicht der Berg auf der Seite der Skylla mit seinem spitzen Gipfel bis zum Himmel, während die andere Klippe auf der Seite der Charybdis von Homer als niedriger beschrieben wird. Nun steigt zwar das Land auf jeder Seite der Kyle Rhea zu beträchtlicher Höhe an, jedoch ist es im Osten tatsächlich niedriger. Auf der Seite der Insel Skye, also am westlichen Ufer der Enge, liegt der rund 485 Meter aufragende, steil abfallende Sgur na Coinnich, während auf dem Festland gegenüber, am Ostufer, der sanfter ansteigende Druim na Leitire eine Höhe von nur rund 245 Metern erreicht. Bezeichnend ist die Wahl der Bergnamen: *sgur* bedeutet gälisch soviel wie »Bergspitze«, *druim* dagegen »Bergrükken«. Hier liegen also tatsächlich zwei Berge von unterschiedlicher Gestalt und Höhe einander gegenüber, nahe beieinander und unmittelbar an der Enge (siehe Abbildung 9).

Erklärlich wird nun Homers sonderbare Aussage, die Klippe der Skylla »könnte kein sterblicher Mann hinaufsteigen, noch sie betreten, und wenn ihm auch zwanzig Hände und Füße wären, denn der Fels ist glatt und gleicht einem rings behauenen« (12, 75–78). Die nur zu einem Zehntel urbare Insel Skye besteht aus einem Gebirgsstock von blauschwarzem Fels, dessen Hauptmassiv die berühmten Coolins oder Cuillins sind. Sie steigen steil von der Niederung in Meereshöhe bis zu 1000 Metern empor. Wegen der kahlen, abschüssigen, schroffen Felsbildungen ist dieses Gebirge dem bergsteigerischen Anfänger verschlossen; es ist eine Tour für geübte Alpinisten, die mit dem Seil umgehen können. Eine Bergtour auf die Coolins gehört zu den gewagtesten der Britischen Inseln.[126] Geologisch zählen die Berge der Insel Skye zu den ältesten Erdformationen des Devon, einer präkambrischen Granit- und Gneisformation und einer Schieferformation, die von Basalten überlagert ist. Dieser vulkanische Basalt macht die Felsen glatt, sie wirken wie behauen. Daher der hohe Schwierigkeitsgrad für Bergsteiger.

Gleiches gilt für das ebenfalls steil aus dem Meer aufragende kahle Urgesteinsmassiv des Beinn (oder Ben) na Caillich, das eine Höhe von fast 730 Metern erreicht. Unmittelbar an der Westseite der Meerenge strebt es empor, wobei sein südlicher Gipfel, der Sgur na Coinnich (auch Ben Bhuidhe genannt), ganz dicht an ihre engste Stelle heranrückt.

Gewaltige Strömungen

Sehr viel besser als auf die Straße von Messina paßt auf diese Meerenge das Bild der mit fürchterlichem Getöse und ungeheurer Wellenbewegung und Gischtbildung dreimal täglich das Meerwasser gewaltig einschlürfenden und ausspeienden Charybdis: es ist die Veranschaulichung des dreimal in 24 Stunden einsetzenden Gezeitenwechsels. Der Tidenhub beträgt hier nämlich 4½ Meter (!), und die Strömungsgeschwindigkeiten sind entsprechend rasant.[127] Homer beschreibt: »... drüben aber schlürfte die göttliche Charybdis furchtbar das salzige Wasser des Meeres ein. Wahrhaftig, und wenn sie es ausspie, so brodelte sie ganz auf wie ein Kessel auf vielem Feuer herumstrudelnd, und hoch auf flog der Schaum bis auf die Spitzen der beiden Klippen. Doch wenn sie das salzige Wasser des Meeres wieder verschluckte, so wurde sie, herumstrudelnd, bis ganz nach innen hinein sichtbar, und ringsher brüllte fürchterlich

Abbildung 13:
Ein Riesenkrake überfällt ein Segelschiff. Diese phantastische Darstellung ist, wie wir heute wissen, so irreal nicht. Die sehr selten gewordenen Riesentintenfische können bis zu 40 Meter lang werden und haben wiederholt Schiffe angegriffen. (Nach Denys-Montfort, Histoire naturelle générale et particulière des Molusques, Paris 1805.)

der Fels, und unten wurde die Erde sichtbar, schwarz von Sand« (12, 235–243) – eine lebendige, durch poetische Anschaulichkeit gesteigerte Schilderung des Gezeitenwechsels in dieser Felsenschlucht.

Ungeheure Wassermassen aus dem Atlantik drängen hier gleichzeitig heran: im Nordwesten vom Inner Sound her, im Südwesten vom Sound of Sleat, und sie stauen sich in der engen, nur mäßig tiefen Durchfahrt zwischen den Felsen. Hier treffen die aus entgegengesetzter Richtung sich heranwälzenden Flutströme mit Macht aufeinander. Während die von Norden einschießenden Wassermengen durch die Enge der Kyle Akin zusammengedrängt werden und dabei eine Geschwindigkeit von 3 Seemeilen in der Stunde (rund 5,5 km/h) erreichen, strömt die aus Süden andrängende Flut in die Straße von Kyle Rhea wie in einen engen, stauenden Trichter. Mit gewaltiger Kraft bahnen sich die tosenden Wassermassen einen Weg durch die schmale, langgestreckte Schlucht. Sie erreichen bei Springtide eine Strömungsgeschwindigkeit von 8 Seemeilen in der Stunde (also 14,8 km/h), die sich bei stürmischem Wind aber noch erheblich steigert! Diese hohe Geschwindigkeit des Gezeitenstroms wird sowohl bei Flut als auch bei Ebbe erreicht.[128] Gleichgültig, ob ein Schiff von Norden oder von Süden her die Enge durchfährt: in jedem Fall hat es mit dieser enormen Strömungsgeschwindigkeit zu kämpfen.

Abbildung 14:
Lanyon Quoit, Reste eines megalithischen Kammergrabes aus dem 3.–2. Jahrtausend v. Chr. an der Straße von Morvah nach Penzance. Die kleineren Steine an den Seiten sind im Laufe der Jahrtausende verschwunden. Von der großen Erdaufschüttung, die das Hünengrab ursprünglich bedeckte, sind nur noch Spuren erhalten. Auf dem Boden des Grabes fand man die Überreste großer menschlicher Knochen.
Abbildung 15:
Die Portheras Bay, eine kleine halbrunde Einbuchtung der steilen Nordküste von Cornwall zwischen Land's End und St. Ives. Von links mündet ein Wasserlauf; dort könnten die »Waschgruben« der königlichen Familie gewesen sein. Auf dem breiten Sandstrand mögen die Mägde der Nausikaa bei Ebbe die Wäsche zum Trocknen ausgelegt haben.

Wie um die Schwierigkeiten einer solchen Passage noch zu steigern, treten während der Gezeitenströme sowohl vor der West- wie vor der Ostküste der Enge Neerströme auf[129], die dicht unter Land in entgegengesetzter Richtung zu den Gezeitenströmen laufen. Solche Neerströme zwingen ein Schiff auch bei geringem Tiefgang zur Einhaltung eines gebührenden Abstands von der felsigen Küste. Damit das Maß der Schwierigkeiten voll werde, drohen in der Enge vor dem felsigen Steilufer auf der Ostseite nicht nur mehrere Felseninseln, trockenfallende Klippen und Untiefen, sondern es ist auch bei plötzlichen Nordwinden mit sehr heftigen Fallböen zu rechnen.[130]

Es braucht nicht viel Phantasie, sich zu vergegenwärtigen, wie die mit großer Geschwindigkeit heranlaufenden Gezeitenströme durch die schmale Felsenge toben. Beim Anbranden der jäh gebremsten Meereswogen werden gewaltige Brecher mit großer Wucht und lautem Dröhnen gegen die Uferfelsen und Klippen geworfen, wobei Gischtfetzen an die Felswände beiderseits der Enge klatschen. Die hier freigesetzten Kräfte und ihre drohende Gefahr für die Schifffahrt schildert das nautische Handbuch für die Westküste Schottlands an einem drastischen Beispiel: »Ein Schiff, das, von Westen kommend, Kyle Rhea zur Springzeit südwärts gegen den voll laufenden Nordstrom durchfuhr, ist im nördlichen Eingang um 70° nach Backbord aus dem Ruder gelaufen und hat in der südlichen Einfahrt mit Schraubenumdrehungen für 12 sm/h keine Fahrt mehr über Grund gemacht. In diesem Augenblick bestand Gefahr, daß das Achterschiff in den Neerstrom geriet, das Vorschiff aber weiter der vollen Stärke des Hauptstroms ausgesetzt blieb.«[131]

Wie genau Homer die Strömungsverhältnisse in diesem Seegebiet darzustellen vermag, bezeugt der Text ab Vers 202 im zwölften Gesang. Bald nachdem das Schiff die Sireneninsel passiert hatte, sah Odysseus die große Brandungswelle der Meerenge und hörte er das Dröhnen der Wassermassen. Erschrocken ließen die Gefährten die Ruder fahren, und das Schiff blieb liegen. Es bedurfte der strengen Aufforderung, kräftig weiter zu rudern. Offenbar hatte das Boot mit dem nach Süden setzenden Flutstrom die Nordeinfahrt der Enge in dem Augenblick erreicht, als der Gezeitenstrom kenterte.

(Als »Kentern des Stromes« bezeichnet man beim Gezeitenwechsel den Moment des Übergangs von Flut zu Ebbe und umgekehrt.) Es trat zunächst Wasserstille ein. Das Schiff blieb also liegen, als die Männer das Rudern einstellten, weil keine Strömung mehr wirkte. Die Flut hatte bereits ihren Höhepunkt überschritten, das Einsetzen des Ebbestroms an dieser Stelle noch nicht begonnen. Für das nach Süden fahrende Boot des Odysseus ein kritischer Augenblick, weil der Gezeitenstrom im Inner Sound gegenüber dem Tidenstrom im Sound of Sleat einen entgegengesetzten Richtungsverlauf einhält. Es galt daher, kräftig zu rudern, um rechtzeitig die Einfahrt in die Enge zu schaffen. Nur dadurch konnte die Mannschaft verhindern, daß der bald darauf im Inner Sound nach Nordwesten setzende Ebbestrom das Schiff nach Norden zurücktrug. Gleichzeitig konnte die in einer knappen halben Stunde ab Kyle Akin nach Süden einsetzende Ebbeströmung erreicht werden, noch ehe sie ihre größte, für das Schiff gefährliche Geschwindigkeit von 8 Seemeilen erlangt hatte. Da diese Geschwindigkeit bereits zwei Stunden nach Einsetzen der Ebbe erreicht wird[132], war höchste Eile geboten.

Die Beschreibungen der Odyssee entsprechen also genau den Strömungsverhältnissen in der Enge von Skye. Kennzeichnend ist vor allem, daß in der Schilderung nach Vers 12, 206 Strömungsstille beschrieben, gleichzeitig aber auch gesagt wird, daß aus der Enge von Skylla und Charybdis ein starkes Brandungsdröhnen zu hören war. Das scheint zunächst unvereinbar zu sein, weil man annehmen sollte, im nicht weit entfernten schmalsten Durchlaß der Enge seien die gleichen Strömungsverhältnisse vorherrschend. Das ist aber keineswegs der Fall. Während nämlich die Seekarte in der Straße von Akin ausdrücklich das Stillwasser *(slack)* hervorhebt, vermerkt sie als außergewöhnliche Tatsache, daß es in der Kyle Rhea kaum Stillwasser gibt (»there is scarcely any slack«). Der Strom in der Kyle Rhea kennt also so gut wie keinen Stillstand, sondern schlägt sehr schnell um und erreicht dann binnen kurzer Zeit seine gefährlich hohen Geschwindigkeiten.

Kirkes Rat, möglichst rasch die Enge hinter sich zu bringen, war daher richtig. Ebenso wie ihr Hinweis, sich bei der Durchfahrt nahe am Felsen der Skylla zu halten, obwohl von dort die Hauptgefahr zu drohen schien. Tatsächlich liegt die Fahrrinne etwas näher gegen Skye zu, auch ist die Ostseite der Enge mit ihrem Gewimmel an Klippen und vorgelagerten Schären besonders gefährlich. Hier wären nicht nur einige Leute der Mannschaft, sondern alle Männer in Todesgefahr geraten. Odysseus mußte sein Boot also mehr an der Uferseite von Skye halten.

Auch Kirkes Warnung, Odysseus solle die Charybdis nicht zur Zeit der Flut passieren, also nicht in dem Augenblick, da diese gerade das Wasser einschlürft (12, 106), hat ihren guten Grund. Zwar trägt der Gezeitenstrom von Norden her ein Schiff rasch bis zur Enge, aber wenn es dort auf den mit enormer Gewalt aus Süden heranschießenden Flutstrom aus dem Sound of Sleat trifft, könnte kein Boot, wie Odysseus es besaß, den starken Gegenstrom überwinden – es würde vom heranwogenden Flutstrom zerschlagen. So kam es darauf an, mit dem abklingenden Flutstrom bis zur nördlichen Einfahrt der Enge zu gelangen, im Augenblick des Gezeitenwechsels in die Enge einzufahren, um sich dann vom einsetzenden Ebbestrom nach Süden hinaustragen zu lassen. Ohne die kundigen Anweisungen der klugen Kirke hätte Odysseus die Fahrt wahrscheinlich nie geschafft; die ganz außerhalb seiner Erfahrung liegenden Strömungsverhältnisse hätten sichere Havarie und wohl den Tod bedeutet, zumal hier alles vom richtigen Zeitpunkt abhängt.

Diese Passage stellte einen Seemann aus dem Mittelmeer vor ganz ungewöhnliche Schwierigkeiten. Hier hatte er es mit Gezeitenströmen zu tun, die er in seinen Heimatgewässern so gut wie gar nicht kennenlernen konnte, traf Wasser- und Fahrtverhältnisse an, die seiner Erfahrung spotteten. Für ein antikes Segel- und Ruderschiff, das mit derart hohen Strömungsgeschwindigkeiten zu kämpfen hatte und dabei durch eine enge Felsenschlucht dahinschoß, bedeutete eine solche Fahrt höchstes Risiko. An die Verwendung des Segels war da nicht zu denken, und der Kunst des Steuermanns wurde allerhand abgefordert. Auch nur die geringste Abweichung vom notwendigen Kurs hätte zum Untergang geführt: das Schiff wäre vom Anprall der Wogen gegen die felsigen Ufer geschleudert und zerschmettert worden. Kein Zweifel, daß diese Durchfahrt eine seemännische Meisterleistung war, die höchste Anerkennung verdient.

Wenn hier den Darstellungen der Gezeiten und der Meeresströmungen Seekarten von heute zugrunde gelegt werden, so kann dies das Bild nicht verfälschen. Das ganze in Frage stehende Gebiet ist geologisch sehr alt, besteht fast ausnahmslos aus Formationen der Erdfrühzeit von sehr hartem Gestein, so daß Änderungen im topographischen Relief seit jener Zeit nur unbedeutend gewesen sein können. Die ganze schottische Westküste überdauerte nur dank ihres harten Urgesteins, dem die Fluten des Ozeans während der Jahrtausende nur wenig anhaben konnten.

Die Nebelinsel

Was das Wetter und die Atmosphäre angeht, so entspricht die Enge von Skye übrigens ganz dem in der Odyssee gegebenen düsteren Bild: dunkle Wolken, Dunst, fehlende »Himmelsheitre«. Die Schilderung der Dichtung trifft die Stimmung des Ortes genau. Selten ist dort blauer Himmel zu sehen, tiefhängende, bleigraue, regendrohende Wolken verdecken ihn. An Niederschlägen ist dieses Küstengebiet reicher als andere Regionen der ohnehin regenreichen Atlantikküste.[133] Oft ziehen die Wolken so tief, daß sie alle höher gelegenen Teile des Landes einhüllen. Homer hat es beschrieben: »Auf dem anderen Wege sind zwei Klippen, die eine reicht mit ihrem spitzen Haupt zum breiten Himmel, und eine Wolke umgibt sie, eine dunkle. Diese weicht niemals, und niemals umfängt Himmelsheitre ihr Haupt« (12, 73 f.). Das paßt so recht zum gälischen Namen der Insel Skye: Eilean a Cheo heißt »Nebelinsel«! Ebenso treffend ist der Name, den die norwegischen Besatzer der Insel gaben: sie nannten sie »Skuyo«, also »Wolkeninsel«.

Der Riesenkrake

Aber Skylla? Ist ein solches Ungeheuer nicht wirklich nur Fabel? Der Schilderung nach besaß die Skylla zwölf verkümmerte Füße und sechs überlange Hälse, auf denen je ein Haupt mit drei Reihen scharfer Zähne saß. Mit ihren Hälsen, die aus der nahe am Wasser liegenden Felsenhöhle herausragten, fischte sie nach Beute, vor allem nach Delphinen und Seehunden. Sie griff aber auch Menschen an und gab dabei Laute wie ein bellendes Hündchen von sich (12, 83f.).

Denkbar wäre, daß dieses Untier ein Riesenkalmar war. Der Riesenkalmar oder Riesenkrake *(Architeuthis princeps)* gehört zu den Zehnfüßern oder Decapoden, ihr charakteristisches Merkmal: zehn in Kopfnähe ansetzende Arme, die auch als Füße benutzt werden. Ein besonders langes Armpaar dient als Fangwerkzeug. Alle Fangarme sind besetzt mit zahlreichen Saugnäpfen, die gezähnte Hornringe tragen. Der Riesenkrake ist das größte aller wirbellosen Tiere. Er erreicht, wie ein im Jahre 1933 vor Neufundland tot angetriebenes Exemplar beweist, eine Rumpflänge von 8 Metern und hat Fangarme von 14 Meter Länge: also 22 Meter Gesamtlänge! (Bei einem Gewicht von mehreren Tonnen). Es sind sogar Fangarme des *Architeuthis* gefunden worden, die auf eine Gesamtlänge des Tieres von 40 Metern schließen lassen! Die Augen dieser riesigen Meeresbewohner haben einen Durchmesser von 40 Zentimetern, größere gibt es im ganzen Tierreich nicht. In den Mägen der Pottwale, den Hauptfeinden dieser Riesentiere, hat man Armteile mit Saugnäpfen des Riesenkraken gefunden, die einen Durchmesser von 25 Zentimetern aufwiesen. Delphine wie Seehunde gehören zu den Beutetieren der räuberischen Riesenkalmare, doch greifen sie auch Walfische an. Nachweislich haben sich diese Giganten sogar an moderne Hochseeschiffe gewagt und Besatzungsmitglieder kleinerer Fahrzeuge getötet (siehe Abbildung 13).[134]

Die Existenz eines Meeresungeheuers wie die Skylla läßt sich also von der Zoologie her über den Bereich des Denkbaren hinaus in den des Wahrscheinlichen rücken. Soll man sich daran stoßen, daß Homer die Skylla wie ein Hündchen bellen läßt? So unglaublich erscheint dies heute nicht mehr, seitdem die moderne Zoologie bei Fischen und anderen Meerestieren, die nicht zu den Warmblütern zählen, ein reiches Repertoire an Lautäußerungen feststellte. Auch der Riesenkrake besitzt Hörorgane, ist demnach wohl selbst in der Lage, Laute von sich zu geben, mag bislang freilich noch kein Tonband hierfür den akustischen Beweis liefern.[135]

Noch leichter läßt die Charybdis sich auf natürliche Weise erklären. Während das Ablaufen des Wassers gewöhnlich ruhig vor sich geht, besteht die Besonderheit hier darin, daß die starken Gezeitenströme sowohl bei Flut (dem »Einschlürfen«) als auch bei Ebbe (dem »Ausspeien«) auftreten. Dieses ungewöhnliche Phänomen zeigt sich am Südausgang der Kyle Rhea, und zwar an ihrer engsten Stelle, der Caolas an Lamhachaidh. Hier erreichen beide Gezeitenströme ihre höchste Geschwindigkeit, und hier bilden sich bei Flut wie bei Ebbe starke Stromwirbel. Da die Enge die schnell fließenden, gewaltigen Wassermassen nicht rasch genug aufnehmen kann, branden die von Süden herandrängenden Fluten gegen die Nordküste der Bernera-Bucht. Dabei entstehen Stauungen und Wirbel, wie die großen Sandablagerungen an dieser Stelle beweisen. Bei Ebbe drängen sich dem von Norden kommenden, als mächtiger Schwall aus der Kyle Rhea austretenden Gezeitenstrom die auf die Südeinfahrt der Enge setzenden Neerströme entgegen, und es formen sich gewaltige Wirbel, wie die Seekarte ausweist.

Genau bis in die Kleinigkeiten[136] ist Homers Bild dieses gefährlichen Orts: er erwähnt schwarzen Sand, der sich auf dem Grund des Strudels der Charybdis zeigt. Und gerade dieser Sand ist hier zu finden – es sind die Ablagerungen am Ausgang der Meerenge, so schwarz wie die hochragenden Basaltberge der Insel Skye.[137]

X

Schicksalsstunde auf der Insel des Sonnengottes

Glücklich den Fangarmen des Riesenkraken entronnen, gelangte Odysseus mit seinen Männern zur Insel Thrinakia – des »Sonnengottes Helios treffliche Insel« –, wo heilige Rinder und Schafe weideten. Kirke wie der Seher Teiresias hatten ihn zuvor eindringlich gewarnt, auch nur eines der heiligen Tiere zu töten. So wollte Odysseus, vorsichtig wie immer, zunächst an Thrinakia vorbeisteuern. Eine Meuterei zwang ihn jedoch, die Insel anzulaufen. Widrige Sturmwinde, die einen Monat lang anhielten, nötigten die Männer zu längerem Aufenthalt; aus der von den Meuterern ertrotzten kurzen Rast wurde so ein ganzer Monat. Als alle Vorräte aufgezehrt waren, der Hunger sich auch nicht länger durch Fischfang und Vogelstellerei abwenden ließ, zog Odysseus allein auf Erkundung. Seine im Lager zurückgebliebenen Leute nutzten diese Abwesenheit und waren so kurzsichtig, einige der heiligen Rinder des Helios zu schlachten, der von nun an seinen strafenden Zorn über die kleine Schar der Griechen ausschütten sollte.

Die Insel Thrinakia zu orten, bereitet den Verfechtern der Mittelmeer-Theorie nicht wenig Kopfzerbrechen. Denn weder nach der Straße von Messina noch hinter der Meerenge von Gibraltar findet sich eine Insel, die in geringer Entfernung liegt oder sonstige Beschreibungsmerkmale der Odyssee aufweist. Thrinakia erscheint im homerischen Text als eine einsam im dunstigen Meer liegende Insel in nicht allzu weiter Entfernung vom Südausgang der Enge. Sie hat die Form eines Dreizacks. Sonderlich groß ist sie nicht, dazu unbewohnt, doch ausgestattet mit gutem Weideland: je sieben Herden prächtiger Rinder und Schafe finden hier Nahrung, jede Herde zu fünfzig Tieren. Die Rinder, als aufrechtgehörnt und breitstirnig beschrieben, weiden nahe am Ufer. Eine Bucht lädt zur Landung ein. Nahebei sprudelt eine Quelle. Die Insel hat keine größere Erhebung, aber hohe Eichen wachsen an mehreren Stellen. Insgesamt steigt das Gelände etwas an, denn Odysseus schritt die Insel »hinauf« und beim Rückweg zur Küste »hinab«. Fast ständig weht hier ein Wind, vor allem aus südlicher Richtung.

Diese Angaben, mit denen Verfechter der Mittelmeer- oder Schwarzmeer-Theorie nur wenig anfangen können, weil die entsprechende Realität fehlt, erweisen sich im Raum der britannischen Inseln als so kennzeichnend, daß sie zur Lokalisierung genügen. Es kann ja nicht allzu viele Inseln geben, die *alle* diese Merkmale auf sich vereinen, selbst hier nicht, wo die Auswahl so groß ist.

Südlich der Meerenge von Skye trifft der Fahrensmann auf die Inselgruppe der Small Isles. Zu ihr gehören die einzelnen Inseln Canna, Rhum, Eigg und Muck. Die beiden nördlichen Inseln Canna und Rhum kommen allein deshalb nicht in Betracht, weil sie abseits – nach Westen hin – liegen und ein aus der Enge südwärts fahrendes Schiff diese beiden Eilande nicht passieren könnte, ohne erheblich vom Kurs abzukommen. Zudem ist die Insel Rhum, abweichend von der Beschreibung Thrinakias, nicht flach, sondern hat Berge bis zu 800 Meter Höhe. Auch Eigg entspricht in ihrer Oberflächengestalt keineswegs den Angaben Homers. Nicht nur die Küste ist größtenteils steil und felsig – auch landeinwärts finden sich Erhebungen bis zu 275 Metern, erreichen vereinzelte Berge der fast die ganze Insel umziehenden Höhenzüge nahezu 400 Meter.

Die dreigezackte Schweineinsel

Als letzte der vier Small Isles bleibt die Insel Muck (56° 50' n. Br. und 6° 15' w. L.). Ihr Name bedeutet »Schweineinsel«, von keltisch *muc* = Schwein, genauer: »Insel der Meerschweine«, also der

Delphine.[138] Delphine hat es in diesem Gebiet offenbar früher häufiger gegeben, auch Skylla nährte sich von dieser Spezies (12, 91). Die Insel liegt von der Enge von Skye nur knapp 60 Kilometer entfernt, ist somit »alsbald« zu erreichen. Thrinakia ist nach den Angaben des Textes von dieser Enge etwa gleich weit entfernt wie die Sireneninsel.

Muck liegt auch ziemlich genau in der Fahrtrichtung eines Südkurs steuernden Schiffes. Vor Christi Geburt dürfte die Insel unbewohnt gewesen sein, eine »öde« Insel, wie Homer sagt. Im Jahre 1908 zählte man 50 Einwohner, heute ist sie wieder unbewohnt. Muck ist von den übrigen Eilanden der Gruppe weit genug entfernt, um als »einsame« Insel gelten zu können. Auch liegt sie vom Festland weit ab, ist somit eine vom Meer »umströmte« Insel, was bei ihrer geringen Größe dem sich Nähernden sogleich ins Auge fällt. Größere Erhebungen sind hier nicht zu finden, das Relief ist relativ eben, wenn auch nicht völlig flach. Im Südwesten erreicht das ansteigende Land eine maximale Höhe von 135 Metern. Insgesamt steigt das Gelände von der Ostseite her an, dort landete Odysseus, im Windschutz der Insel fahrend, vermutlich, so daß er tatsächlich die Insel bei seiner Erkundung »hinaufschritt« und auf dem Rückweg zur Küste »hinabkam«.

Odysseus muß an der Südostseite der Insel an Land gegangen sein, denn hier findet sich der »ausgebuchtete Hafen«. Es ist Port Mor, ein Inseleinschnitt, der kleineren Segelschiffen leidlich Schutz bietet. Die Bucht ist durch zwei vorgelagerte Klippen abgeschirmt. Da die Zufahrt am Eingang eine Wassertiefe von nur 3,70 Meter aufweist und die Bucht an ihrem Ende trockenfällt, war an dieser Stelle eine Landung möglich. Dies ist allerdings auch so ziemlich die einzige geeignete Stelle. Denn die vor der Süd- und Westküste der Insel stehende sehr schwere Brandung macht ein Landen dort unmöglich, und die enge Bucht von Bagh a Challanaich auf der Nordseite der Insel ist sehr schwierig anzusteuern und steckt voller nautischer Risiken.[139]

Süßwasser, von dem die Odyssee spricht, ist hier reichlich vorhanden, sogar einige »Quellen mit gutem Wasser«, wie das Handbuch der Westküste Schottlands vermerkt. Besonders aufschlußreich ist dabei eine weitere Einzelheit, die das Handbuch mitteilt: »... verglichen mit den benachbarten Inseln ist Muck sehr fruchtbar.« Die Insel bot also gutes Weideland für Kühe und Schafe. Der ursprüngliche Baumbestand ist, wie auf allen diesen Inseln, dem Raubbau (besonders der Norweger) zum Opfer gefallen. Die Winde wehen meist aus Westen und Süden, und wochenlang anhaltende Stürme aus diesen Richtungen sind nicht außergewöhnlich.[140]

Auch der Name Thrinakia paßt zur Insel Muck. Das Wort leitet sich her vom griechischen *thrinax* für »Dreizack« und bedeutet so viel wie »Dreizackinsel«. Tatsächlich zeigt die Insel Muck mit ihren drei nach Süden gerichteten Landzungen unverkennbar die Form eines Dreizacks! Auf der westlichen dieser drei Landzungen steigt das Gelände bis zur Höhe des Ben Narer (135 m) an. Die mittlere Landspitze endet mit ihrem Südzipfel in einer blinden Klippe, der Bogha na Fionn-ard, während das Südende des östlichen Landvorsprungs durch die vorgelagerte Klippe Bogha Ruadh markiert wird. Die mittlere und die östliche Landzunge schützen den bereits erwähnten Hafen Port Mor.[141]

Schließlich wären auch die Herden heiliger Rinder, von denen Homer spricht, auf dieser Insel an der Nordwestküste Schottlands zu finden. Homer erwähnt diese Rinder des Helios mehrmals als einen breitstirnigen Schlag mit hochgeschwungenen Hörnern. Diese Beschreibung trifft auf die heute noch an vielen Orten im rauhen Westen des schottischen Hochlands und seiner Inseln gehaltenen Rinder der West-Highland-Rasse zu mit ihrem breiten Kopf und den weit ausladenden, hochstrebenden Hörnern (siehe Abbildung 11). Dieses schottische Hochlandrind mit seinem langen, braunen Zottelfell hat sich manche Merkmale urtümlicher Hausrinder aus prähistorischer Zeit bewahrt. Es ist winterhart und bleibt das ganze Jahr über auf der Weide, doch ist das Klima trotz der hohen nördlichen Breite infolge des warmen Golfstroms mild.[142]

Für unsere Lokalisation von Belang ist noch die Frage, aus welcher Richtung die Winde wehten, die eine Fortsetzung der Fahrt für einen Monat vereitelten. Es besteht Einigkeit unter den Philologen, daß Homer vor allem den Südwind als Hindernis ansah. Gegenstand heftiger philologischer Kontroversen ist dagegen die Frage, welche Windrichtungen außerdem noch vorherrschten. Während ein Teil der Forscher Westwind anführt, spricht sich die Mehrheit für Ostwind aus. Wir können diese philologische Streitfrage hier auf sich beruhen lassen. Entscheidend ist, daß der Nordwind offenbar nicht in Betracht kommt. Gerade den hätte Odysseus nötig gehabt, um von der Insel Muck auf seinem weiteren Weg südwärts voranzukommen. Jeder andere Wind außer Nordwind war also für ihn ungünstig. Starker Südwind hätte ihn zur Insel Skye zurückgetrieben, der Ost hätte ihn hinaus auf den offenen Atlantik verschlagen, der Westwind aber gegen die schottische Küste geworfen. Die Frage der Windrichtung – ob Osten oder Westen – ist dagegen von ausschlaggebender Bedeutung, wenn man die Messinastraße als gefährliche Enge ansieht, weil ein Wind aus westlicher, ja selbst noch südlicher Richtung einem durch die Straße von Messina gen Ithaka steuernden Schiff höchst willkommen sein mußte. Hier spielt die Frage im Zusammenhang keine Rolle. Der einzige für Odysseus wünschenswerte Wind in diesem Seegebiet wäre ein Nordwind gewesen – doch gerade dieser blieb aus. Erst bei der hier vorgeschlagenen Lokalisierung wird der Unmut des Odysseus über seinen Zwangsaufenthalt durch ständig wehenden heftigen Südwind verständlich. Diese Lokalisierung vermag auch zu erklären, warum im Sommer über einen Monat lang ein orkanartiger Sturmwind tobte, für das Mittelmeer nahezu unvorstellbar. Im Bereich des schottischen Nordwestens, dieser sturmreichsten Ecke Europas, ist eine solche widrige Wetterlage jedoch so außergewöhnlich nicht.[143]

XI

Bei Kalypso, der freundlichen Nymphe

Endlich hatten sich auf der Insel des Sonnengottes günstigere Winde eingestellt. Odysseus konnte die Segel hissen. Aber das Wetter war trügerisch. Schon bald geriet das Boot in einen von Westen her aufziehenden Orkan, der die Segel zerfetzte und den Mast umwarf. Ein Blitz traf das Fahrzeug, und die Wellen zerschlugen die Schiffswandung. Rasch band Odysseus Mast und Kiel mit Lederriemen zu einem Rettungsfloß zusammen und entging so als einziger dem Tod, während alle seine Gefährten ertranken. Nachdem er neun volle Tage auf seinem Behelfsfloß durch die Wogen getrieben war, erreichte der völlig Erschöpfte in der zehnten Nacht die Insel Ogygia, wo ihn Kalypso liebevoll aufnahm. Sieben Jahre wurde Odysseus auf dieser Insel durch die Liebe der Nymphe festgehalten. Erst auf Weisung des Gottes Zeus, vom Götterboten Hermes überbracht, gab Kalypso den heimwehkranken Odysseus endlich frei.

Diese etwas bittersüße Geschichte des jahrelangen Zwangsaufenthalts bei der liebenden, schönen Kalypso hat die Künstler späterer Zeiten immer wieder zu phantasievollen Darstellungen angeregt. Die eingehende Beschreibung dieser Insel in der Odyssee enthält allerdings so viele konkrete Angaben, daß es durchaus möglich ist, die Insel Ogygia auch im Realen zu suchen. Einen wesentlichen Hinweis zur geographischen Lage gibt der Text: die Insel sei etwa zehn Tag- und Nachtfahrten von der gefährlichen Enge der Skylla und Charybdis entfernt. Uneinigkeit herrscht dabei unter den Forschern, ob die Insel Ogygia südlich oder nördlich der Meerenge zu suchen ist. Der Zwist gipfelt in der Frage, ob Odysseus ein zweites Mal diese gefährliche Felsschlucht durchfahren mußte oder nicht. Diese Frage stellt sich, weil Odysseus unstreitig nicht unmittelbar vom Ort seines Schiffbruchs zur Insel Ogygia gelangte. Zu seinem Entsetzen wurde er mitsamt dem Rettungsfloß von erneut einsetzendem starkem Südwind auf die Meerenge zurückgetrieben und glaubte schon, er müsse die furchtbare Enge abermals passieren. So nehmen mehrere Forscher an, Odysseus sei tatsächlich ein zweites Mal an Skylla und Charybdis vorbeigekommen. Sie schließen dies aus den Versen 426–428 des zwölften Gesangs, wo es heißt: »Da legte sich nun zwar der West, der im Sturm wütende, doch kam schnell der Süd herauf und brachte meinem Mut Schmerzen, auf daß ich noch einmal die böse Charybdis durchmessen sollte.« Meiner Meinung nach genügt diese Textstelle nicht als Beweis für eine zweite Durchfahrt – im Gegenteil! Nach dem Wortlaut kam Odysseus lediglich in den Bereich des gefährlichen Strudels, hat aber die Enge nicht ein zweites Mal bezwingen müssen. Es blieb ihm erspart, sich dem Felsen der Skylla erneut zu nähern, deren tödlichem Zugriff er noch einmal kaum entgangen wäre. So sind die Verse 445 bis 446 im zwölften Gesang zu verstehen: »Die Skylla aber ließ mich nicht mehr der Vater der Menschen und der Götter sehen ...« Das besagt deutlich, daß Gottvater Zeus den Helden vor dem erneuten Anblick der Skylla bewahrte.[144]

Die Richtigkeit solcher Folgerungen wird durch eine naheliegende Überlegung bestätigt: nach den Worten der Kirke war die Heimfahrt *nur* durch die Enge oder entlang den Prallfelsen möglich. Eine dritte Möglichkeit gab es nicht. Wäre also Odysseus noch einmal in die Enge geraten, so hätte er auch wieder zurückgemußt – es sei denn, er hätte den Weg vorbei an den Prallfelsen gewählt. Da die Odyssee nun aber weder von einer dritten Durchfahrt noch von einer Fahrt vorbei an den Prallfelsen berichtet, dürfte Odysseus zwar in Richtung auf die gefährliche Meeresschlucht getrieben worden sein, sie aber kein zweites Mal passiert haben. Das ist nach Lage der Dinge auch durchaus möglich, weil der Strudel der Charybdis nach unseren Feststellungen am Südausgang der Kyle Rhea liegt, so daß

Odysseus, sich an einem Baum am Ufer festklammernd, das Zurücktreiben seines Floßes abwarten konnte, ohne selbst noch einmal zwischen den Felsen hindurchzumüssen. Das wäre allerdings bei der Straße von Messina nicht möglich gewesen, weil dort nach herrschender Auffassung die Charybdis am Nordeingang der Enge liegt.

Für unsere Lokalisierung der Insel Ogygia ergibt sich daraus, daß die Insel der Kalypso südlich der Meerenge zu suchen ist. Es bleibt noch die Frage, in welcher Entfernung von der Enge Ogygia gelegen hat.

Wie weit war der Weg nach Ogygia?

Folgen wir Homer, so ereignete sich der Schiffbruch des Odysseus »gar nicht lange Zeit« nach seiner Abfahrt von der Insel Thrinakia. Da das Boot mit Nordwind segelte, dürfte der Ort der Havarie nur wenige Seemeilen südlich der Dreizackinsel, dem Muck der hier vorgeschlagenen Lokalisation, zu suchen sein. Odysseus wurde dann vom Ort des Schiffbruchs durch stürmischen Südwind nach Norden zum Eingang der Enge zurückgetragen, wo gerade Flut herrschte. Als nach bangen Stunden des Sichanklammerns an einem überhängenden Uferbaum die Ebbe einsetzte, trug ihn die Strömung wieder nach Süden. Zehn Nächte trieb er ununterbrochen auf See, ehe er die Insel Ogygia erreichte.

Diese Angabe des Dichters über eine nach vielen Tagen und Nächten zu bemessende Strecke müssen wir allen Überlegungen voranstellen, da sie eine Fahrtdauer näher bestimmt. Dabei ist nicht wichtig, ob Odysseus als Schiffbrüchiger wirklich so viele Tage durch das Meer geworfen wurde. Bekannt sind zahlreiche Fälle neuerer Zeit, wo Schiffbrüchige nicht selten noch erheblich länger auf dem Meer umhertrieben und dann gerettet wurden. Der naheliegende Einwand, Odysseus habe in diesen nördlichen Gewässern so lange gar nicht im kühlen Wasser überleben können, läßt außer acht, daß diese Bereiche des Nordatlantiks vom warmen Golfstrom temperiert werden. Die stark wärmende Kraft des Golfstroms wird vor allem im Oberflächenwasser spürbar. So kommt es, daß die Oberflächentemperatur des Meerwassers im Seegebiet von Westirland um 4–5 Grad und in der Irischen See um 3–4 Grad Celsius höher liegt als an anderen Stellen gleicher geographischer Breite. Eine mittlere Wassertemperatur im August von 15–16 Grad Celsius vor der Westküste Schottlands und in der Irischen See ist durchaus üblich und sie dürfte in den Buchten wie in Küstennähe noch höher gewesen sein. Odysseus hat also durchaus längere Zeit im Wasser treiben können, zumal das aus dem starken Kiel und dem kräftigen Mastbaum des Schiffes gefertigte Rettungsfloß so hoch im Wasser lag, daß der Schiffbrüchige nicht mit dem ganzen Körper im Wasser lag, sondern auf dem Floß saß (12, 423 f.).

Daß der Schiffbruch in den Monaten warmer Wassertemperatur, also im August oder September stattfand, dafür gibt die Dichtung einen verläßlichen Anhaltspunkt. Odysseus fuhr von der Insel der Kirke ab, als »im Kreislauf die langen Tage vollendet wurden« (10, 469), also gegen Ende Juni bis Anfang Juli, auf der Höhe des Sommers, zur Zeit der »langen Tage« in Nordschottland.[145] Die Fahrt zur Insel Thrinakia war in wenigen Tagen zu bewerkstelligen. Auf der Insel des Sonnengotts wurde er dann fünf Wochen lang durch widrige Winde festgehalten, so daß der Schiffbruch sich gegen Mitte August ereignet haben dürfte.

Wie schnell trieb das Floß?

Die Fahrtdauer von Thrinakia nach Ogygia betrug also neun Tage und zehn Nächte. So ließe sich die gesamte Fahrtstrecke errechnen, wenn die Fahrtgeschwindigkeit des Floßes abschätzbar wäre. Da das Rettungsfloß weder Segel noch Ruder besaß, wurde seine Geschwindigkeit allein durch die Strömung des Wassers und die Stärke des Windes bestimmt. Folgerichtig lautet der Text: »ihn aber trug Wind und Woge« (5, 133).

Die treibenden Wasserkräfte sind in diesem Seegebiet vor allem die Gezeitenströme, die unter der Küste und in den engen Durchfahrten vor Schottland nicht selten jene beachtlichen Geschwindigkeiten erreichen, von denen die Enge der Skylla bereits einen Begriff gab. Die Werte werden natürlich mit dem Ablauf der Tidenzeit niedriger fallen, aber selten unter 0,6 Seemeilen pro Stunde, also 1,1 Kilometer in der Stunde. In der Irischen See sind die Gezeitenströme im nördlichen Westteil, besonders im Nordkanal, am stärksten. Sie erreichen dort Geschwindigkeiten zwischen 2 und 4 Seemeilen pro Stunde! Zu beachten ist dabei, daß die Gezeitenströme vor der Westküste Schottlands sowohl in nord-südlicher als auch in süd-nördlicher Richtung fließen. Im Nordkanal und im nördlichen Westteil der Irischen See setzt der einlaufende Strom nach Südosten, also auf die Insel Man zu, der auslaufende Strom drängt entsprechend nach Nordwesten. Mit dem nach Süden setzenden Gezeitenstrom konnte Odysseus daher eine durchschnittliche Fahrtgeschwindigkeit von 1–1,5 Seemeilen in der Stunde erzielen, die sich bei günstigen Windverhältnissen (vorwiegend wehen hier nordwestliche Winde) noch steigerte. Er mußte nur aufpassen, daß er beim Kentern des Stromes nicht wieder zurückgetragen wurde.

Im Nordteil der Irischen See kommt neben den Gezeitenströmen als weitere treibende Kraft die Meeresströmung selbst in Betracht, die hier ziemlich stark ist und in nord-südlicher Richtung verläuft. Denn um die Nordspitze Irlands zweigt ein Seitenast des Golfstroms nach Süden in die Irische See ein, und vor allem im Sommer wehen in diesem Gebiet regelmäßig starke Winde aus West bis Nordwest.[146]

Eine durchschnittliche Fahrtgeschwindigkeit von einer Seemeile (1,85 km) in der Stunde läßt sich also annehmen. Natürlich ist das keine exakte Zahl, sondern nur ein Annäherungswert. Je nach Strömung, Windrichtung und Gezeitenverhältnissen konnte das Floß also eine größere oder kleinere Durchschnittsgeschwindigkeit als eine Seemeile pro Stunde erreichen, eine Seemeile in der Stunde liegt aber auf jeden Fall im Bereich des Möglichen, sogar des Wahrscheinlichen. Legt man diese Durchschnittsgeschwindigkeit zugrunde, dann ergibt sich bei einer ununterbrochenen Fahrt von neun Tagen und zehn Nächten eine Gesamtstrecke von etwa 425 Kilometern. Man darf also von einer ungefähren Gesamtstrecke zwischen 400 und 500 Kilometern ausgehen.

Die Insel im Nabel des Meeres

Diese Streckenkalkulation wie auch die Annahme eines südlichen Kurses genügen nicht ganz zur Lokalisierung der Insel Ogygia. Wir müssen weitere Angaben der Odyssee heranziehen. Homer spricht von Ogygia als einer »umströmten Insel, wo der Nabel des Meeres ist« (1, 50f.). Kalypsos Insel liegt also mitten im Meer, weitab vom Festland. Ja noch mehr: sie gilt als der »Nabel des Meeres«, also eine ganz zentral gelegene Insel. Diese Kennzeichnung trifft zu auf die in der Mitte der Irischen See gelegene Isle of Man.

Wenn ein Floß von der Insel Skye aus 400 bis 500 Kilometer mit der Strömung südwärts treibt, passiert es die Inneren Hebriden, die Inseln Colonsay, Islay und Jura und gelangt an der Halbinsel Kintyre vorbei durch den Nord-Kanal (North Channel) in die Irische See. Hier findet sich nur eine einzige festlandsferne Insel, auf die der Strömung nach ein Floß zutreiben könnte: die Isle of Man. Diese Insel liegt – auch moderne Reiseführer heben dieses Merkmal hervor – nahezu genau in der Mitte der Irischen See. Sie ist, bildlich gesprochen, ihr Nabel.[147] Interessant aber, daß diese zentrale Meereslage offenbar von altersher bekannt ist und schon in homerischer Zeit zur Kennzeichnung der Insel Man gedient haben dürfte. So heißt denn auch im Manx, dem alten keltischen Lokaldialekt, die Insel Ellean Vannin oder auch Mannin – wobei letzteres die Mitte, der Nabel bedeutet.[148]

So mild wie keine

Homer schildert die Insel der Kalypso als Paradies mit köstlich mildem Klima. Da breiten sich blühende Wiesen voll Veilchen und Eppich, da wächst der Weinstock und trägt pralle Trauben. Erlenhaine, Pappeln und Tannenwälder durchziehen sie, duftreicher Wacholder, Lebensbaum und Zypressen wachsen dazwischen empor. Tatsächlich: auch die Insel Man hat eine außergewöhnlich üppige, fast subtropische Vegetation! Bäume, Sträucher und Blumen, die sonst in England nur in Glashäusern gedeihen, wachsen und blühen hier im Freien. Trotz Jahrhunderte währenden Raubbaus haben sich vom ursprünglichen Waldreichtum noch eindrucksvolle Restbestände erhalten. Auf saftigen Wiesen blühen Veilchen, gedeiht Eppich, eine Wildform des Sellerie, die als Salzpflanze feuchten Boden liebt und besonders in Strandnähe anzutreffen ist (siehe Abbildung 12).[149] Hier reift sogar heute noch der Weinstock, der übrigens in früherer Zeit in Europa viel stärker verbreitet war als gegenwärtig. In der Bronzezeit war das Klima wärmer und trockener als heute. Die Durchschnittstemperatur lag um 2 Grad Celsius höher, was einer um etwa 1 000 Kilometer südlicheren Lage entspricht. Erst mit dem 13. Jh. v. Chr. setzte in Nordeuropa nach dem Klimaoptimum der Bronzezeit eine Klimaverschlechterung ein. Da die Fahrten des Odysseus in die ausgehende Bronzezeit fallen, dürfte es damals auf der Insel Man noch wärmer gewesen sein als heute.[150]

Ihre für die hohe nördliche Breite (54° n. Br.) ungewöhnliche Vegetation verdankt diese Insel dem wärmenden Golfstrom. Er beschert ihr ein Klima, das zum mildesten und ausgeglichensten der Welt gehört. Die Zahl der Sonnentage ist, von Cornwall und Devonshire abgesehen, hier größer als in allen anderen Gegenden Britanniens.

Auch die in der Odyssee erwähnten »Wasserkrähen« oder »Krähen des Meeres« – sie nisten auf Bäumen und werden als Vögel mit langen Schwingen und länglichen Zungen beschrieben (5, 66f.) – sind hier noch immer zu Hause. Es sind die Kormorane, deren Name eine Verballhornung der lateinischen Bezeichnung *corvus marinus* (»Rabe des Meeres«) ist. Die Kormorane der atlantischen Art *(Phalacrocorax carbo)* erinnern mit ihrem blauschwarzen Gefieder und ihren tiefen, rauhen Krah-Krah-Rufen tatsächlich an Rabenvögel. Die atlantischen Kormorane, die an mehreren Orten Westeuropas und auch der Britischen Inseln nisten, sind hauptsächlich Baumbrüter.[151]

Die Grotte bei den vier Quellen

Charakteristisch für die Insel Man ist außerdem eine Eigenart ihrer Topographie, die Homer zusammen mit der Behausung Kalypsos schildert: »und Quellen flossen, vier in der Reihe, mit hellem Wasser, nah beieinander, und wandten sich, die eine hier-, die andere dorthin« (5, 70–71). Nun gibt es auf der Insel Man zahlreiche Quellen, gibt es auch Stellen, an denen mehrere Quellen entspringen – aber es gibt nur *einen* Ort, wo »in der Reihe nahe beieinander« *vier* Quellen fließen, und zwar in einem Berggebiet in der Mitte der nördlichen Inselhälfte. Hier ragt als höchste Erhebung der durch Höhen und Täler reich gegliederten Insel der 620 Meter hohe Berg mit dem norwegischen Namen Snaefell auf, und etwas westlich davon folgen die Gipfel des 430 Meter hohen Slieau Dhoo und des 485 Meter hohen Slieau Freoaghane (das keltische Wort *slieau* bedeutet »hoher Berg«). In diesem Gebiet entspringen die Quellflüsse des Glen Sulby (*glen* ist das keltische Wort für Fluß), des Glen Dhoo und des Glen Wyllin. Der Name dieser Wasserscheide, der im Dialekt von Manx Slieau Freoaghane lautet, bedeutet »Berg der Quelle« und macht den Aspekt deutlich, unter dem die Bevölkerung das ganze Gebiet sah. Von den Flüssen dieses Quellgebietes verdient einer unsere besondere Aufmerksamkeit, der Glen Sulby. Ein Zufluß des Glen Sulby wird nämlich von *vier* Quellen gebildet, die am Osthang des Slieau Freoaghane entspringen. Diese vier Quellflüßchen kommen ganz »nah beieinander«, etwa 150 bis 180 Meter voneinander entfernt, aus dem Berg. Die Quellen liegen auffälligerweise auch alle »in einer Reihe«, nämlich auf derselben nordsüdlich verlaufenden 1300 Fuß-Höhenlinie. Schließlich wenden sie sich auch in verschiedene Richtungen (»die eine hier-, die andere dorthin«), nämlich nach Südosten, nach Osten und nach Nordosten, bevor sie sich zu einem Zufluß des Glen Sulby vereinigen. Es zeigt sich also, daß die scheinbar nur poetischen Bemerkungen Homers in Wahrheit präzise topographische Angaben sind, die ein ganz bestimmtes Gebiet kennzeichnen.

Diese Region gehört zu den schönsten und einsamsten Plätzen der Insel und ist auch heute noch so gut wie unbesiedelt (vgl. Vers

101 des fünften Gesangs: »keine Stadt der Sterblichen in der Nähe«). Hier dürfte die Behausung der Kalypso zu suchen sein, von der Homer sagt, sie sei »landeinwärts« gelegen. Das Gebiet der vier Quellen ist tatsächlich etwa 4500 Meter Luftlinie von der Westküste entfernt, also knapp 5 Kilometer von jenem Punkt, wo zwischen Kirkmichael und Peel der schiffbrüchige Odysseus wahrscheinlich von den Wellen an Land getragen wurde. Für diese Vermutung spricht, daß vor Contrary Head, südlich von Peel, der nördliche Gezeitenstrom von der aus Süden kommenden Tidenströmung gestoppt wird. Mit dem nördlichen Gezeitenstrom aber trieb Odysseus auf den Wogen daher. Und jener Punkt der gegenseitigen Abschwächung beider Ströme liegt etwa auf der gleichen geographischen Breite wie das Quellgebiet, in dem der Wohnsitz der Kalypso zu lokalisieren sein dürfte, so daß Kalypso oder ihre Dienerinnen am Strand den Angetriebenen finden konnten.

War auch Kalypso eine Druidin?

Die Ortsbestimmung für Kalypsos Behausung gewinnt dadurch an Wahrscheinlichkeit, daß eine malerische Senke zwischen dem Snaefell und dem Slieau Freoaghane, die vom Glen Sulby gebildet wird, den Namen Druidale trägt – »Druidental«. Homer nennt Kalypso »die furchtbare Göttin, begabt mit Sprache« (12, 449). Das deutet darauf hin, daß auch sie, genau wie Kirke, eine heilige Frau und Seherin war, die Priesterin eines lokalen Kults. Im keltischen Gallien, in Britannien und Irland kamen die Diener der Religion aus den Reihen der Druiden, einer sozial und politisch höchst einflußreichen »Kaste« von Priestern, Gelehrten und Rechtskundigen. Aus dem Namen »Druidale« läßt sich schließen, daß es in dieser Gegend vormals eine keltische Kultstätte gegeben hat.[152] Kalypso könnte also eine Druidin, eine keltische Priesterin gewesen sein, die Betreuerin eines Quellheiligtums, wie es auf der Insel Man mehrere gab: Chibbyr (keltisch für »Quelle«) Bolthane etwa bei Bradda Hill oder die heilige Quelle im Silverdale bei Ballasalla, auch St. Catherins Well bei Belabbey oder Chibbyr Gabbyl in Cregneish.[153]

Es ist allerdings verständlich, wenn diese zunächst naheliegende Vermutung auf Bedenken stößt, weil auch hier nicht sicher ist, ob Kelten zur fraglichen Zeit bereits auf Man ansässig waren. Fest steht lediglich, daß seit dem 5. Jh. v. Chr. keltische Stämme in Südengland siedelten; einzelne Forscher halten auch eine frühere Einwanderung für möglich: nach ihren Erkenntnissen haben die Kelten, deren große Abwanderung aus ihrer ursprünglichen Heimat am Oberrhein in die Bronzezeit fällt, bereits im 2. Jahrtausend v. Chr. erstmals in England Fuß gefaßt (vgl. Anmerkung 97). Bisher fehlen jedoch gesicherte Nachweise einer keltischen Besiedlung Mans zur fraglichen Zeit.

Wenn auch keine Druidin, so mag Kalypso doch eine Priesterin der Megalith-Religion gewesen sein, ihre Kultstätte ist vielleicht später von keltischen Druiden übernommen worden. Wir hätten dann wiederum einen Fall kultischer Kontinuität, wie er ja für das Verhältnis von Megalith-Kultur und Keltentum nicht untypisch ist. Eine solche Übernahme lag nahe, weil auch die ältere Religion ihre heiligen Stätten in bestimmten Naturgegebenheiten sah: in Quellen, Seen, Hainen oder Bergen.[154] Nach dem heutigen Stand der Erkenntnisse war die Kultur der Megalither allerdings im Gegensatz zur keltischen mutterrechtlich orientiert. Während die Kelten vornehmlich durch Priester mit den jenseitigen Mächten verkehrten, lag die Pflege des Kults bei den Megalithern hauptsächlich in den Händen der Frauen, denen eine besonders hohe gesellschaftliche Stellung zukam. Kalypso ist aber nicht zuletzt deshalb als megalithische Priesterin zu sehen, weil sie nach Homer eine Tochter des Riesen Atlas war, also selbst eine Riesin, eine jener besonders hochwüchsigen Megalitherfrauen, die auch früher schon die Wege des Odysseus kreuzten.

Bei der großen Vorliebe der seefahrenden Megalither für Inselsiedlungen (so unter anderem auf Malta, Sardinien, Korsika) wäre es nicht überraschend, wenn wir, wie schon auf Aiolia und Aia, auch auf Ogygia ihren Spuren begegneten. Tatsächlich haben diese Großsteinleute schon lange vor der Zeit des Odysseus, nämlich bereits im 3. Jahrtausend v. Chr., die Britischen Inseln in größerem Umfang besiedelt, wie archäologisch nachgewiesen ist. Zahlreiche megalithische Steingräber und Steinkreise markieren ihren Siedlungsraum auch auf der Insel Man. Genannt seien hier das Steinkistengrab von Cashtal yn Ard bei Maughold, King Orry's Grave in Laxey, der Druid's oder Mull Circle bei Cregneish, die Cloven Stones bei Douglas, die Giants Quoting Stones in Rushen und das Giants Grave bei Kew.[155]

Gewiß also hat sich schon in vorgeschichtlicher Zeit auf der Insel Man eine heidnische Kultstätte befunden. Darauf deutet noch heute das Wappen dieser Insel, das einen Dreifuß in Gestalt von drei sternförmig angeordneten Beinen zeigt. Der Dreifuß, ursprünglich ein Kochkessel mit drei Füßen, wurde zur Weihgabe an die Götter und später zum Symbol einer Kultstätte. Am bekanntesten wurde der Dreifuß von Delphi in Griechenland, auf dem die berühmte Orakelpriesterin Pythia saß.

Liebe in Fesseln

Wenn Ogygia die heutige Insel Man ist, dann wird verständlich, warum Odysseus während der sieben Jahre seines Aufenthaltes keinen anderen Menschen und kein fremdes Schiff zu Gesicht bekam. Odysseus war als Schiffbrüchiger an den Strand der Insel gespült worden. Dadurch, daß Kalypso sich seiner annahm, rettete sie den Fremdling davor, sofort erschlagen oder später geopfert zu werden – zumindest aber ersparte sie ihm das Los lebenslanger Sklaverei. Kalypso (von griechisch *kalyptein* = verbergen) trägt ja in ihrem Namen einen Hinweis darauf, daß sie Odysseus bei sich aufnahm und vor Verfolgern verbarg. Das war wohl nur deshalb möglich, weil die mutterrechtliche megalithische Religion Männern das Betreten des von der Priesterin und ihren Mägden betreuten Heiligtums verbot. Diesen Schutz genoß Odysseus allerdings nur so lange, wie er den heiligen Bereich nicht verließ. Es ist daher kein Widerspruch, wenn Homer im ersten Gesang Athene von Odysseus sagen läßt: »... und wird wohl auf dem weiten Meer zurückgehalten, auf einer umströmten Insel, und es halten ihn feindselige Männer, wilde...« (1, 195 f.), andererseits aber zuvor und später wiederholt davon die Rede ist, Kalypso halte den Helden in ihrer Grotte zurück (1, 13f.; 5, 14). Die Liebe der Kalypso war für den Griechen Schutz und Fessel zugleich. Ein Hindernis für dieses Liebesverhältnis – etwa ein Keuschheitsgelübde – dürfte es in den Augen einer in mutterrechtlichen Normen denkenden Priesterin nicht gegeben haben.

Wenn schließlich Kalypso dem heimwehkranken Odysseus, um ihn zu halten, versprach, er werde immer jung bleiben und unsterblich werden (5, 134; 7, 256), so fügt sich auch dies gut zu unserer Lokalisierung, denn es gibt in der irischen Mythologie einen sehr alten Kult des Gottes Manannan mac liv, einen Kult der ewigen Jugend und Unsterblichkeit, der seinen Hauptsitz auf der Insel Man hatte.[156] Doch alle Versprechungen konnten Odysseus nicht halten; Kalypso gab den geliebten Mann schließlich frei. Sie half ihm beim Bau eines Floßes, zeigte ihm die Stelle, wo dürre Bäume standen, die zu diesem Zweck geeignet waren. Auch besorgte sie ihm das nötige Handwerkszeug, beschaffte Segeltuch und Proviant und erklärte ihm, wie er nach den Sternen zu segeln habe auf seinem schwierigen Weg in die Heimat.

Wer die hier angeführten Gründe akzeptiert, die dafür sprechen, daß Ogygia mit der heutigen Isle of Man identisch ist, wird mit Erstaunen feststellen, wie wenige Autoren diesem Gedanken in ihren Theorien vom atlantischen Schauplatz der Odysseusfahrt je Raum gegeben haben. Das Seegebiet um die Britischen Inseln zog nur ein einziger in Betracht – ein einziger in vielen Jahrhunderten: Plutarch. Er meinte – freilich ohne seine Meinung zu begründen – die Insel der Kalypso liege nur »fünf Tage westlich von Britannien«.[157]

XII

Im Land der götterverwandten Phäaken

Siebzehn Tage und Nächte war Odysseus auf seinem Floß der Einsamkeit des Meeres ausgesetzt, und die Insel der Kalypso lag weit zurück. Am achtzehnten Tag erblickte er am Horizont schattige Berge: wie ein Schild hob sich das Land vor ihm aus dem dunstigen Meer. Doch ehe er sich der Küste nähern konnte, geriet er in einen Sturm. Eine Woge zerschlug ihm das Floß. Erst ein von Athene gesandter »schneller Nordwind« trieb ihn, der auf einem Baumstamm ritt, zwei Tage und Nächte lang, bis er erneut die Küste auftauchen sah. Schwimmend versuchte er nun den Strand zu erreichen, aber die starke Brandung, die ihn gegen die steilen Felsklippen warf, vereitelte alle Versuche. Erst nachdem er ein Stück an den Felsen entlanggeschwommen war, öffnete sich vor ihm eine geschützte, sandige Bucht. Erschöpft kroch er dort an Land und sank auf einem Laubhaufen in tiefen Schlaf. Am nächsten Tag weckte ihn das Geschrei ballspielender Mädchen. Nausikaa, die Tochter des Königs der Phäaken, vergnügte sich nach dem Wäschewaschen mit ihren Mägden am Strand. Sie brachte den schiffbrüchigen Fremdling an den Hof ihres Vaters Alkinoos, der ihn freundlich aufnahm und reich beschenkt in die Heimat entließ. Auf einem phäakischen Schiff in tiefen Schlaf versunken, erreichte der Held Ithaka.

Das ist die letzte Station dieses Abenteuers von einem Ort zum andern: Hafen und Stadt des Phäakenkönigs Alkinoos im lieblichen Land Scheria. Auch dieses Land ist durch eine Reihe unverwechselbarer Merkmale auf der Landkarte lokalisierbar. Fahrtdauer und -richtung und die zurückgelegte Strecke geben Daten zur Hand, die eine erste Festlegung erlauben. Homer läßt Odysseus 17½ Tage und Nächte durchs Meer treiben. Welche Richtung der Grieche nahm, wissen wir durch Kalypsos Rat; sie hatte dem Scheidenden erklärt, wie er auf dem Meer nach den Sternen navigieren solle: »Doch mit dem Ruder steuerte er kunstgerecht und saß, und es fiel ihm kein Schlaf auf die Augenlider, während er auf die Plejaden blickte und den spät versinkenden Bootes und die Bärin, die sie auch ›Wagen‹ mit Beinamen nennen, die sich auf derselben Stelle dreht und nach dem Orion späht und hat allein nicht teil an den Bädern im Okeanos. Denn diese hatte Kalypso, die hehre unter den Göttinnen, ihm befohlen, zu seiner linken Hand zu haben...« (5, 270–276).

Statt Kompaß: die Sterne

Zur Bestimmung eines Schiffskurses nach den Sternen ist die Angabe von zwei Sternen oder Sternbildern erforderlich; ihre durch das Schiff gehende Verbindungslinie zeigt die Fahrtrichtung an. Dabei können aufgehende oder untergehende Sterne als Fixierpunkte dienen. Hier ist der Kurs durch die beiden Sternbilder der Plejaden und des Bootes bestimmt, und als zusätzlicher Anhalt dient der auf den Orion schauende Große Bär.

Allgemein gilt die Auffassung, mit dem Großen Bären zur Linken habe Odysseus einen Ostkurs einhalten müssen, da ja der Bär bekanntlich im Norden stehe.[158] Wäre dies wirklich so, dann bliebe unverständlich, weshalb zuvor überhaupt noch andere Sternbilder genannt werden. Das Siebengestirn der Plejaden wie auch den Bootes zählt Homer doch zuerst auf, während der Hinweis auf den Bären zur Linken und auf Orion erst zum Schluß kommt. Wer zudem meint, der Große Bär weise immer genau nach Norden, läßt den wechselnden Stand der Sterne im Laufe der Nacht und des Jahres außer acht. Auch der Große Bär oder Himmelswagen ist im Frühjahr, Sommer, Herbst oder Winter bei Betrachtung am Abend, um

Mitternacht oder in der Morgendämmerung jeweils an einer etwas anderen Stelle des Himmels zu beobachten. Allein aus der Anweisung, Odysseus solle dieses Sternbild immer zur Linken haben, läßt sich daher kein genügend exakter Kurs ableiten.
Nur ein einziges Gestirn steht praktisch immer an derselben Stelle, und zwar fast am Nordpol des Himmels: der Polarstern des *Kleinen Bären.* Wenn man ihn immer genau zur Linken, also 90 Grad backbord hielte, ergäbe sich fortlaufend ein direkter Ostkurs. Von diesem Sternbild spricht jedoch die Odyssee nicht, sondern vom *Großen Bären.* Homer hebt ausdrücklich hervor, daß man den Bären (die Bärin nach seiner Bezeichnung) auch den »Wagen« nenne – und gerade diese zweite Bezeichnung ist von altersher bis auf den heutigen Tag nur für den Großen Bären gebräuchlich.

Nun gibt es bekanntlich Sterne, die die ganze Nacht am Himmel stehen und zu jeder Jahreszeit am Nachthimmel zu finden sind. Man nennt sie »Zirkumpolarsterne«. Diese Sterne verschwinden nicht unter dem Horizont – poetischer: »sie baden nie im Okeanos«. Ihre Anzahl richtet sich nach der geographischen Breite des Beobachtungsorts: je mehr sich der Beobachter dem Pol nähert, desto größer wird sie. Zu diesen Zirkumpolarsternen gehören in unseren nördlichen Breiten (52° n. Br.) neben den Sternen in den Konstellationen Cassiopeia, Cepheus, Drache, Fuhrmann, Giraffe, Luchs, Perseus und Schwan auch jene im Kleinen und Großen Bären. Nicht dazu zählen hingegen Plejaden, Bootes und Orion. Da drei der von Kalypso angegebenen Sternbilder also nur während eines Teils der Nacht, eines sogar nur zu bestimmten Jahreszeiten am Himmel zu sehen sind, verlangt die Ermittlung des Schiffskurses eine Berücksichtigung *aller vier* Sternbilder, also des Bootes, der Plejaden, des Großen Bären und des Orion. Es gilt daher, Jahreszeit und Nachtstunden ausfindig zu machen, in denen alle diese vier Sternbilder sich gleichzeitig am Nachthimmel zeigen. Es müßten außerdem die Aufgangs- und Untergangsorte dieser vier Sterne und die Positionen, die hier in Betracht kommen, festgestellt werden.

In welche Jahreszeit die Floßfahrt fiel, ist durch den homerischen Text bekannt. Vers 72 des fünften Gesangs schildert die Ankunft des Götterboten Hermes auf der Insel Ogygia, als er Kalypso die

Weisung der Götter zur Freilassung des Odysseus überbrachte: er erfreute sich dort an den blühenden Wiesen voll Veilchen und Eppich. Verschiedene Veilchenarten blühen in den nördlich-gemäßigten Breiten von März bis Oktober. Während das wohlriechende Veilchen im März und April erscheint, öffnen das Waldveilchen im April und Mai, das Hundsveilchen und das Sumpfveilchen erst im Mai oder Juni ihre Blüten, und die Zeit des auf Äckern und Wiesen häufigen Ackerveilchens oder Stiefmütterchens ist von Mai bis Oktober. Aus der Blütezeit der Veilchen ergibt sich insofern ein Anhaltspunkt für die Jahreszeit, als die Monate November bis Februar für den Besuch des Hermes bei Kalypso nicht in Frage kommen. Anders liegen die Dinge jedoch mit dem Eppich, der wilden Sellerie aus der Familie der Doldengewächse. Er blüht vom Juli bis zum September, also in der zweiten Hälfte des Jahres. Damit scheiden auch die Monate März bis Juni aus, es bleibt noch die Zeit von Juli bis Oktober.

Einen weiteren Hinweis liefert jene Szene, in der Hermes einen Weinstock vor der Grotte der Kalypso bewundert, der voll saftiger Trauben hängt. Wenn dazu im Garten des Phäakenkönigs Äpfel, Granaten und Birnen an den Bäumen prangen (7, 117), so weist dies auf den Herbst, auf die Monate September–Oktober. Für die Herbstzeit sprechen noch weitere Einzelheiten, etwa wenn Odysseus sich Mantel und Leibrock überwirft, ehe er loszieht, um Bäume für sein Floß zu fällen. Kühlere Witterung wird auch den auf Scheria schiffbrüchig an Land gewankten Odysseus bewogen haben, sich zum Schutz gegen die Kälte und den Nachtreif in einen Laubhaufen hineinzuwühlen, der sich zu dieser Jahreszeit am Fuße zweier Bäume angesammelt hatte. Nicht zuletzt deutet auch die Erwähnung des Sternbilds Orion auf den Herbst: Orion ist am Nachthimmel der nördlichen Erdhälfte der Ankündiger des Spätjahrs, weil er erst im September ab Mitternacht über dem Horizont auftaucht, nachdem er seit Mai am Himmel verschwunden blieb. Da Odysseus für den Bau seines Floßes nur vier Tage benötigte – eine kaum zu erwähnende, kurze Zeit –, hat seine Floßfahrt also wohl in den Monaten September–Oktober stattgefunden.

Dank Plejaden und Bootes nach Süden

Wenn im folgenden die Bewegungen der vier Sternbilder – Plejaden, Bootes, Großer Bär und Orion – in den Monaten September und Oktober anhand von Sternkarten ermittelt werden, so ist dabei nicht zu vergessen, daß die Stellung der Sternbilder sich im Laufe der seit Homer verflossenen 2700 Jahre verändert hat. Dies geschah vor allem durch die sogenannte Präzession, die Verlagerung des Frühlingspunktes in der Ekliptik infolge von Kreiselbewegungen der Erdachse. Diese Veränderungen sind jedoch nicht so erheblich, daß die Verwendung heutiger Sternkarten für unseren Zweck unzulässig wäre; es geht hier ja nicht um astronomisch exakte Feststellungen, sondern um ein grobes Hilfsmittel für die Ermittlung eines Schiffskurses. Komplizierte astronomische Berechnungen sind also nicht nötig. Es genügt, sich ein ungefähres Bild von den Sternstellungen in den Monaten September und Oktober zu machen, was auch ohne besondere Vorkenntnisse in der Astronomie möglich ist. Kommen einige Zeit- und Richtungsangaben dazu, wird jedem Leser ohne Schwierigkeiten die Bestimmung eines Kurses nach den Sternen möglich sein.

Die Sternkarten des nördlichen Himmels ergeben für den Monat September, bezogen auf 50 Grad nördlicher Breite und 10 Grad östlicher Länge, folgendes Bild:[159]

In der Zeit um den 1. September wandert der Bootes von Westen, wo er um 20 Uhr zu sehen ist, nach Norden, wo er um 4 Uhr morgens steht. Die Plejaden sind um 22 Uhr im Nordosten über dem Horizont aufgetaucht und stehen um 4 Uhr früh im Südosten. Orion erscheint erst um 24 Uhr im Ostnordosten über dem Horizont und steht um 4 Uhr morgens im Südosten. Der Große Bär ist von 20 Uhr, wo er im Nordwesten erscheint, nach Nordosten gewandert, wo man ihn um 4 Uhr findet. Da somit erst um Mitternacht alle vier Sternbilder am Himmel sichtbar sind, ergibt die Peilung von Bootes nach den Plejaden für diese Zeit einen Ostsüdost-Kurs. Nimmt man die Peilung nach dem Untergang der Sterne morgens um 4 Uhr, dann ergibt sich ein Südsüdost-Kurs.

In der Zeit um den 15. September stehen bereits um 23 Uhr alle vier Sternbilder am Himmel und erreichen entsprechend eine Stunde früher ihre Untergangsstellung. Auch hier ergibt die früheste Zeit einen Ostsüdost-Kurs, die Untergangszeit aber einen Südsüdost-Kurs.

Etwas verändert zeigt sich der Stand der Sterne im Oktober, zumal die Gestirne ihre Aufgangs- wie ihre Untergangsstellungen in der Zeit um den 15. Oktober eine Stunde früher erreichen. Bootes steht am 1. Oktober zu Beginn der Nacht um 20 Uhr im Nordwesten, um 6 Uhr früh im Nordosten. Die Plejaden sind zu beiden Zeitpunkten im Nordosten und im Südwesten (!) zu finden. Der Große Bär ist während dieser Nacht von Nordnordwest nach Nordosten gewandert, Orion dagegen von Ostnordost um 22 Uhr nach Südsüdwest um 6 Uhr früh! Bei einer Peilung um 22 Uhr ergäbe sich also ungefähr ein Ostsüdost-Kurs. Um 2 Uhr steht Bootes im Norden, die Plejaden im Südosten. Der Kurs hätte dann auf Südsüdost gedreht. Um 4 Uhr früh aber wäre bereits ein Südsüdwest-Kurs gegeben, denn Bootes steht im Nordnordosten und die Plejaden im Südsüdwesten. Erfolgt die Peilung jedoch erst um 6 Uhr früh, dann stünde der Kurs sogar Südwest, denn Bootes ist zu dieser Zeit im Nordosten, die Plejaden im Südwesten zu finden. Hier gewinnt nun die Warnung der Kalypso, den Großen Bären immer zur Linken zu lassen, wirklich Gewicht. Falls dieses Sternbild sich im Rücken des Odysseus befinden oder gar zur Rechten auftauchen sollte, ginge nämlich sein Kurs bereits nach Südwesten! Nie könnte er dann sein nächstes Ziel, das Land der Phäaken, erreichen – dieser Kurs müßte ihn hinaus in den offenen Atlantik führen, dem sicheren Untergang entgegen.

Solche Überlegungen zeigen, daß die übliche Annahme eines klaren Ostkurses nicht richtig ist. Selbst bei einer Peilung nur nach dem Großen Bären ergäbe sich für den Beginn der Nacht ein Nordostkurs, für die späten Nachtstunden ein Südostkurs. Bei Peilung nach den anderen Sternbildern könnte im September nur dann ein ungefährer Ostkurs eingehalten werden, wenn die Aufgangsstellungen von Bootes und Plejaden zugrunde lägen. Geht man dagegen von den Stellungen dieser Sternbilder zur Zeit ihres Untergangs zwischen 3 und 6 Uhr morgens aus, dann ergibt sich für diesen Zeitraum ein Südsüdost-Kurs, ja sogar ein Südwestkurs!

Die hier entscheidende Frage, ob mit früh oder spät untergehenden Sternbildern zu rechnen ist, scheint Homer zu beantworten: der Text spricht von dem »spät versinkenden Bootes« (5, 272). Es sei daher angenommen, daß der Kurs des Floßes durch die Verbindungslinie zwischen den Untergangsstellungen der Sternbilder festgelegt war. Ein auf diese Weise einmal festgelegter Kurs hätte für den größten Teil der Nacht seine Geltung behalten, das Sternbild wäre erst sehr spät aus dem Blick verschwunden. Die Untergangsstellung ließ sich aber zu Anfang der Nacht leicht durch das Nachvollziehen der Drehbewegung des Himmels um den Polarstern im voraus ermitteln.

Da Odysseus Tag und Nacht mit seinem Floß segelte, also nirgends vor Anker ging, fuhr er wohl einen direkten Kurs über das offene Meer und mied die Nähe der schon damals besiedelten Küsten der Irischen See, um nicht von den Anwohnern entdeckt und gefangengenommen zu werden.[160] So hielt er sich bei Tag außer Sichtweite der Küste, damit das weithin erkennbare Segel unter dem Horizont blieb.

Spät untergehende Sternbilder waren Bootes und die Plejaden. Sie wiesen ihm den Weg. Aber die Richtungsanweisung der Kalypso schrieb keinen Ostkurs vor: durch die Nennung der vier Sternbilder und durch die Betonung des späten Untergangs von Bootes zusammen mit dem Hinweis auf den Großen Bären war ein südlicher Kurs unmißverständlich festgelegt. Somit ist auch das Land der Phäaken statt im Osten im Süden der Insel Ogygia zu suchen. Kalypsos Segelanweisung wollte ja dem Odysseus keinen direkten Kurs nach Ithaka vorgeben, was ganz sinnlos gewesen wäre, sondern ihm vielmehr ermöglichen, das Land der Phäaken zu erreichen, die ihn dann erst in seine Heimat geleiten sollten (5, 35).

Eine erstaunliche Frau war diese Kalypso gewiß, da sie eine derart brauchbare Segelanweisung nach den Sternen zu geben vermochte. Wir dürfen allerdings von den astronomischen Kenntnissen vorgeschichtlicher Zeit nicht zu gering denken. Cäsar berichtet in *De bello gallico* (IV, 14), wie eingehend sich etwa die keltischen Druiden mit den Sternen und ihren Bewegungen befaßten. Nun waren aber die Druiden in vielem die Erben der Geisteskultur der Megalither. Das megalithische Sonnen- und Sternenheiligtum Stonehenge in Südengland wie auch die kilometerlangen, nach dem Sonnenaufgang am Tag der Sonnenwende exakt ausgerichteten Steinsetzungen *(alignements)* in Carnac und Menec in der Bretagne zeugen vom astronomischen Wissen der Megalither.

Über 400 Kilometer mit dem Floß

Bei Berechnung der Fahrtstrecke ist zu berücksichtigen, daß Odysseus über das offene Meer fuhr. Da er sich hierbei tags nach der Sonne, nachts nach den Sternen orientierte, verlief sein Kurs in diesem wolkenreichen Seegebiet nicht immer geradlinig. Die tatsächlich zurückgelegte Strecke war also länger als die eigentliche Distanz.

Schwierig sind die Schätzungen der zur Berechnung der Gesamtfahrtstrecke nötigen Fahrtgeschwindigkeit. Über die durchschnittliche Reisegeschwindigkeit des selbstgezimmerten Floßes, von dem weder genaue Maße noch Tiefgang, Segelfläche oder Wirkweise des Steuerruders bekannt sind, lassen sich natürlich keine verläßlichen Berechnungen anstellen. Immerhin wissen wir, daß das Floß aus 20 Stämmen großer, abgestorbener Bäume gefertigt war, also aus trockenem Holz, so daß es ziemlich hoch im Wasser gelegen haben dürfte. Günstig war für Odysseus, daß ein »lauer, gefahrloser« Wind wehte, gerade die richtige Brise für ein so behelfsmäßiges Seefahrzeug mit einfachem Segel. Sicher hielt Odysseus unter diesen Umständen das Segel so lange wie möglich gesetzt, um jeden Luftzug auszunutzen; nach dem jahrelangen, erzwungenen Aufenthalt lag ihm daran, so schnell wie möglich nach Hause zu kommen. Mehr Schlaf als unbedingt nötig wird er sich nicht gegönnt haben; durch die lange Zwangspause war er in guter körperlicher Verfassung.

Da er aber nach den Sternen fuhr, nach denen zu navigieren noch sicherer war als eine Orientierung am Stand der Sonne, dürfte er seine Ruhepausen hauptsächlich in die Tagesstunden gelegt haben. So ist auch Vers 271 im fünften Gesang zu verstehen: »und es fiel ihm kein Schlaf auf die Augenlider...«. Damit ist selbstverständlich nicht gesagt, er habe während der 17 Tage seiner Fahrt überhaupt nicht geschlafen – auch Odysseus hätte das nicht ausgehalten –, wohl aber hat er die Nächte durchwacht und am Tage geruht.

Aus den Fahrten des Norwegers Thor Heyerdahl mit den Flößen »Kon Tiki« und »Ra« wissen wir, daß auch ein schwerfälliges Floß mit einem primitiven Rahsegel bei günstigen Strömungs- und Windverhältnissen beachtliche Geschwindigkeiten erreichen kann. Mit dem Balsaholz-Floß »Kon-Tiki« erzielte Heyerdahl gelegentlich einen Tagesdurchschnitt von 55 bis 60 Seemeilen, also rund 100 bis 110 Kilometer. Als Tagesdurchschnitt der gesamten Fahrt schaffte er 79 Kilometer, etwa 1 3/4 Knoten im Durchschnitt. Selbst an den ruhigsten Tagen wehte ihm der Passat von achtern, war die Strömung mit dem Floß. Mit dem Binsenboot »Ra II« erreichte Heyerdahl gelegentlich sogar eine durchschnittliche Geschwindigkeit von 4 Knoten und schaffte am Tag Strecken von 150–177 Kilometern.[161]

Derartige Geschwindigkeiten lassen sich jedoch auf das Floß des Odysseus nicht ohne weiteres übertragen. Besonders im Südteil der Irischen See sind, vor allem durch einen aus Südwesten kommenden Arm des Golfstroms, die Strömungsverhältnisse nicht nur wenig günstig, sondern bisweilen auch widrig. Dazu war das Floß des Odysseus weder aus leichtem Balsaholz noch aus luftgefüllten Binsen wie die Fahrzeuge Heyerdahls, sondern aus Tanne, Erle und Pappel; es besaß also keine vergleichbar gute Schwimmfähigkeit. Und schließlich war Odysseus auf sich allein gestellt, ohne Ablösung am Steuer.

Der erfahrene Seemann Bradford nimmt für die Floßfahrt des Odysseus eine durchschnittliche Fahrtgeschwindigkeit von 3/4 Knoten an. Das ergäbe für die Dauer von 17 Tagen in theoretischer Addition eine Gesamtstrecke von 565 Kilometern. Mag diese Geschwindigkeit für eine Fahrt mit Ostkurs im Mittelmeer, wie sie Bradford voraussetzt, bei den dort vorherrschenden westlichen Winden eher etwas zu niedrig liegen – für die ungünstigen Strömungs- und Windverhältnisse in der Irischen See ist sie es sicher nicht. Man kann hier sogar von einer noch geringeren Durchschnittsgeschwindigkeit ausgehen. Mehr als eine halbe Seemeile in der Stunde aber dürfte schon anzusetzen sein. Eine Geschwindigkeit zwischen einer halben und einer dreiviertel Seemeile mag also dem wahren Wert nahekommen, so daß einschließlich der erforderlichen Kurskorrekturen mit einer ungefähren Gesamtstrecke von 450 bis 550 Kilometern zu rechnen wäre.

Welches Land aber hätte Odysseus erreichen müssen, wenn er von der Insel Man in südlicher Richtung eine solche Strecke segelte? Es bietet sich nur die Halbinsel von Cornwall an, die südlich etwa 440 Kilometer Luftlinie entfernt liegt. Weder 50 Kilometer näher noch ferner findet sich ein anderer Zipfel Festland als dieser weit nach Westen in den Atlantik vorspringende Teil Britanniens. Genau auf diese Halbinsel mußte Odysseus nach seiner siebzehntägigen Floßfahrt über das offene Meer stoßen, nachdem er an den großen Landeinbuchtungen von Wales, der Cardigan Bucht und dem Bristol Kanal vorübergesegelt war.

»Ganz am Ende«: Scheria, das liebliche Land

Hier seien die kennzeichnenden Merkmale aufgeführt, die Homer über »das liebliche Scheria« mitteilt, wo das Volk der Phäaken seinen Wohnsitz hatte.

1. Scheria liegt im »vielflutenden, unfruchtbaren Meer«. Nach dem Sprachgebrauch der Odyssee heißt dies: jenseits des Okeanos, also im offenen Atlantik.
2. Der Hinweis, Scheria liege »zuäußerst« oder »ganz am Ende« (6, 205), deutet darauf hin, daß dieses Land auf einer weit ins Meer hinausragenden Halbinsel oder Landzunge zu suchen ist. Von einer Insel spricht Homer nämlich nicht, wenn dies auch meist angenommen wird.[162] Auf eine Halbinsel träfe die Beschreibung aber zu, und bekanntlich findet sich im Wortschatz Homers keine eigene Bezeichnung für diese geographische Form.
3. Im Norden ragt eine hohe Steilküste mit vorspringenden Felsen

und Klippen auf, gegen die eine starke Brandung wütet.
4. Das Land ist bewaldet und bergig, doch sind die Berge nicht sehr hoch und auch nicht stark zerklüftet, vielmehr gleichmäßig nach den Seiten hin abfallend, dem Buckel eines Schildes gleichend.
5. Die unzugängliche Felsenküste bildet an einer Stelle eine Bucht, in die ein Fluß mündet. Dieser Fluß ist »dem Himmel entströmt«. Da Homer die gleiche Wendung bei der Erwähnung des Flusses Aigyptos (des Nils) gebraucht (4, 581), meint er damit wohl, daß der Fluß direkt aus dem Süden kommt und nach Norden fließt.
6. Die kleine Bucht ist frei von Felsen, dabei windgeschützt, so daß der Grieche leicht an Land gehen konnte (7, 279).

Alle diese topographischen Schilderungen sprechen für die Annahme, daß West-Cornwall das Land der Phäaken ist. Der alte Streit, ob es sich bei dem Land der Phäaken um eine Insel oder um Festland handelt, erscheint verständlich angesichts dieses schmalen, weit nach Westen vorstoßenden Streifen Landes, der auf drei Seiten vollständig von den Wellen des Atlantiks umflutet wird. Das unwirtliche Bodmin-Moor und der Fluß Tamar grenzen im Osten die Halbinsel gegen das übrige Südengland ab, so daß seine Bewohner mit den anderen Völkern kaum Berührung gehabt haben dürften. Da hätte Homer wiederum recht, der von den Phäaken sagt, sie lebten »fern von erwerbsamen Menschen« (6, 7), oder stärker noch: »daß kein anderer der Sterblichen sich zu ihnen gesellt« (6, 205). Diese Abgeschlossenheit hat viele Jahrhunderte gedauert, und bis zum heutigen Tag konnte die Landschaft von Westcornwall ihren urtümlichen Charakter nur wenig verändert bewahren.[163]

Die schmale, in den Atlantik vorstoßende Landzunge Cornwalls, deren westlichste Spitze, Land's End, zugleich der westlichste Punkt Englands ist, entspricht topographisch der homerischen Beschreibung. Die bis zu 250 Meter sanft ansteigenden Bergkuppen von Penwith, dem Westbezirk Cornwalls, ragen aus dem meist dunstig verschleierten Meer wie ein Schildbuckel über den Horizont. Diese Höhen, die heute nur kümmerlichen Baumwuchs tragen, waren vorzeiten stark bewaldet. Die Nordseite von Westcornwall bildet eine schroff felsige, von den mächtigen atlantischen Brandungswellen zerklüftete Steilküste aus Granit und Basalt, die örtlich 75 Meter tief abfällt. Die Odyssee schildert diese Küste genau: »Denn es brandete der große Wogengang gegen das trockene Festland, sich gewaltig brechend, und umhüllt war alles von dem Schaum des Salzes. Denn da waren nicht Buchten, um Schiffe aufzunehmen, und nicht Anfurten, sondern vorspringende Gestade waren und Klippen und Felsen« (5, 402–405). Ähnlich schildert Vers 410 des fünften Gesanges: »... zeigt nirgends sich ein Ausstieg aus der grauen Salzflut! Denn außen davor sind spitze Felsen, und ringsher brüllt die Woge brandend, glatt springt der Stein auf, gleich ist tief das Meer ...«. Treffender ist die Topographie der brandungsumtobten, steilen und unzugänglichen Felsenküste zwischen Land's End und St. Ives dem Leser nicht vor Augen zu stellen (siehe Abbildung 18).

Stadt und Hafen der Phäaken

Cornwall ist allerdings nicht der einzige Landstrich Europas, gegen dessen Steilküste von Norden her das Meer brandet. Erst wenn auch die übrigen Angaben der Odyssee sich hier lokalisieren ließen, vor allem die Angaben über Stadt und Hafen der Phäaken, wäre wirklich Gewißheit zu gewinnen. Als wichtigste Kennzeichen sind zu berücksichtigen:

1. Die Stadt breitet sich an einer flachen Meeresbucht aus, die Odysseus erst nach längerem Fußweg über Land von der Felsenküste aus erreicht.
2. Die von hohen Mauern und Türmen umgebene Stadt liegt auf einem zum Meer abfallenden Hügel.
3. Beiderseits der Stadt, die zahlreiche Märkte besitzt, liegt eine schöne Hafenbucht.
4. Auf einem Platz am Hafen findet sich ein prächtiger Poseidontempel, »mit herbeigeschleppten Steinen eingefaßt, die in die Erde eingegraben sind«.

5. Ständig weht Westwind, doch ist das Klima mild und läßt üppige Vegetation gedeihen.
6. In dem großen Garten des Königs wachsen nicht nur Birnen und Äpfel, sondern auch Granaten, Oliven, Trauben und Feigen. »Geordnete Gemüsebeete« sorgen für die Tafel. Zwei Quellen führen Garten und Haus frisches Wasser zu; aus der einen holen sich die Bürger das Wasser.
7. Der Palast des Königs Alkinoos zeigt sich in gediegener Pracht, mit bronzenen Schwellen und Wänden, silbernen Pfosten und goldenen Türen.
8. Die Phäaken beschenken den scheidenden Odysseus reich mit kostbaren Gewändern und Geräten aus Gold, vor allem aber aus Bronze. Jeder Gaufürst der Phäaken mußte dem Gast einen bronzenen Dreifuß und ein bronzenes Becken überreichen, die er sich freilich von den Untertanen wieder erstatten lassen konnte. Dies deutet darauf hin, daß der Besitz von Bronzegeräten keineswegs ein Privileg der begüterten Führungsschicht war. Offenbar ist die Bronze im Phäakenland keine allzu seltene Kostbarkeit gewesen.

Die Stadt der Phäaken kann nach allen geographischen, topographischen und geologischen Angaben Homers nur an der Stelle der heutigen Hafenstadt Penzance an der Südküste des westlichsten Bezirks von Cornwall gelegen haben. Diese sehr alte, sich malerisch um eine Hafenbucht schwingende westlichste Stadt Englands wird von Land her über einen zum Meer abfallenden Berghang erreicht – und entspricht damit der homerischen Schilderung: »Doch als sie hinab zu dem Schiff und dem Meer gekommen waren...« (13, 71). Auch liegt der Hafen »beiderseits der Stadt« (6, 261), denn eine Landspitze, die Battery Rocks, springt in die Bucht von St. Mount vor, so daß nördlich und südlich dieser Landzunge jeweils ein Hafen gebildet wurde, den auch neuzeitliche Kaianlagen nicht ganz überbauen und verdecken konnten. Penzance nennt sich noch heute nicht ohne Stolz eine »market town«, und tatsächlich ist sie eine Stadt der Märkte: außer dem Hauptmarkt, auf halber Höhe des Hügels, aber dem Hafen am nächsten, gibt es nicht weit davon noch einen Green

Market (für Grünzeug und Gemüse), dann den etwas höher gelegenen Cattle Market (Viehmarkt) und südwestlich vom Green Market den sogenannten Cross Market (nach einem Steinkreuz benannt).[164]

Nahe dem Tor und oberhalb des Hafens müßte der prächtige Königspalast des Alkinoos gelegen haben, umgeben von einem schönen Obst- und Gemüsegarten mit zwei Quellen (7, 114f.). Penzance rühmt sich als »the town of lovely gardens«.[165] Und wirklich – es gibt hier viele liebliche Gärten: die Morrab Gardens, den Penlee Memorial Park, die Bolitho Gardens, die Alexandra Gardens, die St. Anthony Gardens und andere mehr. Ein weiterer großer Garten erstreckte sich früher in der Chapell Street, vormals Our Lady Street, die vom Hauptmarkt zum Hafen hinunterführt. Er bestand bis zum Ende des 18. Jahrhunderts und war mit schönen Apfelbäumen bepflanzt.[166] Da er allzu nahe am Hafen lag, wäre dort der Garten des Alkinoos nicht zu suchen. Aber die Morrab Gardens? Oder der Penlee Memorial Park? Während die Morrab Gardens näher am Hafen liegen, dehnt sich der Penlee Memorial Park zum westlichen Stadtrand hin bis in die Nähe der Alverton Road, der westlichen Ausfallstraße der Stadt, wo ehedem eines der Stadttore gestanden haben mag. Der Penlee Memorial Park liegt zudem unmittelbar an der »Well Fields« genannten Straße, also an den »Brunnenfeldern«, wo noch heute ein öffentlicher Brunnen Wasser spendet. Gerne möchte man sich vorstellen, daß hier einst der alte königliche Garten gelegen hat. Das cornische Wort *pen* hat dieselbe Bedeutung wie englisch *head*, also »Kopf«, »Haupt«, »Vorgebirge« oder »Quelle« – auch im Stadtnamen selbst steckt dieses Wort. Das cornische Substantiv *lee* aber wäre als »Platz« zu übersetzen. *Penlee* hieße dann »Platz des Oberhauptes« oder »Platz der Quelle«. Beide Bedeutungen lassen sich einfügen in den Zusammenhang von Königspalast und Garten. Ob Penzance aber wirklich den königlichen Palast und seinen Garten in seinen Mauern beherbergt hat, könnten allenfalls Grabungen erweisen.

Subtropik im Norden

Eigenartig sind die Gärten von Penzance übrigens nicht nur wegen ihrer Lage inmitten dieser gar nicht großen Stadt von knapp 20000 Einwohnern, sondern wegen ihrer Vegetation. Zum Erstaunen des Besuchers gedeihen hier Pflanzen aus den wintermilden Mittelmeergebieten: Granatäpfel, Erdbeerbäume, Myrthe, Lorbeer, Oleander, Feigen und Oliven. Selbst Bananen, Orangen und Zitronen sind heimisch geworden, ja es überwintern im Freien ohne besonderen Kälteschutz akklimatisierte Palmen und Agaven. In Reisehandbüchern wird denn auch Penzance wegen seiner subtropischen Vegetation unter den englischen Badeorten hervorgehoben.[167]

Dem Besucher von heute ergeht es kaum anders als einst dem Odysseus: erstaunt steht er inmitten dieser üppigen subtropischen Vegetation, die er hier nicht erwartet. Wäre das Land der Phäaken Kerkyra (Korfu), Malta, Sizilien oder Süditalien gewesen, so hätte Homer diese südliche Vegetation kaum weiter für erwähnenswert gehalten. Aber die eingehende Schilderung der blühenden und fruchttragenden Bäume, die ganz das Bild mittelmeerischer Üppigkeit unter milden und sonnigen Klimabedingungen bietet, gibt dann einen Sinn, wenn das »liebliche Scheria« der Phäaken eben nicht im Mittelmeerraum gelegen hat, sondern in kühlen, nördlichen Breiten!

Diese üppige Vegetation ist ein Geschenk des immerfort wehenden Westwindes (7, 120). Genaugenommen bläst dieser Wind aus südwestlicher Richtung, ist feucht und bringt Regen vom Meer her, dazu die Wärme des Golfstroms. So zeigt das Klima Südwestenglands so gut wie niemals kontinentale Extreme. »So milde Wintertemperaturen wie hier sind in diesen Breiten zwischen 50° und 60° n. Br. auf der ganzen Erde nicht wieder anzutreffen.«[168] Auf den nur 40 Seemeilen von Penzance entfernt gelegenen Scilly-Inseln findet der Besucher denn auch das wärmste Klima ganz Englands! Dort blühen Osterglocken, Narzissen, Anemonen und Lilien von Weihnachten bis Mai, und Schnee und Frost sind dort so seltene Ausnahmeerscheinungen wie auf der Tropeninsel Kuba.[169]

Im Hafen von Penzance fuhren bis zur Gegenwart die an Bug und

Heck spitz zulaufenden Boote, die Homer als die »beiderseits geschweiften« Schiffe der Phäaken beschrieb (6, 262). Den Brechern bot diese Bauweise kaum einen Ansatz, ihre zerstörende Kraft zu erproben, und wegen ihres geringen Tiefgangs waren diese Boote bei Ebbe mühelos auf den Strand zu ziehen.[170]

Es gibt keinen Ort in Europa, wo Bronzegerät, in verschwenderischer Fülle als Gastgeschenk gegeben, besser den wirtschaftlichen Möglichkeiten entsprochen hätte als gerade Penzance. In keinem andern Land der Antike, nicht einmal in Spanien, dem an Metallen reichsten Land der Alten Welt, wäre diese Großzügigkeit möglich gewesen – schon gar nicht aber bei den ärmlichen Bewohnern von Korfu, die nach gängiger Tradition als die Phäaken der Odyssee angesehen werden. Hier in Cornwall jedoch wurde im Altertum mehr Zinn gefördert als irgendwo sonst. Von hier und den nur einige Seemeilen entfernten Scilly-Inseln, die vermutlich die »Zinninseln«, die Kassiteriden der Antike gewesen sind[171], holten im Altertum die Tartessier und Phönizier und später die Römer ihr Zinn. Die Bewohner Cornwalls wurden im Zinnhandel mit den Völkern des Mittelmeers reich. Die »ruderliebenden Phäaken« brachten von Cornwall aus das im Tagebau gewonnene Zinn und Kupfer nach Tartessos und Gadeira im Süden Iberiens, oder sie verschifften es direkt nach Karthago zu den Puniern – gelegentlich sogar noch weiter nach Osten. Verständlich also, daß die Phäaken das Mittelmeer und seine Häfen gut kannten, daß sogar der kleine Hafen von Ithaka und die Insel Euböa ihnen nicht völlig fremd waren. Kalypso hatte dem Odysseus gut geraten, als sie ihn anwies, in direkter Fahrt das Land der Phäaken anzusteuern, denn diese Zinnfahrer waren das seetüchtigste Volk in Britannien. Sie konnten Odysseus schnell und ohne Umweg nach Ithaka bringen. Ihre Schiffe waren die schnellsten; so gut wie sie kannte keines der Völker am Atlantik das Mittelmeer.

Ein Flußgott half bei der Landung

Ist Penzance die Stadt des Königs Alkinoos, so müßte sich auch die Stelle bestimmen lassen, an der Odysseus schiffbrüchig an Land geworfen wurde. Laut Homer findet sich dieser Platz an der felsigen Nordküste des Phäakenlandes: eine windgeschützte, sandige Bucht, in der sich ein Fluß ins Meer ergießt. Diese Bucht – Odysseus trifft dort Nausikaa bei den Waschgruben der Königsfamilie – liegt ein beträchtliches Stück von der Stadt entfernt: »es sind die Waschgruben weit von der Stadt« (6, 40). Alkinoos empfiehlt seiner Tochter daher, den maultierbespannten Wagen zu nehmen. Die Straße stadteinwärts führt an einem der Pallas Athene geweihten heiligen Hain mit einer Quelle vorbei. Dort besitzt der Phäakenkönig einen zweiten Garten. Hain wie Garten liegen der Stadt schon ziemlich nahe (6, 293 ff.).

Nach diesen Angaben sei folgende Lokalisierung gewagt: Odysseus ging in der Portheras Bay an Land, einer kleinen Bucht in der Nähe des Dorfes Morvah (siehe Abbildung 15). Die Nordküste von Cornwall ist zwischen Land's End und St. Ives besonders wild und zerklüftet – eine atemberaubende Szenerie. Doch zwischen den bis zu 75 Meter hohen Felsenkliffs öffnen sich gelegentlich heimliche kleine Buchten mit sandigem Strand, die ein Anlandgehen ermöglichen. Meist sind solche Buchten jeweils dort an den Küsten entstanden, wo ein Fluß das Meer erreicht. Eine solche Stelle ist die kleine, sandige Bucht von Portheras. Hier dürften die Waschgruben der phäakischen Königsfamilie zu suchen sein. Zwischen dem Ort Pendeen und dem einsamen Dörfchen Morvah fließt ein Fluß, der fast kompaßgenau aus südlicher Richtung aus dem Landesinneren kommt und in das Halbrund dieser kleinen, vor dem Westwind geschützten Meeresbucht mündet. Die wilde, rauh zerklüftete Steilküste ist hier ein Stück vom Meer zurückgewichen. So mußte der gerettete Odysseus zur »Böschung hinaufsteigen«, um in die schattige Waldung zu gelangen, die er nahe dem Wasser fand (5, 470f.). Am Ufer des Meeres erstreckt sich kieseliger Sandstrand, auf dem die Mägde die Wäsche zum Trocknen breiten konnten, und am Ufer des Flusses wachsen noch heute Binsen. Das Mündungswasser des Flusses und der Windschutz der die Bucht rings umfangenden Felsen milderten die Meeresbrandung und ermöglichten die Landung.

Homer meint, Odysseus habe seine Rettung dem um Hilfe angeflehten Flußgott zu verdanken, der die Strömung des Flusses hemmte und die Meereswogen anhielt. Hier ist ein Vorgang umschrieben, der sich in Flußmündungen im Bereich von Gezeitenströmen abzuspielen pflegt: die auflaufende Flut staut das Flußwasser, so daß Meereswogen und Flußwellen sich in ihrem Kräftespiel wechselseitig aufheben. Möglich sogar, daß die Flut, die hier einen mittleren Springtidenhub von 7 Metern (!) erreicht, den Schiffbrüchigen gegen die Flußströmung ein Stück landeinwärts getragen hat. Auch diese Schilderung spricht dafür, daß das Land der Phäaken nicht im Mittelmeerraum gelegen haben kann, weil dieses Meer derartige Flußstauungen durch die Gezeitenströme nicht kennt. Aus griechischer Sicht war die geglückte Landung allein die Fügung eines gnädigen Gottes.[172]

Die heilige Quelle

Von Morvah nach Penzance führt eine sehr alte Straße aus vorgeschichtlicher Zeit. Beiderseits dieser Straße liegen im Gelände noch heute die Überreste heidnischer Begräbnis- und Kultstätten: Men an tol (cornisch: »Stein mit dem Loch«), Chun Quoit und Lanyon Quoit (*quoit* heißt auf cornisch soviel wie *cromlech,* also Hünengrab) sowie der Steinkreis der Nine Maidens (siehe Abbildung 14). Die Straße führt schließlich an der Madronsquelle vorbei. Es ist jene Quelle, die Nausikaa dem Odysseus mit den Worten ankündigt: »Einen herrlichen Hain der Athene wirst du nahe dem Wege finden, von Pappeln, und drinnen fließt eine Quelle, und rings umher ist eine Wiese« (6, 291).

Bei dieser Quelle im heiligen Hain der Athene dürfte es sich tatsächlich um die durch viele Jahrhunderte in Cornwall berühmte Madron-Quelle handeln: ein Ort des Wasserkults seit heidnischer Zeit. Hierher brachten auch noch die christlichen Mütter viele Jahrhunderte lang ihre kranken Kinder und badeten sie nackt im

Wasser, um sie von Gürtelrose, Windpocken und anderen Leiden zu heilen und gegen Verhexung und bösen Blick zu schützen. Noch im 17. Jahrhundert suchten Kranke, die von weither kamen, an diesem Quellwasser Heilung.[173]

Die Stätte befindet sich etwa eineinhalb Kilometer nordwestlich der Kirche von Madron, einem kleinen, zwei bis drei Kilometer im Nordwesten von Penzance auf einem Hügel gelegenen Dorf mit einer herrlichen Aussicht auf die St. Mount's Bucht. Die Quelle entspringt in einem Wiesental, ein Stück abseits der Landstraße nach Penzance. Höchst bemerkenswert ist der Beiname, den man der Quelle gegeben hat: *wishing well,* »Wunschquelle«. Eine Quelle mit Wunder- oder Zauberkraft, also eine heidnische, geheiligte Quelle, nicht etwa bloß ein Gesundbrunnen mit Heilwasser, zumal eine chemische Analyse ergeben hat, daß das Quellwasser keine besonderen mineralischen Wirksubstanzen enthält. Heute wird hier ganz prosaisch Trinkwasser für das Dorf Madron abgefüllt. Etwas vom Wundercharakter der Quelle hat sich allerdings in der Überlieferung erhalten; so soll ein Wunsch in Erfüllung gehen, wenn er in der Zeit geäußert wird, in der ein Nagel auf ihren Grund sinkt. Die neben der Quelle im 14. Jahrhundert erbaute Taufkapelle ist übrigens im 17. Jahrhundert von den Puritanern zerstört worden. Offenbar war durch die alte Übung der Kirche, heidnische Quellkulte durch Überbauung mit einem christlichen Gotteshaus zu »entschärfen« (wie etwa auch in Paderborn oder Echternach), das Heidnische doch nicht ganz zu tilgen gewesen.[174]

Den Namen soll die Quelle nach der Kirche von Madron erhalten haben, die angeblich einem sonst unbekannten Heiligen Madernus oder St. Madern geweiht ist. Näher läge es aber, den Namen von Kirche und Quelle auf eine *matrona* oder *mater* (»Mutter«, »Erdmutter«) zurückzuführen.[175] Tatsächlich hat das Volk der Phäaken eine solche Muttergöttin verehrt, der offenbar Quell und Hain heilig waren. Welch außerordentliche kultische Bedeutung Madron für Penzance in der Vergangenheit gehabt hat, zeigt sich darin, daß die aus dem Beginn des 14. Jahrhunderts stammende Kirche von Madron bis zum Jahre 1834 die Pfarrkirche *(mother church)* der mehr als 2 Kilometer entfernten Stadt Penzance war. Diese dürfte sogar ihren Namen auf die heilige Quelle zurückführen, denn *pen* heißt »Quelle« und *sans* »heilig«. Penzance ist vermutlich also die Stadt der heiligen Quelle.[176]

Für die Annahme, daß Odysseus den Weg von Morvah über Madron nach Penzance gegangen ist (siehe Karte S. 191), spricht noch Weiteres. Wenn das Maultiergefährt schnell »die Strömungen des Flusses« verließ, so heißt das, daß die Straße zur Stadt nicht wie der Fluß weiter in südlicher Richtung verlief. Tatsächlich führt der Weg von Morvah nach Penzance in südöstlicher Richtung. Zudem entspricht die Strecke Morvah–Penzance mit ihren rund 9 Kilometern den Angaben der Odyssee. Einerseits trifft zu, daß die Waschgruben bei Morvah »weit von der Stadt entfernt« sind, so daß sich die Benutzung eines Wagens empfiehlt. Andererseits ist die Entfernung wiederum nicht so groß, daß der vom vorausgegangenen Kampf mit den Brandungswellen noch geschwächte Odysseus sie nicht zu Fuß hätte bewältigen können. Außerdem fällt die Straße nach der Hälfte des Wegs zur Stadt hin ab, und unser Held konnte vor der Stadt auf dem Landgut des Königs eine Rast einlegen. Das Maultiergespann – um auch darauf einzugehen – ist kein Argument gegen die hier vorgebrachte Auffassung, daß das Phäakenland außerhalb des Mittelmeers lag. Domestizierte Pferde hat es in England wohl erst seit dem 7. Jh. v. Chr. gegeben, aber schon früh waren im Altertum in Cornwall für den Transport des Zinns Maultiere verwendet worden, die man aus Spanien importiert hatte.[177]

Odysseus betrat die Stadt des Alkinoos auf einer abschüssigen Straße, denn er konnte beim Näherkommen mit einem Blick erkennen, daß sie von einer vieltürmigen Mauer umgeben war und zwei Häfen und mehrere Märkte besaß (7, 42 f.). Für die Straße von Madron nach Penzance trifft dies zu – sie fällt von 124 Metern bei Madron bis auf Meereshöhe zum Hafen ab und gewährt einen großartigen Blick über die Stadt.

Daphne du Maurier beschreibt in ihrer Schilderung Cornwalls, wie sie die Madronsquelle wiederfand: »... und als wir von Madron nach Penzance hinabfuhren, umhüllte uns plötzlich ein Nebel und verbarg hinter uns das ganze West Penwith«.[178] Homerlesern fällt

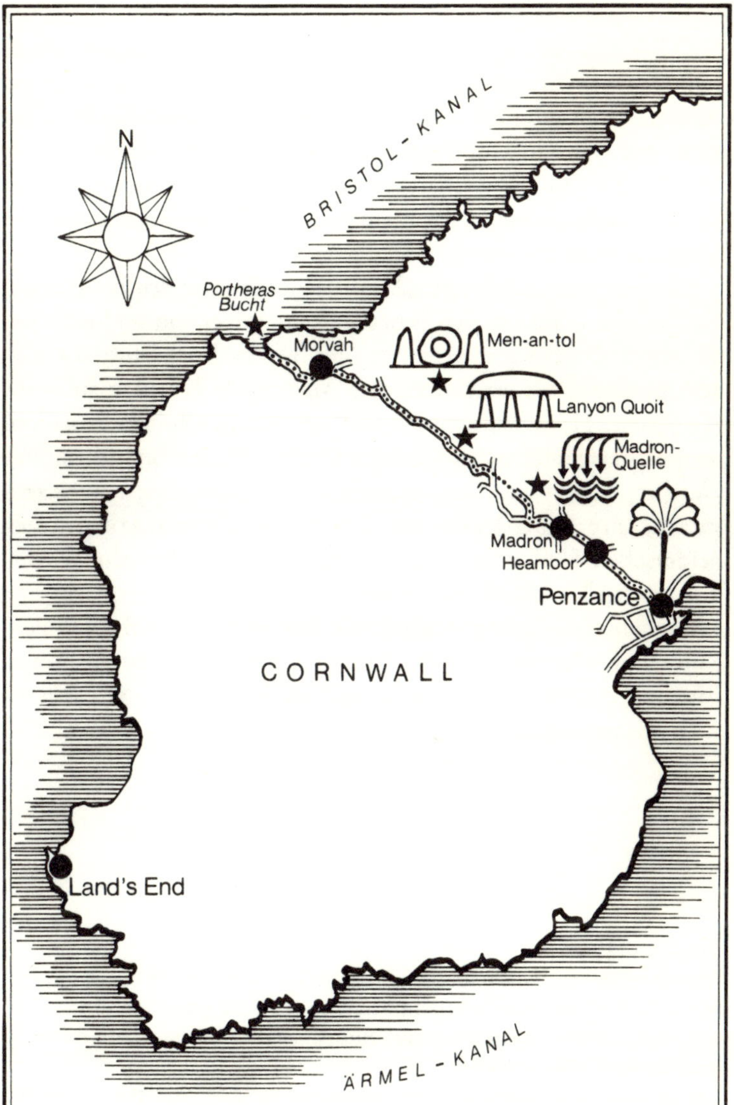

Der vermutliche Weg des Odysseus von der Portheras-Bucht zur Hafenstadt der Phäaken, Penzance.

da Vers 14 aus dem siebten Gesang der Odyssee ein: »Da machte sich Odysseus auf, um zur Stadt zu gehen. Und Athene goß, da sie dem Odysseus freundlich gesonnen war, einen dichten Nebel um ihn aus, damit ihn keiner der hochgemuten Phaiaken, wenn er ihn träfe, mit Worten verhöhnte...«. Plötzlich auftretender dichter Nebel gehört also zum Charakter dieser Landschaft, und es gelingt der Phantasie Homers, darin eine wohlwollende Schutzgeste der Göttin Athene zu sehen.

Als Odysseus auf der Straße von Morvah über den Bergrücken des Penwith hinunter nach Penzance kam, sah er von der Straße aus das oberhalb des Landvorsprungs der Battery Rocks mitten auf einem großen Platz errichtete, dem Meeresgott geweihte steinerne Heiligtum. Homer spricht (6, 267) von einem schönen Poseidontempel »festgefügt mit Steinen im Boden, die weither man holte« (Weiher). Da es alter Gepflogenheit der christlichen Kirche entsprach, ihre Gotteshäuser auf den Stätten der zuvor zerstörten heidnischen Heiligtümer zu errichten, wird dieser Tempel wohl dort gestanden haben, wo sich heute zwischen Hauptmarkt und Hafen auf einer kleinen Anhöhe die jetzige Hauptkirche von Penzance, die Marienkirche (St. Mary's Church) mit ihrem großen Friedhof erhebt, die 1834 an die Stelle einer im Jahre 1824 abgerissenen Kapelle trat.

Abbildung 16:
Stonehenge, das gewaltige, aus Steinen von weit her errichtete megalithische Sonnen- und Sternenheiligtum in Südengland, gehört zu den eindrucksvollsten Bauwerken der europäischen Vorgeschichte.

Abbildung 17 (Doppelseite):
Der St. Michael's Mount. Der Inselberg trug vor dem jetzigen Schloß ein keltisches Heiligtum, dann ein christliches Kloster, eine Gründung der Benediktinerabtei Saint Michel in der Normandie. Die Silhouette dieses malerisch gezackten Granitfelsens kann der Phantasie durchaus das Bild eines versteinerten Schiffes vorgaukeln.

Die Megalither in Cornwall

Homers Beschreibung des Poseidontempels ist von Bedeutung. Sie gibt Aufschluß über die Phäaken selbst. Denn offensichtlich handelt es sich bei dem »Poseidontempel« um eine megalithische Kultstätte. Die »von weither geholten, in die Erde eingegrabenen Steine« erinnern an die berühmte megalithische Steinsetzung von Stonehenge, das etwa 300 Kilometer östlich von Penzance in Südengland (nördlich von Salisbury) liegt (siehe Abbildung 16). Dieses »eindrucksvollste prähistorische Monument Europas« war ursprünglich eine Kultstätte der Megalither aus dem Ende des 3. Jahrtausends v. Chr., wurde im Laufe der Zeit mehrmals umgebaut und erhielt in einem letzten Bauabschnitt in der Zeit um 1600 bis 1300 v. Chr. seine endgültige Gestalt.[179] Diese imponierende Anlage ist aus mächtigen, in die Erde eingegrabenen Steinen errichtet, von denen viele aus großen Entfernungen herangeschafft wurden. So hat sich nachweisen lassen, daß die gewaltigen Sandsteinblöcke des äußeren Ringes wie auch die riesigen Trilithen (Dreisteine) aus dem 32 Kilometer entfernten Steinbruch bei Marlborough kamen. Die rund 60 aus geflecktem Dolerit (»Blaustein«, eine Art Basalt) bestehenden, etwa zwei Meter hohen Blöcke des inneren Ringes und die Monolithen waren von den in Luftlinie sogar etwa 240 Kilometer (!) entfernten Prescelly-Bergen bei Pembrokeshire in Südwales herangeschafft worden.[180] Auch hier also Steine, die »von weither geholt waren«.

Da die ersten Erbauer von Stonehenge Megalither waren, liegt die Annahme nahe, daß auch die Schöpfer des in gleicher Weise errichteten »Poseidontempels« in Penzance zu dieser Völkergruppe gehörten. Unbestritten ist, daß Stämme der Megalither in der Jungsteinzeit wie auch noch in der Bronzezeit in Cornwall gelebt haben. Dies bezeugen die gerade in Cornwall besonders zahlreichen Reste

Abbildung 18:
Die zerklüftete Steilküste von Cornwall, hier bei Land's End, zeigt mit großer Eindringlichkeit, daß es unmöglich ist, an dieser Stelle zu landen.

megalithischer Bestattungen in der Form von Ganggräbern, Grabkammern, Steinkreisen, Grabsäulen und Hünensteinen oder Menhiren (von cornisch *men* für »Stein« und *hir* für »groß«).

Als Vertreter megalithischer Kultur erweisen sich die Phäaken aber nicht zuletzt durch ihre Körpergröße. Ganz offensichtlich waren sie größer als die Griechen. Damit Odysseus bei den Phäaken nicht an Ansehen verlieren sollte, ließ seine Beschützerin Pallas Athene ihn größer erscheinen (6, 230, 276; 8, 18). Nun war Odysseus für griechische Maßstäbe keineswegs klein. Penelope rühmt den als Bettler verkleideten Gatten vor den Freiern als einen besonders großen und stattlichen Mann (21, 334). Die Phäaken müssen also erheblich größer gewesen sein als selbst ein großwüchsiger Grieche.[181]

Das Megalithertum der Phäaken können noch weitere Angaben der Dichtung bestätigen: danach wohnten die Phäaken ursprünglich in der Nähe der Kyklopen, die wilder und stärker waren und sie vertrieben (6, 5). Der Phäakenkönig Alkinoos sagt, daß die Phäaken Verwandte der Götter seien »wie die Kyklopen und wie die wilden Stämme der Giganten« (7, 205). Er und seine Frau Arete gehören selbst zu diesem Riesengeschlecht. Die Odyssee gibt hierzu Einzelheiten (7, 54f.): Nausithoos, der Vater des Alkinoos, stammt von den Giganten ab. Er hatte die Phäaken auf ihrer Wanderung nach Scheria geführt (6, 7) und aus den früheren Jägern und Viehzüchtern ein durch Bergbau, Seefahrt und Handel wohlhabendes Volk gemacht. Vater des Nausithoos war Poseidon selbst, seine Mutter Periboa wird als jüngste Tochter des Gigantenkönigs Eurymedon vorgestellt. König Nausithoos hatte zwei Söhne, Alkinoos und Rexenor. Letzterer verstarb früh und hinterließ nur eine Tochter: Arete. Alkinoos hat dann die Tochter seines Bruders geheiratet. Da die Megalither, wie wir wissen, die Ehe unter Verwandten nicht tabuisierten, paßt auch dieses Detail ins Gesamtbild.

Hellhäutig waren die Megalithleute, und es nimmt nicht wunder, daß Homer immer wieder von den weißen Armen der Arete, der Nausikaa und ihrer Mägde spricht (6, 186, 239, 249; 7, 11, 233, 335). Auch sonst unterschieden sich die Megalither im Erscheinungsbild nicht merklich von den damaligen Griechen, denn sie waren gleichfalls meist blond und helläugig, so daß Homer keinen Anlaß hatte, ihr Äußeres noch näher zu beschreiben.[182] Die überragende gesellschaftliche Stellung der Frau bei den Phäaken ist typisch für die Megalither: Nausikaa (6, 308f.) und Pallas Athene empfehlen Odysseus, sich im königlichen Hause zuerst an Arete um Hilfe zu wenden. Wenn er erst ihr Wohlwollen errungen habe, sei er gerettet (7, 75). Diesen Rat befolgte Odysseus und bat, ihre Knie umfassend, im Beisein aller versammelten Phäakenfürsten zuerst die Königin um Hilfe (7, 141f.). Wie wir wissen, mit großem Erfolg.

Die eulengesichtige Göttin

Wenn die Phäaken Megalither waren, ließe sich auch erklären, wieso der homerische Text die Göttin der Phäaken, der das Quellheiligtum der Madronsquelle geweiht war, der Athene gleichsetzt. Die megalithische Erd- und Totengöttin, eine Göttin vom Typus der *magna mater*, wird auf zahlreichen Darstellungen durch ein Augenpaar symbolisiert. Dieses Augenmotiv erinnert auffallend an die Augen einer Eule, die bei diesen Nachtgreifen stärker als bei anderen Vögeln nach vorn gerichtet sind und dadurch einen fast menschlichen Ausdruck von »Klugheit« erhalten. Nun trägt die Göttin Athene, deren Symbolvogel die Eule war, den Beinamen *glaukopis* (eulenäugig). Die Gleichsetzung der megalithischen »eulengesichtigen« Göttin mit Athene käme also nicht von ungefähr.[183]

Wenn Odysseus ohne Dolmetscher mit den Phäaken sprechen konnte, so vermutlich deshalb, weil sie wie Kirke und Kalypso dem gleichen megalithischen Volkstum angehörten, also auch die gleiche, allenfalls vom Dialekt her leicht verschiedene Sprache gesprochen haben dürften. Sie zu erlernen hatte Odysseus während seines langen Aufenthalts auf Aia und Ogygia genügend Zeit gehabt.

Die herausragende Tüchtigkeit der Phäaken als Seeleute fügt sich ebenfalls ins Bild der megalithischen Kultur. Die Wanderungen dieser Völker erstreckten sich von Asien über Griechenland, Sizilien,

Malta, Sardinien, Korsika, Nordafrika, Spanien, Portugal und entlang der atlantischen Küste Frankreichs bis nach Norddeutschland, Skandinavien, England und Irland, ja bis hinauf zu den Orkneys und Shetlands. Durch archäologische Funde ist dies belegt. Früheste Besiedlungsspuren im Küstenbereich zeigen, daß hier eine Einwanderung von See her erfolgte. Da viele Landeplätze nicht auf Küstenrouten, sondern allein durch Fahrten über das offene Meer erreicht werden konnten, setzten diese Wanderzüge seetüchtige Schiffe voraus. Die Megalither gehören also nicht nur zu den imponierendsten Baumeistern, sondern auch zu den kühnsten Seefahrern der Vorgeschichte. Erst in sekundärer, späterer Entwicklung ist bei einigen Stämmen – so bei Berbern, Guanchen und Sarden – die Kunst des Schiffsbaus und der Navigation verlorengegangen.[184]

Die Odyssee bestätigt die archäologische Erkenntnis, daß zwischen den verschiedenen Siedlungsgebieten der Megalither Verbindungen bestanden, und es ist so unwahrscheinlich nicht, daß Phäaken, Männer aus Cornwall, damals schon in Euböa gewesen sind und andere die Bucht des Phorkys auf Ithaka erreichten. Die Phäaken standen offenbar in ständiger Verbindung mit den Völkern des Mittelmeerraums, daher konnte auch der Sänger am Hofe des Alkinoos von den Heldentaten der Griechen im Kampf um Troja genaue Einzelheiten erzählen. Der Handel mit den in Cornwall gewonnenen, von den Völkern des Mittelmeers begehrten Metallen Zinn und Kupfer hatte die Phäaken nicht nur wohlhabend, sondern auch weltläufig werden lassen.

Auf Beziehungen zum Mittelmeerraum weist auch die Erwähnung eines »wilden und eines zahmen Ölbaumes« – jene beiden Bäume, in deren Fallaub sich der von den Wogen an Land getragene Odysseus zur Nachtruhe bettete (5, 476f.). Nun ist der gemeine Olivenbaum *(Olea europaea var. sativa)* tatsächlich ein Charakterbaum mediterraner Länder, unverkennbar in seinem knorrigen Wuchs und mit seinem Laub aus gegenständigen, lanzettlichen Blättern, die oben dunkelgrün, auf der Unterseite aber wegen ihrer feinen Behaarung weißlichgrau oder silbrig erscheinen. Allerdings sind diese Blätter immergrün, fallen also im Herbst nicht ab – ein dichter, wärmender Laubberg dürfte sich so unter einem Ölbaum kaum gebildet haben, schon gar nicht einer, der selbst im Winter zwei oder drei Männer hätte schützen können, wie Homer ausdrücklich hervorhebt. Wohl denkbar wäre dies jedoch bei dem anderen Strauch oder Baum. Er ist kein Ölbaumgewächs – die übliche Übersetzung »wilder Ölbaum« trifft nicht zu. Denn Homer verwendet hier nicht den für den wilden Ölbaum sonst gebräuchlichen Ausdruck *elaios* oder die ebenfalls gängige Bezeichnung *kotinos*, sondern er gebraucht das Wort *phylin*. Das kann sowohl den wilden Ölbaum wie auch den Wegdorn bezeichnen, eine Rhamnusart.[185] Der gemeine Wegdorn oder Kreuzdorn *(Rhamnus cathartica)* ist ein etwa 2–5 Meter hoher Strauch, der in Au- und Laubwäldern wächst. Wie der wilde Ölbaum, der Oleaster, hat er in Dornen auslaufende Zweige, wächst meist als Strauch und trägt – hierin dem Ölbaum ähnlich – kleine, allerdings nur etwa erbsengroße, bittere Steinfrüchte. Dieser Wegdorn wirft seine eilanzettlich geformten Blätter ab, die wie die Blätter der Ölbäume oben grün, auf der Blattunterseite aber silbriggrau sind. Da er dicht und dornig wächst, hätte er gut ein schützendes und wärmendes Versteck abgeben können.

Denkbar wäre aber auch, daß der homerische Text den »zahmen Ölbaum« mit einem anderen Baum verwechselt. In den nördlich gemäßigten Zonen gedeiht nämlich ein Weidenbaum mit einem ähnlich ausladenden Wuchs wie die Olive, die Silberweide *(Salix alba)*. Sie gehört wie der Ölbaum zur Familie der Ölbaumgewächse und besitzt ebenfalls kurzgestielte, gegenständige, lanzettliche Blätter, die auf der Unterseite weißlich behaart sind – und im Herbst abgeworfen werden. Zur Ähnlichkeit der beiden Bäume bemerkt Schmeil: »Er (der Olivenbaum)... ähnelt mit seinem hohlen Stamme, sparrigen Ästen und schmalen Blättern einem Weidenbaum in hohem Maße.«[186] Eine Verwechslung dieses im nördlichen Europa an Flußufern und Bächen wachsenden Baumes mit einem echten Ölbaum scheint daher nicht so ausgeschlossen.

Natürlich bleibt die Möglichkeit, daß der Schutzbaum am Strand doch ein echter Ölbaum gewesen ist. Verbreitungsgeographische Gründe müssen nicht unbedingt dagegen sprechen. Das ungewöhnlich warme Klima Südenglands, zumal in der Bronzezeit, hätte den

Anbau des Ölbaums durchaus gestattet. Nicht nur, daß heute in den Morrab Gardens in Penzance Olivenbäume gut gedeihen – auch in früheren Jahrhunderten ist der Ölbaum in Südengland nachweisbar. Dies bezeugen allein fünf englische Urkunden aus den Jahren 824 bis 949 n. Chr., in denen für die südenglischen Grafschaften Hampshire und Berkshire ein Ölbaum als Grenzmarke aufgeführt ist, wodurch das hohe Alter und das nicht eben seltene Vorkommen dieser Bäume in Südengland ersichtlich wird.[187]

Wie Odysseus zurückfuhr

Homers Angaben über die Heimfahrt des Odysseus vom Land der Phäaken nach Ithaka mögen zuletzt aber doch als ein gewichtiges Argument gegen die hier vorgetragene Theorie über die atlantische, außermittelmeerische Lage des Phäakenlandes erscheinen. Es heißt da angeblich, Odysseus habe schlafend in einer Nachtfahrt die Heimat erreicht. Genaueres Hinsehen zeigt indes, daß der Text weder über die Fahrtrichtung noch über die Fahrtdauer etwas aussagt. Vers 85 im dreizehnten Gesang – es wird da die Abfahrt des Phäakenschiffes beschrieben – läßt über den weiteren Kurs nichts verlauten, gleich wie der Leser das Wort *porphyreon* verstehen mag: ob als »purpurfarben« oder als »wallend«. Selbst wenn man die Stelle so liest, daß hinter dem Schiff her »gewaltig die purpurne Woge des vieltosenden Meeres rollte«[188], so könnte dies doch bedeuten, daß der Widerschein der gerade untergegangenen Sonne die Wellen im Kielwasser des Schiffs rötlich färbte, das Schiff also bei seiner Abfahrt auf Ostkurs lag, da die Sonne um diese Jahreszeit im Westen (nicht im Nordwesten) untergeht. Nach Osten muß sich aber ohnehin jedes Schiff halten, das einen nur in dieser Richtung offenen Hafen verläßt – und Penzance ist ein solcher Hafen. So wäre damit über den Kurs auf hoher See noch nichts entschieden, der hätte nach Verlassen des Hafens durchaus auch nach Süden führen können. Homer sagt somit nichts über die Richtung der gesamten Rückfahrt.

Das gleiche gilt für die Fahrtdauer. Nirgends wird gesagt, die

Fahrt vom Phäakenland nach Ithaka habe nur eine einzige Nacht gedauert. Lediglich über die Zeitpunkte der Abfahrt vom Hafen der Phäaken und der Ankunft in Ithaka gibt der Text Auskunft.

Da heißt es: »Als der Stern emporstieg, der leuchtendste, der am ehesten kommt und meldet das Licht der frühgeborenen Eos, da näherte sich das meerbefahrende Schiff der Insel« (13, 92–94). Damit ist nur gesagt, daß das Phäakenschiff Ithaka erreichte, als die Venus, der hellste aller Planeten, der als Morgenstern zuerst aufgeht, am Himmel emporstieg. Es war also kurz vor Sonnenaufgang, als das Schiff die Insel Ithaka anlief.

Auch Vers 324 im siebten Gesang ergibt nicht zwingend, daß das Land der Phäaken nur ein kurzes Stück von Ithaka entfernt gelegen hat. Zuvor wird berichtet, daß der blonde Rhadamanthys sich habe nach Euböa rudern lassen, um Tityos zu sehen. Wenn es dann weiter heißt: »Selbst dahin kamen sie (die phäakischen Seeleute) und haben es ohne Ermüdung denselben Tag vollbracht und sind wieder nach Haus gekommen«, so ist auch dadurch nicht festgelegt, daß Hin- und Rückfahrt an *einem* Tag erfolgt sind. Gemeint ist wohl, daß die Phäaken, auch nach dieser langen Fahrt und trotz ihrer Ermüdung, noch am Tag ihrer Ankunft wieder die Segel zur Rückfahrt setzten.[189]

Wenn Odysseus sich bei der Abfahrt zum Schlaf niederlegte (13, 79) und bei der Ankunft ebenfalls schlief (13, 119), so läßt sich daraus nicht schließen, daß die Fahrt nicht länger als ein oder zwei Tage dauerte, und selbst wenn Odysseus bei Abfahrt wie bei Ankunft des Schiffes in einem sehr tiefen, »dem Tod am nächsten gleichenden« Schlaf lag, heißt das nicht notwendig, er habe während der ganzen Fahrt geschlafen.

Vielleicht hatten die Phäaken den Odysseus bei der Abfahrt und unmittelbar vor der Ankunft durch ein Narkotikum in tiefen Schlaf versetzt. Da besondere Ursachen – etwa übermäßige Anstrengung oder Erkrankung – nicht ersichtlich sind, muß äußerer Einfluß dies bewirkt haben. »Dann sollst du vom Schlafe bezwungen liegen ...« (7, 317–318) sagt Alkinoos vieldeutig zu Odysseus, als er das Heimgeleit für seinen Gast bestimmt.

Die Phäaken mögen gute Gründe gehabt haben, diesen Fahrgast

ihres Schiffes in Schlaf zu versetzen: das Land der Phäaken war das Land des Zinns – sollte nicht der Seeweg nach dem großen Zinnhafen geheim bleiben? Denn so, wie noch im 16. und 17. Jahrhundert n. Chr. Portugiesen und Holländer ihre Segelanweisungen für die Fahrten zu den Gewürzinseln geheimhielten, dürften auch die antiken Seevölker – und wir wissen es von den Phöniziern – ängstlich darauf gesehen haben, die Wege zu den Vorkommen des unentbehrlichen Rohstoffs Zinn vor Konkurrenten wie vor Abnehmern verborgen zu halten.[190]

Das Geheimnis der Zinnwege

Wie sorgfältig die Kenntnis der Schiffswege nach den Zinnländern als Geheimnis gehütet wurde, zeigen antike Berichte. Strabo erzählt im dritten Buch seiner *Geographie* von einem karthagischen Kapitän, der auf der Fahrt nach dem Zinnland Galicia im Nordwesten der Iberischen Halbinsel von einem römischen Schiff verfolgt wurde. Um das Fahrtziel nicht zu verraten, steuerte er absichtlich eine Untiefe an, so daß sein Schiff und das seiner römischen Verfolger auf Grund gerieten. Der heimatliche Stadtstaat ersetzte dem Kapitän Schiff und Fracht. Obwohl die Römer bereits im Zweiten Punischen Krieg (218–201 v. Chr.) Spanien erobert hatten, gelang es erst im Jahre 95 v. Chr. dem römischen Statthalter Crassus, die zehn Zinninseln an der spanischen Nordwestküste ausfindig zu machen, deren Bewohner die Vorkommen vor den Römern geheimhielten. Auch die Griechen von Massalia hatten ihre Handelswege zum englischen Zinn stets zu verheimlichen gewußt. Vergeblich versuchte der römische Feldherr Scipio mit dem Beinamen Numantinus im Jahre 134 v. Chr. in Massalia und Narbo etwas über Britannien zu erfahren. Nicht besser erging es dem großen Julius Cäsar, der sich vor seinem Feldzug nach Britannien erfolglos bemüht hatte, von den in Verkehr mit der Insel stehenden gallischen Küstenbewohnern Näheres über dieses Land in Erfahrung zu bringen (*De bello gallico*, 4, 20).[191]

Zuletzt sei noch auf einen Punkt eingegangen, der für die Lokalisierung des Phäakenlandes zwar keine sonderliche Bedeutung hat, aber doch häufig herangezogen wird, um den Hafen der Phäaken zu bestimmen. Es handelt sich um jene Stelle der Dichtung (13, 155 f.), wo geschildert wird, wie der erzürnte Poseidon die Phäaken dafür bestraft, daß sie den ihm so verhaßten Odysseus in seine Heimat zurückbrachten. Der Gott versteinert ihr Schiff, das den Helden geleitet hatte, bei der Rückkehr kurz vor dem heimatlichen Hafen: »... machte es zu Stein und verwurzelte es in der Tiefe« (13, 162–163). Nun gibt es auf der Welt genug Häfen, vor deren Einfahrt Felsenriffe liegen, in die sich bei lebendiger Phantasie ein versteinertes Schiff hineinsehen läßt. So auch in Penzance. Auf der Ostseite der Mount's Bay, im Angesicht von Stadt und Hafen, ragt ein 70 Meter hoher, malerischer Granitfelsen dicht an der gegenüberliegenden Küste bei Marazion aus dem Wasser: St. Michael's Mount (siehe Abbildung 17). Diese Berginsel, zu der bei Ebbe ein trockener Zugang besteht, ist das antike Ictis. Hier wurde das Zinn der Minen auf die Schiffe verladen. Der griechische Historiker Diodor berichtet, daß die sehr gastfreien Bewohner des Vorgebirges Belerion von Pretanike (d. i. Cornwall!) das gewonnene Zinn zu Würfeln formen und es nach einer Insel verschiffen, die vor Pretanike liegt und Ictis heißt. »Wenn die dazwischen liegende Strecke während der Ebbe trocken liegt, so bringen sie auf Wagen eine Menge Zinn zur Insel.«[192]

Man kann sich vorstellen, daß der unvermutet ziemlich steil aus dem Wasser emporsteigende, gezackte Felsen auf Menschen mit mythischer Phantasie durchaus den Eindruck eines versteinerten Schiffs machen konnte. Die englischen Reiseführer rühmen den Blick auf diese pittoreske, die ganze Bucht beherrschende Felseninsel als den landschaftlichen Höhepunkt der Gegend.[193]

XIII

Schlußbetrachtungen

Wenn die Orte der Odyssee, wenn klimatische Verhältnisse, Menschentypen, Fauna und Flora in der Wirklichkeit wiederzufinden sind, so ist der Schluß nicht ganz abwegig, daß diese Reise tatsächlich einmal unternommen wurde. Die Annahme, daß Odysseus, der König von Ithaka, eine historische Gestalt war und daß er eine solche Seereise tatsächlich gewagt hat, wäre dann kaum von der Hand zu weisen. König Laertes, der Vater des Odysseus, mag als Teilnehmer der berühmten Argonautenfahrt bereits Kenntnis von der Nordsee und vom Nordatlantik gehabt haben, und so erscheint es durchaus denkbar, daß Odysseus, ihm nacheifernd, ebenfalls in die von Homer beschriebenen Gegenden gekommen ist.

Von untergeordneter Bedeutung bleibt dabei, woher der Dichter seinen Stoff genommen hat – sei es aus dem Bericht eines fremden Seefahrers, sei es aus eigenem Erleben. Homer hat sein Material jedenfalls so gestaltet, daß es wie Selbsterlebtes vor Augen steht. Es wäre durchaus möglich, daß seinem Werk tatsächlich eigenes Erleben zugrunde gelegen hat. Auffällig ist jedenfalls, daß die vielen, oft bis ins Detail gehenden Angaben der Dichtung aus den verschiedensten Bereichen alle in der Wirklichkeit ihre Entsprechung finden. Aus den nautischen, navigatorischen und geographischen Angaben läßt sich durchaus der Eindruck gewinnen, daß sie aus dem Mund oder dem Schreibgriffel eines Seemanns stammen. Dieser Seemann aber hätte dann neben seinem Fachwissen auch einen ungewöhnlich scharfen Blick für die Eigenart fremder Völker und ihrer Sitten besessen, einen Blick, der etwa sofort registrierte, daß die

Kyklopen trotz guten Ackerbodens keinen Feldbau, sondern nur Viehzucht betrieben, und der die eigenartige Bauweise von Häusern und Tempeln mit sicherer Skizzierung festhielt.

Erstaunlicher noch ist die Genauigkeit der zoologischen Schilderungen, so etwa der langschwingigen Kormorane und ihrer Brutgewohnheiten oder der meist nicht bekannten Tatsache, daß der Falke der schnellste aller Vögel ist (13, 86). Kann eine solche Sachkenntnis von einem Seemann erwartet werden?

Vor allem aber die botanischen Angaben der Odyssee verraten mehr als durchschnittliches Wissen. Das gilt für die Beschreibung des Krautes Moly, für die Erwähnung der als Schweinefutter verwendeten Kornellen, die Schilderung der Wiesen mit blühenden Veilchen und Eppich, die Aufzählung der verschiedenen Baumarten auf Ogygia, die Erwähnung des Kreuzdorns sowie die Bemerkung über die Weiden, denen die Früchte verderben. Der Pflanzenkenner wird auch erkennbar in der Beschreibung des Gartens von König Alkinoos, wo er die Obstsorten aufzählt und die Gemüsebeete hervorhebt.

Solche bis in Einzelheiten gehende Darstellungen von Orten und Dingen auf dem Lande sprechen für die Annahme, daß der Dichter der Odyssee dies alles mit eigenen Augen gesehen hat. Der Wohnsitz der Kalypso mit den vier Quellen, die in verschiedene Himmelsrichtungen strömen, der Garten des Alkinoos mit seinen zwei Quellen, von denen eine den Garten bewässert, während die andere zum hochgebauten Palast des Königs bis an die Hofschwelle fließt, wo die Bürger ihr Wasser schöpfen – das sind Details, die schwerlich aus einem fremden mündlichen oder schriftlichen Bericht stammen können, schon gar nicht aus dem eines Berufsseemanns. Derlei läßt sich auch so leicht nicht erfinden. Wer solche Dinge so eingehend, so liebevoll und sachkundig beschreibt, muß in den eigenen Erfahrungsschatz greifen.

Nichts spricht dagegen, daß es so war. Homer ist wahrscheinlich im kleinasiatischen Smyrna geboren.[194] Die Stadt lag im Gebiet der seefahrenden Phokäer, der Bewohner der Stadt Phokaia an der Westküste Kleinasiens, die wohl als erste Griechen in den Atlantik hinausfuhren. Als Gründer von Massalia waren sie am Zinnhandel mit Britannien besonders interessiert. Es wäre also denkbar, daß der Dichter Homer als selbständig reisender Fahrgast oder unter der Leitung eines erfahrenen Schiffsführers eine Fahrt zum Zinnland Cornwall und eine Umsegelung Englands mitgemacht hat.

Daß Homer blind war, wie seit jeher vermutet wird, ist keine Tatsache, also auch kein Gegenargument. Wenn Homer im Altertum meist mit halbgeschlossenen Augen dargestellt wurde, so läßt sich daraus so wenig wie aus seinem Namen auf Blindheit schließen.[195] Alle Homerdarstellungen mit halbgeschlossenen Augen zeigen einen Mann höheren Alters und stammen zudem aus Epochen, die viel später als die homerische Zeit liegen. Es ist also weder belegbar, daß er auch in jüngeren Jahren blind war, noch ist gesichert, daß es wirklich eine alte Darstellungsweise ist, Homer als Blinden zu zeigen, und nicht etwa eine später entstandene, erst sekundär aus einer literarischen Tradition geschöpfte Auffassung.

Der Name Homers allein läßt sich noch weniger als Beweis für Blindheit verwenden, denn das Wort *homeros,* mit dem Namen des Dichters identisch, hat eine mehrfache Bedeutung: die Grundbedeutung »Mitgeher« ist recht weit ausgelegt worden und meinte neben dem Blinden auch die Geisel oder den mit einem Führer Gehenden.[196] Man könnte daraus schließen, daß der Dichter der Odyssee die weite, abenteuerliche Fahrt als ein »Mitgeher«, als ein Begleiter unternommen hat. Neuere Forschung verweist die Blindheit Homers sogar in den Bereich der Legende, weil der Name »Homeros« als Männername auch in der äolischen Form »Homaros« auftritt, mithin ein alter Eigenname ist.[197]

Welchen Weg Odysseus wirklich nahm, wissen wir nicht, und wir werden es wohl niemals erfahren. Wir kennen jedoch nun die Reiseroute, die Homer als die Irrfahrt dieses Königs beschrieben hat. Und nichts hindert uns, bis zum Erweis des Gegenteils anzunehmen, daß Homer mit der wohl nach alter mündlicher oder schriftlicher Überlieferung geschilderten Fahrt tatsächlich den Spuren des historischen Odysseus folgt.

Anmerkungen

1 Die Erkenntnis, daß den Erzählungen Homers wirkliche Gegebenheiten zugrunde liegen, hat sich immer stärker durchgesetzt. Vgl. A. Schulten, Tartessos, 2. Aufl., Hamburg 1950, S. 23; S. v. Cles-Reden, Die Spur der Zyklopen, Köln 1960, S. 33, 264; E. Bradford, Reisen mit Homer, 3. Aufl., Bern und München 1965, S. 245; P. Honoré, Ich fand den weißen Gott, Frankfurt 1965, S. 311; H. H. und A. Wolf, Der Weg des Odysseus, Tübingen 1968, S. 106; J. V. Luce, Atlantis, Lengerich 1969, S. 17; J. Rehork, Rätselhafte faszinierende Funde, Bergisch Gladbach 1971, S. 132. – Demgegenüber halten heute noch verschiedene Forscher die Odyssee für einen reinen Mythos, eine Lokalisierung der einzelnen Abenteuer daher für aussichtslos. So H. Lamer, Wörterbuch der Antike, 2. Aufl., Leipzig 1933, S. 525, ebenso die von P. Kroh besorgte 7. Aufl., Stuttgart 1966, S. 400; A. Lesky, Geschichte der griechischen Literatur, 2. Aufl., Bern und München 1963, S. 60; M. Cary u. E. H. Warmington, Die Entdekkungen der Antike, Zürich 1966, S. 40.

2 W. Schadewaldt, Von Homers Welt und Werk, 4. Aufl., Stuttgart 1965, S. 96: »Homer lebte und schuf in der zweiten Hälfte des 8. Jhrh., vielleicht bis in sein letztes Viertel«; Gebr. Wolf, a. a. O., S. 106: 8. Jhrh. v. Chr.; Rehork, a.a.O., S. 139: zeitliche Untergrenze für die Odyssee das Jahr 700 v. Chr. Für das 8. Jahrhundert ferner: Kroh, a.a.O., S. 244; H. Gottschalk, Lexikon der Mythologie, Berlin 1973, S. 35f.; Lexikon der Alten Welt, Zürich–Stuttgart 1965, Sp. 1316f.; J. V. Luce, Archäologie auf den Spuren Homers, Bergisch Gladbach 1975, S. 10.

3 Die Mittelmeer-Theorie wurde besonders von der Mehrzahl der antiken Schriftsteller vertreten. Auch die meisten Homerforscher des 18. und 19. Jahrhunderts vertraten diese Auffassung. So J. H. Voß, Über die Gestalt der Erde nach den Begriffen der Alten, Leipzig 1790; ders., Homers Odyssee, Altona 1793; A. Zeune, Erdansichten oder Abriß einer Geschichte der Erdkunde, Berlin 1815; F. A. Ukert, Geographie der Griechen und Römer, Weimar 1816; K. H. W. Völker, Über Homerische Geographie und Weltkunde, Hannover 1830; R. H. Klausen, Die Abenteuer des Odysseus, Bonn 1834; S. Butler, The Authoress of the Odyssey, London 1897. Aus dem 20. Jhrh. sind vor allem zu nennen: V. Bérard, Les navigations d'Ulysse, Paris 1927–29; Bradford, a.a.O.;

Gebr. Wolf, a.a.O.; Luce, Archäologie auf den Spuren Homers, S. 159f.; M. Obrégon, Odyssee auf Flügeln, Wiesbaden 1975.

4 Vertreter der Schwarzmeer-Theorie waren: A. M. Ricci, Dissertationes Homericae, Florenz 1740; K. E. v. Baer, Wo ist der Schauplatz der Fahrten des Odysseus zu finden?, Reden, Teil 3, St. Petersburg 1873; W. E. Gladstone, Studies on Homer and the Homeric Age, Oxford 1858; U. v. Wilamowitz-Moellendorff, Homerische Untersuchungen, 1884; W. Kranz, Die Irrfahrten des Odysseus, Hermes, 50, 1915; O. Maass, Die Irrfahrten des Odysseus, Pontos, Gütersloh 1915; A. Herrmann, Die Irrfahrten des Odysseus, Berlin 1926; J. B. Bury, History of Greece, 1952.

5 Die Atlantik-Theorie hat außer in den antiken Schriftstellern Krates von Mallos, Artemidor, Plutarch, Strabo und Tacitus vor allem im 20. Jahrhundert zahlreiche Anhänger gefunden. Zu erwähnen sind u. a. W. Dörpfeld u. H. Rüter, Die Heimkehr des Odysseus, München 1925; R. Herkenrath, Die Polarfahrt des Odysseus, Stimmen der Zeit, 110, 1926; R. Hennig, Die Geographie des homerischen Epos, Neue Wege zur Antike, 10, 1934, und A. Klotz, Irrfahrten des Odysseus und ihre Deutung im Altertum, Gymnasium, 59, 1952, S. 210f. Aus neuester Zeit sind zu nennen: J. Spanuth, Das enträtselte Atlantis, Stuttgart 1953; O. Zeller, Auf des Odysseus und der Argo Spuren, Aalen 1959; K. Bartholomäus, Odysseus kam bis Helgoland, in Bild der Wissenschaft, 1, 1977, S. 54f. Schon im 19. Jahrhundert haben die Okeanos-Theorie vertreten: A. Krichenbauer, Die Irrfahrt des Odysseus, Berlin 1877; K. Jarz, Wo sind die Homerischen Inseln Thrinakia, Ogygie, Aiaie zu suchen?, Ztschr. f. wiss. Geographie, 2, 1881; W.F. Warren, Paradise Found, Boston 1885; F. Soltau, Die Mythen und Sagenkreise im Homerischen Schiffer-Epos, Berlin 1887, und A. Breusing, Die Irrfahrten des Odysseus, Bremen 1889.

6 So Zeller, a.a.O., S. 47.

7 So W. Dörpfeld, Homers Odyssee, München 1925, S. 259.

8 Noch in neuester Zeit für die Messinastraße: Bradford, Gebr. Wolf, Luce, a.a.O., Obrégon, a.a.O., S. 127f. Für Gibraltar: Klotz; Henning; Zeller; Breusing; Spanuth, a.a.O., S. 167, ders., und doch: Atlantis enträtselt!, Stuttgart 1957, S. 97; P. Herrmann, Sieben vorbei und acht verweht, Hamburg 1952, S. 126; Schulten, Tartessos, S. 58; Bartholomäus, a.a.O., S. 61. Für die Dardanellen: v. Baer; A. Herrmann. Für den Bosporus: Kranz.

9 Für die Lage des Skylla-Felsens bei dem kalabrischen Ort Scilla haben sich noch in jüngster Zeit ausgesprochen: Bradford, a.a.O., S. 171f.; Gebr. Wolf, a.a.O., S. 57. – Apodiktisch bemerkt Dörpfeld, a.a.O., S. 260: »Der Fels der Skylla, dessen Spitze bis in die Wolken reicht, ist selbstverständlich der Ätna.« Leider sagt er nicht, wie das Ungeheuer sich von diesem Berg aus 6 Leute vom Schiff des Odysseus greifen konnte, obschon der Ätna mehr als 50 km von der Enge entfernt liegt.

10 E. Buchholz, Homerische Kosmographie und Geographie, Leipzig 1871, S. 273. Im übrigen ist darauf hinzuweisen, daß die Gezeiten nicht immer und

überall halbtägig sind. Es entstehen vielfach, da die Gezeitenströme durch die Küsten abgelenkt werden und sich dabei aufheben oder verstärken können, eintägige oder vierteltägige Gezeiten. Wegen einer weiteren Erklärung der Dreizahl siehe Anm. 128.

11 Vgl. das Mittelmeer-Handbuch, III. Teil, Die Nordküste von Afrika, 5. Aufl., Hamburg 1967, S. 81–83. Der niedrigste Tidenhub, die Nipptide, tritt bekanntlich im ersten und letzten Mondviertel ein.

12 Mittelmeer-Handbuch, a.a.O., S. 86. – Schon Klotz, a.a.O., S. 298, hat auf die geringe Gefährlichkeit der Messinastraße hingewiesen, zumal die Segelboote der homerischen Griechen auch mit Ruder ausgerüstet waren.

13 Lokalisierung der Sireneninsel: Für die Liparen: Thukydides, Vergil, Eustathios, Butler, L. Pocock, The Landfalls of Odysseus, Neuseeland 1955. Für eine Insel im Golf von Neapel: Lykophron, Strabo, Clüver, Ph. Champault, Phéniciens et Grecs en Italie d'après l'Odyssée, Paris 1906. Für Capri: F. Soave, I Viaggi d'Ulisse, Mailand 1796; G. Baglio, Sommario illustrato dei viaggi marittimi di Ulisse, Rom 1959; Obrégon, Odysseus auf Flügeln, S. 124. Für Galli: Bérard, Bradford. Für Punta Faro in der Straße von Messina: Gebr. Wolf. Für Ustica: v. Schwerin, Odysseus Irrfärder, Lund 1909.

14 So die Gebr. Wolf, a.a.O., S. 59, 60.

15 Die Phönizier hatten schon seit dem Ende des 2. Jahrtausends v. Chr. auf Sizilien Kolonien gegründet. Vgl. S. Moscati, Die Phönizier, Zürich 1966, S. 190; J. D. Evans, Malta, Köln 1963, S. 33, 34, nimmt für Malta eine erste Besiedlung (über Sizilien) um das Jahr 2500 v. Chr. an.

16 Diesem Widerspruch versucht man vergeblich mit dem unbewiesenen Hinweis zu begegnen, es handele sich bei diesen Textstellen um spätere, nicht von Homer stammende Zusätze. Vgl. Gebr. Wolf, a.a.O., Anm. 10 zu S. 28. Aus der Zeit Homers ist keine Ausgabe der »Odyssee« erhalten. Die maßgebliche Fassung des Aristarch (um 148 v. Chr.) enthält bereits den strittigen Passus.

17 Schon auf einer assyrischen Weltkarte, die auf ein Original aus dem Jahre 800 v. Chr. zurückgeht, findet sich der Okeanos als ein die Erdscheibe umfließender Strom. Vgl. B. Meißner, Babylonische und griechische Landkarten, Klio, 1925, S. 97. Ferner Dörpfeld, Homers Odyssee. Erst seit etwa 540 v. Chr. wußte man um die Kugelgestalt der Erde. – Wegen der Kimmerer vgl. im übrigen Anm. 109, 110.

18 Die in Mykene gefundenen Bernsteinperlen enthielten 8 % Bernsteinsäure, ein Prozentsatz, wie er ähnlich nicht beim Mittelmeer-Bernstein, sondern nur bei Bernstein von den Küsten der Nord- und Ostsee gefunden wurde, der einen Bernsteinsäuregehalt von 3–8 % aufweist. Vgl. F. Nansen, Nebelheim, Leipzig 1911, I, S. 36, und II, S. 345 Anm. 6; E. Herrmann, Wege zum Nordpol, Braunschweig 1943, S. 15. Über englischen Jett in Spanien und ägyptische Fayenceperlen in England vgl. G. M. Trevelyan, Geschichte Englands, 4. Aufl., München 1949, I, S. 11, und G. Clark, Frühgeschichte der Menschheit, Stuttgart 1964, S. 159. Ferner Schulten, Tartessos, S. 3; St. Piggott, Vorgeschichte

Europas, Zürich 1972, S. 178, sowie S. 183 f. über enge Beziehungen von Grabbeigaben Südenglands zu solchen aus mykenischen Schachtgräbern. Über Funde kretischer Metallbarren aus der Zeit um 1700 v. Chr. in Südengland vgl. P. Herrmann, Sieben vorbei, S. 53.

19 P. Herrmann, a.a.O., S. 31: »Man kommt schlecht an der Tatsache vorbei, daß sich bereits die Menschen der Jungsteinzeit zu riesigen Fahrten auf das offene Meer gewagt haben.« G. Bibby, Faustkeil und Bronzeschwert, Berlin 1960, S. 230: »... daß die Bronzezeit das große Jahrtausend der Seefahrer gewesen ist.« Für einen lebhaften vorhistorischen Seeverkehr zwischen den Mittelmeerländern und den Ländern der Nordsee auch F. Nansen, a. a. O., I, S. 24 f.; F. Behn, Kultur der Urzeit, Bd. II, Die älteren Metallkulturen, Berlin 1950, S. 10. Auch J. Moreau, Die Welt der Kelten, 2. Aufl., Stuttgart 1958, S. 16, meint, daß in der Bronzezeit (von 1800–900 v. Chr.) der Handel mit den ostwest- und nordeuropäischen Gebieten sowie mit der Ägäis schon sehr rege gewesen sei. Die neuesten Radiokarbondatierungen der Megalithbauten im Norden Schottlands und in Irland beweisen, daß wir bereits für das 3. Jahrtausend v. Chr. einen intensiven Schiffsverkehr mit dem mediterranen Raum annehmen können. Vgl. Piggott, Vorgeschichte Europas, S. 99 f. Felsreliefdarstellungen in Nordeuropa aus der Mitte des 2. Jahrtausends v. Chr. zeigen, daß man auch hier schon seetüchtige Ruderboote mit 30 Ruderern kannte. Piggott, a.a.O., S. 199. Vgl. auch Cary, Die Entdeckungen der Antike, S. 61: »In der Bronzezeit, nach 1800 v. Chr., lernten sie (d. s. die Ureinwohner Westeuropas) Segelfahrzeuge des Mittelmeertyps zu bauen.«

20 Zu den Fahrten der Oistrymnier vgl. Nansen, Nebelheim, II, S. 41, und R. Hennig, Von rätselhaften Ländern, versunkenen Städten der Geschichte, München 1925, S. 22. Schon Plinius berichtet in seiner Naturgeschichte (Bd. 23): »Nach fabelhaften Erzählungen wurde das Zinn in geflochtenen, mit Tierhäuten umnähten Schiffen von Inseln im Atlantik gebracht.« Diese Boote, wie sie noch heute die Eskimos (Kajak, Umiak) zu bauen verstehen, sind ein uralter Schiffstyp, der sich im Altertum an der ganzen Atlantikküste von Spanien über Frankreich nach England und Irland bis nach Dänemark und Skandinavien fand. Vgl. Schulten, Tartessos, S. 119. Bereits Pokorny, Ztschr. f. celt. Philologie, 1917, S. 201 bemerkt, daß die (später eingewanderten) Kelten die vorkeltischen Bewohner Irlands nach ihren Leder- oder Fellbooten *fir bolg*-Leute (*fir* = Männer, *bolg* = Balg, Haut) nannten. Die Kelten haben diese in gälisch als *curraghs* bezeichneten Tierhautboote übernommen. Die irischen Küstenfischer unserer Zeit überziehen die Holzgerippe anstatt mit Tierhäuten mit geteerter Leinwand. G. Herm, Die Kelten, Düsseldorf 1975, S. 345.

21 »Albion« war der vorkeltische Name, der durch die keltische Bezeichnung »Pritan« verdrängt wurde. Über die engen Beziehungen zwischen der Iberischen Halbinsel, der Bretagne, England und Irland vgl. A. Schulten, Iberische Landeskunde, Hamburg 1955, I, S. 122 f.; V. G. Childe, The Prehistory of Scotland, London, 1935, S. 75, und Dillon, Die Kelten, S. 44 f. Diese engen Be-

ziehungen über viele Länder hin dürften auch auf die megalithischen Wanderungen zurückzuführen sein.

22 Vgl. hierzu P. Herrmann, Sieben vorbei, S. 71f.

23 P. Herrmann, a.a.O., S. 88f. Ebenso J. Cameron, Sie segelten nach dem Abendstern, Stuttgart 1968, S. 23f.

24 Herodot schreibt (IV, 42f.): »Sie (die Phönizier) erzählen, was ich allerdings nicht glauben kann, vielleicht glaubt es ein anderer, daß sie bei der Umschiffung Libyens (d. i. Afrika) die Sonne zur Rechten gehabt hätten.« Für die Glaubwürdigkeit des ägypt. Berichts P. Herrmann, a.a.O., Cameron, a.a.O., S. 34f.

25 Herodot IV 152. Schulten, Tartessos, S. 45. Außer den Samiern pflegten besonders die ionischen Phokäer gute Beziehungen zu Tartessos und seinem im 7. Jh. v. Chr. lebenden, sagenhaft alten und glücklichen König Arganthonios (Herodot I, 163). Seit etwa 700 v. Chr. fuhren sie laufend nach Tartessos. Schulten, a.a.O., S. 28. Moscati, Die Phönizier, S. 440.

26 Es hat bis zur Mitte des 15. Jh. n. Chr. gedauert, bis es dem Portugiesen Gil Eanes gelang, wieder so weit vorzustoßen. Die Datierung der Fahrten des Himilko und des Hanno ist unsicher. Nach Moscati, a.a.O., S. 348, fand das Unternehmen des Himilko um 450, das des Hanno um 425 v. Chr. statt. P. Herrmann, Sieben vorbei, S. 102f., datiert die Himilkofahrt auf 525, die des Hanno auf 530. Cary, Die Entdeckungen der Antike, S. 67 u. 95f., setzt die Englandfahrt des Himilko um 500, die Afrikafahrt des Hanno auf »vor 480« v. Chr. an. R. Hennig, Terrae Incognitae, 2. Aufl., Leiden 1944, S. 92, nennt als entspr. Daten 530 und 520 v. Chr. E. Herrmann, Wege zum Nordpol, S. 16, gibt für die Fahrt des Himilko die Zeit 500 v. Chr. an; ebenso E. Shakleton, Der Mensch und das Meer, in Die Welt der Meere, Stuttgart 1970, S. 20. Vgl. ferner R. Güngerich, Die Küstenbeschreibung in der griechischen Literatur, Münster 1950, S. 17: »Ende des 6. oder Anfang des 5. Jh.«, und O. Seel, Antike Entdeckerfahrten, Zürich 1961, S. 49f., der wie Cary datiert.

27 Strabo, Geographie 1, 63, nennt ihn einen »Erzlügner«. Vgl. zu den Reisen des Pytheas insbes. E. Herrmann, a.a.O., S. 16f.; Schulten, a.a.O., S. 89f.; Shakleton, a.a.O., S. 20f.; Cary, a.a.O., S. 68f.; Hennig, a.a.O., S. 159f.

28 Lokalisationen von Thule: Für Norwegen: Nansen, Nebelheim, I, S. 56f.; E. Herrmann; Hennig. Für Island: G. E. Broche, Pytheas le Massaliote, Paris 1936; Forbiger, Handbuch der alten Geographie, III, S. 229 Anm. 24 und S. 230; W. v. Humboldt, Kritische Untersuchungen, I, S. 267f. Cameron, a.a.O., S. 59f. Bereits Eratosthenes und Ptolemaios hielten Island für Thule und benannten es entsprechend in ihren Weltkarten von 300 und 150 v. Chr. – Es spricht nicht gegen Island, daß man die Insel im 8. Jh. n. Chr. unbewohnt vorfand. Die Insel kann nach der Klimaverschlechterung der ausgehenden Bronzezeit aufgegeben worden sein. Noch heute gibt es auf Island Heidekraut und Klee sowie wilde Bienen, so daß die Gewinnung von Honig möglich war. Island oder Norwegen: Shakleton und Cary. Einige Forscher halten die Orkney- oder die Shetlandinseln für das antike Thule.

29 P. Herrmann, Sieben vorbei, S. 53f. und S. 486; Schulten, Iberische Landeskunde, I, S. 70. In Tartessos, S. 94, nimmt Schulten an, daß die Kanarischen Inseln und Madeira den Phöniziern bald nach der Gründung von Gades (1100 v. Chr.) bekannt wurden, und den Griechen im 7. Jh. v. Chr., seit sie nach Tartessos fuhren. Auch Moscati, Die Phönizier, S. 352, meint, daß die Phönizier bis Madeira, den Kanarischen Inseln und den Azoren vorgedrungen seien. Ebenso Cameron, a.a.O., S. 135. Cary, a.a.O., S. 108, bejaht ebenfalls die Auffindung von Madeira und den Kanaren in der Antike, hält jedoch den Münzfund nicht für ein beweiskräftiges Zeugnis für die frühe Entdeckung der Azoren. Die Ausführungen von Hennig, Terrae Incognitae, S. 140f., daß der Münzfund die Erreichung der Azoren durch die Karthager erweise, sind indes überzeugend.

30 E. Herrmann, a.a.O., S. 18; Schulten, Iberische Landeskunde, I, S. 70.

31 Zur Polybios-Fahrt vgl. Hennig, a.a.O., S. 248f. – Schon im 6. Jh. v. Chr. soll ein anderer massaliotischer Seefahrer namens Euthymenes die Atlantikküste nach Süden bis zum Senegal und nach Norden bis zur Bretagne befahren haben. Vgl. Seel, Antike Entdeckerfahrten, S. 49.

32 H. Kühn, Die Kunst Alt-Europas, Stuttgart 1958, S. 109. Das griechische (Fremd)Wort *chalkos* bedeutet Erz, Kupfer und Bronze.

33 Behn, Kultur der Urzeit, III, S. 17; Piggott, Vorgeschichte Europas, S. 109.

34 Vgl. Behn, a.a.O., S. 6f.; E. Herrmann, a.a.O., S. 15; Nansen, Nebelheim, I, S. 25f.; Hennig, a.a.O., S. 97f.

35 Die älteren antiken Schriftsteller sahen die Kassiteriden in den Inseln der Bretagne. Vgl. Schulten, a.a.O., II, S. 497. Ebenso Nansen, a.a.O., I, S. 29. Die jüngeren Schriftsteller der Antike hatten sich für die Inseln vor der nw-spanischen Atlantikküste ausgesprochen: Poseidonios (Strabo 147), Diodor (bibliotheke 5, 38, 4), Pomponius Mela (Chorographia III c 6). Nach Schulten, Tartessos, S. 10f., und Cary, Die Entdeckungen der Antike, S. 67, sind die Kassiteriden die Scilly-Inseln vor der Halbinsel Cornwall. Dafür bereits Forbiger, Handbuch der alten Geographie, III, S. 230 Anm. 25. Ebenso Hennig, Terrae Incognitae, S. 97f. Für Britannien als die Zinninseln auch P. Kroh, Wörterbuch der Antike, 7. Aufl., S. 215 u. 650; F. Krafft, Die Begründung einer Wissenschaft von der Natur durch die Griechen, Freiburg 1971, S. 150. – Das griechische Wort *kassiteros,* das zuerst in der Ilias auftaucht, ist etymologisch ungeklärt. Es dürfte vorkeltischen Ursprungs sein. Merkwürdigerweise ist auch der sprachliche Ursprung des deutschen Wortes »Zinn« nicht geklärt.

36 Vgl. Bradford, Reisen mit Homer, S. 81f. Vor allem J. Werner, Blauer Himmel bei Homer, in Forschungen und Fortschritte, 33. Jg., 1959, Heft 10, S. 311f.

37 W. Marg, Wolf, Der Weg des Odysseus, Buchbesprechung, in Gnomon, Bd. 42, 1970, S. 234.

38 Mittelmeer-Handbuch, III, S. 87 u. 92.

39 Homer, mit der Vorliebe des Griechen für Fleischkost, glaubte die Bewohner als Fruchtesser gut gekennzeichnet zu haben. Lokalisationen des Lotophagen-

landes: Für die Kleine Syrte: Die antiken Schriftsteller Eratosthenes, Eustathios (Djerba), Herodot (östl. des Tritonsees), Strabo; für Djerba auch noch Skylax von Karyanda. Aus neuerer Zeit: Clüver, Soave, v. Wilamowitz-Moellendorff, v. Schwerin, Bérard, Hennig, Breusing, Bradford, Gebr. Wolf. Andere Lokalisationen: Artemidor (Westmarokko); Zeller (Tripolitanien); Champault (Kap Bon); Obrégon (Große Syrte).

40 Mit Recht nimmt deshalb Bérard, Les Navigations d'Ulyssee, für diese Strecke eine Mehrtagefahrt an, wie das bereits der 1195 verstorbene Bischof von Saloniki, Eustathios, in seinem Kommentar zur Odyssee getan hatte.

41 Lokalisationen des Kyklopenlandes: Für Sizilien: Thukydides, Eustathios, Vergil, Clüver, Soave, Butler, Hennig, Pocock, Bradford. Für Nordafrika: v. Wilamowitz-Moellendorff, v. Schwerin, Dörpfeld, A. Herrmann, Gebr. Wolf. Für Mallorca: Obrégon.

42 Mittelmeer-Handbuch, III, S. 152.

43 Für das Vorhandensein von Trinkwasser spricht, daß die Phönizier auf dieser Insel im 7. Jh. v. Chr. eine Stadt gründeten. In unserer Zeit sind über 100 Grabstätten mit vielen Beigaben aufgedeckt worden, s. G. Vuillemont, La Nécropole punique dans l'Isle Rachgoun, in Libyca, III, 1955, S. 7f.

44 H. Wendt, Ich suchte Adam, Hamm 1953, S. 233. Das gleiche gilt für einen Teil der körpergroßen, hellen Tuaregs, die möglicherweise Nachkommen der bereits von Herodot (IV, 168f.) erwähnten »riesenhaften« Garamanten an der nordafrikanischen Küste sind. Vgl. Krafft, Die Begründung einer Wissenschaft, S. 168. Über die dem Mutterrecht anhängenden Tuaregs vgl. R. Gardi, Im Land des blauen Schleiers, Kosmos, 1951, Heft 1, S. 3f.

45 Vgl. Wendt, a.a.O.; ebenso P. Fuchs, Vorwort S. 5, in J. A. Cropp, Zwischen Atlas und Nil, Stuttgart 1968: »Das Vorkommen blonder und blauäugiger Berber ist auf dieses cromagnide Element zurückzuführen«; ferner v. Cles-Reden, Die Spur der Zyklopen, S. 60. Gleiches gilt für die Megalithbevölkerung Sardiniens, a.a.O., S. 127. – Der Name Cro Magnon rührt her von einer Grotte des Vézères-Tales in der Dordogne in Südfrankreich, wo dieser Menschentyp zum ersten Mal gefunden wurde. Der mächtige Schädel zeigt eine steile, mäßig hohe Stirn mit Überaugenwülsten, eine hochangesetzte, schmale Nase in einem breiten Gesicht mit rechteckigen, niedrigen Augenhöhlen und ein betontes Kinn.

46 Die bedeutendsten Stationen der megalithischen Kultur im Mittelmeerraum sind Mykene und Tiryns sowie Malta. – Näheres über die Megalither, diese Stiefkinder der Vorgeschichtsforschung, bei v. Cles-Reden, Die Spur der Zyklopen; G. Sieveking, Wanderungen der Megalithen, in Versunkene Kulturen, München 1963, S. 299f.; H. Kühn, Wenn Steine reden, Wiesbaden 1966; Clark, Frühgeschichte der Menschheit, S. 145f.; Piggott, Vorgeschichte Europas, S. 99f. – Das Wirken der Megalither ist ferner in Ägypten, Palästina, Syrien, Mesopotamien, Persien und Indien sowie in Südrußland und Mittel- und Südamerika nachgewiesen. – Bereits Plinius d. Ä. (VI 24) berichtet von dem Empfang einer ceylonesischen Gesandtschaft in Rom und erwähnt dabei das nördlich des

Himalaya wohnende Volk der Serer, deren Menschen er als großgewachsen, blond, blauäugig und mit einer rauhen Stimme beschreibt. Vgl. Hennig, Terrae Incognitae, S. 348f. – Über die Megalither in Amerika vgl. Honoré, Ich fand den weißen Gott, S. 221, 233; F. Katz, Vorkolumbianische Kulturen, München 1969; J. A. Mason, Das alte Peru, Zürich 1965. Die gewaltigen Monumente aus riesigen Steinblöcken in Tiahuanaco, im Gebiet von Cuzco, insbes. Saczahuaman, die helle Haut- und Augenfarbe des Inkaadels und die Inzucht in der Königsfamilie sprechen eine deutliche Sprache, der gegenüber der Gedanke einer zufälligen, unabhängigen kulturellen Parallelentwicklung wenig überzeugt.

47 Vgl. die Angaben bei v. Cles-Reden, a.a.O., S. 74, 204, 246, 249. Der Men er Hroech, der Feenstein, der größte der ca. 3000 Monolithen von Carnac (Bretagne) war 20m hoch gewesen und hatte ein Gewicht von 7000 Ztr.; vgl. Bibby, Faustkeil und Bronzeschwert, S. 346. Siehe auch Mason, a.a.O., S. 265: Der größte Monolith von Saczahuaman hat ein Gewicht von weit über 100 Tonnen. – Vielleicht bewegte Polyphem die riesige Türplatte auf Steinkugeln, wie man sie zahlreich auf Malta in den Megalithruinen gefunden hat.

48 So mit Recht Bradford, Reisen mit Homer, S. 77, und Gebr. Wolf, Der Weg des Odysseus, S. 207 Anm. 25.

49 Die Darstellung des einäugigen Polyphem findet sich erst in nachhomerischer Zeit. Vgl. hierzu E. Wüst, Realencyclopädie, XVIII, Art. Odysseus, 1937, Sp. 1959f.

50 Gute Abbildungen des Augenmotivs bei Sieveking, Wanderungen der Megalithen, S. 302, Abb. 2–7, und v. Cles-Reden, Die Spur der Zyklopen, Tafeln 28–30, 43, 71, 72, 95, 105 und S. 207, 223, 268 und 273. Dargestellt ist das bannende, alles gewahrende Auge der Magna Mater, der Großen Erdmutter, der »eulengesichtigen« Gottheit. Wir finden dieses heilige Zeichen im gesamten Verbreitungsgebiet der Megalither.

51 Clark, Frühgeschichte der Menschheit, S. 53; Wendt, Ich suchte Adam, S. 549.

52 E. Volhard, Kannibalismus, Stuttgart 1968.

53 Moreau, Die Welt der Kelten, S. 111. Ferner S. 110: »Es steht außer Zweifel, daß Menschenopfer üblich waren... Es ist wahrscheinlich, daß die Kelten neben diesen Opfern auch eine Art rituelle Anthropophagie kannten. Bei der Plünderung einer ätolischen Stadt hatten die Galater (d. s. die Kelten in Kleinasien) die Säuglinge getötet, von ihrem Fleisch gegessen und von ihrem Blut getrunken.« Selbst von den Germanen berichtet Tacitus (Germania, Kap. 9): »Unter den Göttern verehren sie am meisten den Mercurius, dem sie an bestimmten Tagen Menschenopfer darzubringen für erlaubt halten.« Diodorus Siculus (5, 31) bemerkt, daß die Druiden aus den Eingeweiden der geopferten Menschen weissagten. Vgl. dazu M. Dillon, in M. Dillon-N. K. Chadwick, Die Kelten, Zürich 1967, S. 25; Bibby, Faustkeil und Bronzeschwert, S. 334. Es sei hier an den keltischen Kult der »têtes coupées«, der abgeschnittenen Köpfe, erinnert. Piggott, Vorgeschichte Europas, S. 296.

54 Lokalisationen der Aiolos-Insel: Für die Liparischen Inseln: Thukydides, Eustathios, Vergil, Clüver, Soave, Bérard, Moulinier. Für Ustica: Bradford. Für Vulcano: Hennig. Für Elba: Zeller. Für Isla del Aire bei Menorca: Obrégon. Für Malta: Gebr. Wolf. Für eine frei erfundene Insel im westlichen Okeanos: Dörpfeld.

55 Nach A. Köster, Das antike Seewesen, Berlin 1923, S. 181, machten die antiken Segelschiffe bei günstigen Winden 4–6 Knoten Fahrt. L. Moulinier, Quelques hypothèses relatives à la géographie d'Homère dans l'Odyssée, Aix en Provence 1958, S. 28, berechnet die Höchstgeschwindigkeit auf 5–6 Knoten. Die Gebr. Wolf, a.a.O., legen für eine schnelle Fahrt 5,6 Knoten zugrunde. Der erfahrene Segler Bradford bemerkt a.a.O., S. 239, von den Phäaken: »Wenn ihnen Wind und Strom zustatten kamen, konnten sie leicht die erforderlichen sechs oder sieben Knoten Fahrt machen.«

56 P. Herrmann, Sieben vorbei, S. 171.

57 Für 175 km als Etmal Schulten, Iberische Landeskunde, I, S. 426, und Tartessos, S. 120. Für ein Etmal von 185 bzw. 220 km D. Stichtenoth, Ora maritima, Darmstadt 1968, S. 8.

58 H. Ingstad, Die erste Entdeckung Amerikas, Berlin 1968, S. 31, 32, »etwa sechs Knoten, also ca. 150 Seemeilen pro Tag«.

59 Über die Wikingerboote vgl. J. Brondsted, Die große Zeit der Wikinger, Neumünster 1964, S. 15. Für die Boote der Polynesier vgl. G. Koch, Navigation der Polynesier, Museum für Völkerkunde Berlin, Sammelmappe Nr. 058.

60 Mittelmeer-Handbuch, III, S. 140. Ein Beispiel dafür, daß im Altertum ein Schiff von der Mitte des Mittelmeeres aus durch einen anhaltenden Oststurm bis zur Straße von Gibraltar und darüber hinaus getrieben werden konnte, ist die oben erwähnte Fahrt des Kolaios von Samos nach Tartessos.

61 W. Hartnack, Madeira, Hamburg 1930, S. 4–8.

62 Hartnack, a.a.O., S. 4. Der Ausdruck der Odyssee (10, 4) »Mauer aus Erz« ist natürlich bildlich gemeint, a. A. Marg, Gnomon, 42 (1970), S. 233. Es wird damit auf das dunkelglänzende, überaus harte Lavagestein angespielt. Ebenso ist das Wort vom »ehernen Himmel« (3, 2) nicht wörtlich zu nehmen, noch die Stellen 5, 192, wo von einem Herzen »aus Eisen«, und 12, 280, wo von den »eisernen« Gliedern des Odysseus die Rede ist. Mit Recht weist Bradford, Reisen mit Homer, S. 87, auf den englischen Ausdruck *iron-bound* für eine felsige Küste hin.

63 Grieben, Atlantische Inseln, Reiseführer Bd. 281, München 1967, S. 120; A. Stelzmann in Schroeders Reiseführer, Kanarische Inseln und Madeira, 4. Aufl., 1964, S. 179.

64 Grieben, a.a.O., S. 125; möglicherweise ist Madeira bereits im Jahre 1370 durch den englischen Ritter Robert Machin (MacKean) entdeckt worden, vgl. Cary, Die Entdeckungen der Antike, S. 419 Anm. 137. Hartnack, a.a.O., S. 86, bejaht ebenfalls die Möglichkeit, daß die Karthager die Insel gekannt und auf ihr eine Niederlassung gegründet hatten.

65 Plinius d. Ä. berichtet von einer Expedition des Königs Juba von Mauretanien (25 v. – 25 n. Chr.) nach den »Purpurinseln« und dessen Plan, dort eine Niederlassung zur Gewinnung des »Gaetulischen Purpurs« zu gründen. Da außerdem die »Inseln der Seligen« erwähnt werden, die man in den Kanarischen Inseln wiedererkennt, dürfte es sich bei den »Purpurinseln« um die Madeira-Gruppe handeln. So mit Recht schon P. Langerhans, Handbuch für Madeira, Berlin 1885, S. 33. – An den Basaltfelsen von Madeira und den Kanaren wuchs und wächst noch heute ein weiterer wichtiger Lieferant des begehrten roten Farbstoffes, die Färberflechte (rocella tinctoria), die in Mengen gesammelt wurde.

66 In den Berichten ist durchweg von »riesenhaftem Körperwuchs« (Lanzarote, Fuerteventura), »hohem Körperwuchs« (Canaria) oder »riesenhaftem Wuchs« (Palma, Teneriffa) die Rede. Vgl. W. O. Heß, Die Kultur der voreuropäischen Bevölkerung der Canarischen Inseln, Gießen, Diss. 1950, S. 46f. Es besteht kein Anlaß, den Berichten insoweit nicht zu glauben.

67 Das Museo Canario in Las Palmas auf Gran Canaria besitzt eine umfangreiche Sammlung von Skeletten und Mumien der Guanchen. Vgl. aus der zahlreichen Literatur insbes. E. Fischer, Zur Frage nach der Urbevölkerung der Canarischen Inseln, Tag. Ber. d. dt. Anthropol. Gesellsch., Augsburg 1926, S. 87f.; W. Giese, Rätselhafte Guanchen, in Merian, Heft 17, Die Kanarischen Inseln, 1964, S. 68f.; H. Möller, Der neue Teneriffa-Führer, 2. Aufl., 1969, S. 37. – Da Madeira bei seiner Wiederentdeckung im 15. Jh. n. Chr. unbewohnt vorgefunden wurde, war entweder die zahlenmäßig geringe Bevölkerung ausgestorben oder die Insel aufgegeben worden. Starke Vulkantätigkeit, die selbst im 19. Jh. noch nicht zum Abschluß gekommen war (Hartnack, a.a.O., S. 19), könnte zur Aufgabe geführt haben.

68 D. J. Wölfel, Die Kanarischen Inseln, die westafrikanischen Hochkulturen und das alte Mittelmeer, in Paideuma, 4, 1950, S. 245f. Die Möglichkeit einer »sekundären Primitivität«, d. h. ein späteres kulturelles Absinken, kann wohl ausgeschlossen werden, Heß, a.a.O., S. 185.

69 So Heß, a.a.O., S. 183, 186; Wölfel, a.a.O., S. 241f.; ders., Monumenta linguae canariae, 1965, S. 4. Für die Einwanderung von See her sprechen auch die Bildritzungen von Schiffen. Dabei dürfte es sich um seetüchtige Segelschiffe gehandelt haben. Vgl. auch Sieveking, Wanderung d. Megalithen, S. 321. Beachtenswert hoch war die Stellung der Frau in Familie und Gesellschaft.

70 Lokalisationen des Laistrygonenlandes: Für ein Land im hohen Norden: Krates von Mallos, Ramus, Zeller, Marg, Spanuth (norweg. Küste). Für Sizilien: Thukydides, Eustathios, Strabo, Soave, Butler, Pocock, Gebr. Wolf. Für Formia: Cicero, Horaz, Plinius, Clüver. Für Korsika: Bérard, Bradford, Obrégon. Für Nordafrika: Hennig.

71 Langerhans, a.a.O., S. 103: »Die nördlichen Winde sind am häufigsten. Wochen- bisweilen monatelang weht der Wind von Norden, Nordosten und Osten.«

72 Schulten, Tartessos, S. 115; Möller, Der neue Teneriffa-Führer, S. 35. Über die

Strömungs- und Windverhältnisse an der portugiesischen Küste vgl. H. Lautensach, Portugal, Gotha 1932, I, S. 23f. In den Monaten Mai bis Juli herrschen bei vorwiegend N- und NW-lichen Winden Strömungen mit einer ausgesprochenen Südkomponente. In den anderen Monaten, in denen SW-liche Winde nicht selten sind, wechseln südliche und nach Norden gerichtete Driften.

73 Die Gründung des eigentlichen, historischen Tartessos wird für die Zeit von 1200–1150 v. Chr. angesetzt. Schulten, a.a.O., S. 9f. Man nimmt jedoch ein sog. Vor-Tartessos bereits zu Beginn des 3. Jahrtausends v. Chr. an. Hennig, Terrae Incognitae, S. 53.

74 Vgl. dazu eingehend Schulten, a.a.O. Für die Gegend von Astia Regia: Moscati, Die Phönizier, S. 438: »Auf jeden Fall muß sich das alte Zentrum im Bereich des Quadalquivir befunden haben, aber die Archäologie hat bis jetzt Überreste von ihr nicht mit Sicherheit feststellen können.« Vgl. ferner P. Herrmann, Sieben vorbei, S. 44.

75 Vgl. hierzu H. Lautensach, Portugal, I, S. 1: Bereits das Itinerar des Kaisers Antoninus (3. Jh. n. Chr.) verzeichnet an der Mündung des Flusses Durius die Siedlung Cale, deren Name in Vila Nova de Gaia weiterlebt. Ders., Iberische Halbinsel, München 1964, S. 466f. Ferner L. Siegesmund, Portugal, Nürnberg 1973, S. 102f. In der Stein- und Bronzezeit gab es hier mehrere Siedlungen der Kelten und Iberer. »Griechen sind schon gegen 2000 v. Chr. als Händler seßhaft gewesen«. Vgl. weiter Grieben, Reiseführer Bd. 276, Portugal, 1970, S. 18 u. 170f.; Aschbacher, Goldstadt-Reiseführer Bd. 271, Portugal, 2. Aufl., 1974, S. 286; H. E. Friedrich, Iberische Halbinsel, Opladen 1967, S. 523f. u. 540f.; H. Strelocke, Portugal, Stuttgart 1968, S. 190.

76 Eine weitere gute Landmarke ist der 237 m hohe Monte de Santo Ovidio 4½ sm so-lich der Mündung des Dóuro. – Die Geschwindigkeit der Gezeitenströme kann sich bis auf 7 sm/h steigern. Handbuch der Nord- und Westküste Spaniens und der Küste Portugals, Hamburg 1968, S. 325f. – Der mittlere Springtidenhub erreicht vor den Flußmündungen Höhen von 3,5–4 m. Lautensach, Portugal, S. 26.

77 Den Nachweis der alten Quellen und Brunnen von Vila Nova de Gaia verdanke ich Herrn Dr. Valle aus Porto. Zur Versandung vgl. G. A. Himmel, Porto, die andere Hauptstadt, in Merian Heft 4/XXV, Portugal, S. 33, und Grieben, a.a.O., S. 170.

78 Leider ist die Siedlungsgeschichte Portugals bis heute noch ungeklärt, vor allem, was die Zeit vor dem Eintreffen der Iberer und Kelten, die sich später zu den Keltiberern vermischt haben, angeht. Wenig ergiebig Piggott, Vorgeschichte Europas, S. 284, der nur von Iberern, Kelten und Keltiberern spricht. Aschbacher, a.a.O., S. 112, bezeichnet, offenbar Schulten, Iberische Landeskunde, I, folgend, die Lusitaner als einen iberischen Bruderstamm, wobei er zugleich hervorhebt, die Iberer seien ein den Berbern verwandtes, ackerbautreibendes Volk. Die Berber gehören jedoch zum Teil zu einem hellen, großen Menschenschlag, siehe Anm. 44 u. 45. – Grieben, a.a.O., S. 18, bemerkt: »Wie dem auch sei, die

Lusitaner, in denen wir die wahre Urbevölkerung Portugals zu sehen haben, hatten zweifellos stark keltischen Einschlag.« Dabei bleibt die Frage offen, inwieweit die Träger der jungsteinzeitlichen Megalith-Kultur, zu deren Kreis auch Portugal gehört, mit den Lusitanern verwandt sind. Richtiger: Grieben, Reiseführer, Bd. 263, Nordspanien, S. 19: »Sie (die Lusitaner) stammen wahrscheinlich von den aus Afrika kommenden Cro-Magnon-Menschen.« – Strabo bezeichnet die Lusitaner als die mächtigste Nation der Iberischen Halbinsel. Wie die Oistrymnier benutzten sie Fellboote. Vgl. R. Allemann, 8mal Portugal, München 1971, S. 153.

79 Über die Kelten in Spanien Schulten, Tartessos, S. 127. Für das 6. Jh. v. Chr. auch Lautensach, Portugal, S. 90. Dillon, Die Kelten, S. 14, weist darauf hin, daß nach schriftlichen Zeugnissen die Kelten im 6. Jh. v. Chr. im südwestlichen Spanien saßen.

80 Vgl. V. und G. Leisner, Die Megalithgräber der Iberischen Halbinsel, Berlin 1956, 2 Bde. Die Megalither saßen auch an der spanischen Mittelmeerküste in Almeria und Los Millares. – Bradford, Reisen mit Homer, S. 109, sieht in den Laistrygonen ebenfalls Megalither. Obwohl die Lusitaner vermutlich zu den erst im 3. Jahrtausend v. Chr. von See her auf die Iberische Halbinsel eingewanderten Megalithern gehören, kann man sie wegen der langen Dauer ihrer Anwesenheit mit Recht als die Urbevölkerung Portugals bezeichnen. – Die Klärung der Frage, inwieweit zwischen den Namen der Laistrygonen und der Lusitaner sowie der wahrscheinlich ebenfalls megalithischen Oistrymnier eine sprachliche Beziehung besteht, wäre Sache der Philologen. Die Ableitung dieser Namen ist bisher ungeklärt. Eine Bejahung der Frage würde unsere Lokalisation untermauern.

81 Dillon, a.a.O., S. 56, bemerkt, daß die britannischen Frauen ihren gallischen Schwestern an Kraft der Persönlichkeit und politischem wie militärischem Ansehen kaum nachstanden.

82 Diese Erklärung findet sich vielfach in alten Kommentaren zur Odyssee. Dafür auch D. Mülder, Der wahre große und unvergängliche Homer, I, Die Odyssee, Leipzig 1935, Sp. 190 Anm. 6; Dörpfeld, Homers Odyssee, S. 253, unter Hinweis auf eine wegen der Tse-Tse-Fliegen in Afrika herrschende Sitte, die Rinder bei Nacht weiden zu lassen. Für Weidepfade auch A. Herrmann, Die Irrfahrten des Odysseus, S. 17; Hennig, Die Geographie des homerischen Epos, S. 82; Gebr. Wolf, Der Weg des Odysseus, S. 47.

83 Kühn, Wenn Steine reden, S. 100; v. Cles-Reden, Die Spur der Zyklopen, S. 44, 49. – Daß die alte Sage, Lissabon trage seinen vorrömischen Namen Olisipio von seinem Gründer Odysseus = Ulysses = Ulisipio, auf Tatsachen beruht, erscheint wenig wahrscheinlich. Allenfalls könnte man aus der Sage schließen, daß Odysseus in diese Gegend gekommen ist.

84 Da häufig lebende Tiere mitgeführt wurden, vgl. Bradford, a.a.O., S. 129, 199, war es möglich, für mehrere Wochen Lebensmittelvorräte an Bord zu halten.

85 Vgl. Nansen, Nebelheim, II, S. 349 Anm. 30. Diese Berechnungen sind trotz

der im Laufe der Jahrhunderte eingetretenen Veränderungen für unsere Zwecke verwendbar, weil die Abweichungen nur unwesentlich sind.

86 Lokalisierungen der Kirke-Insel Aia: Für eine Insel im Tyrrhenischen Meer: Hesiod. Für Kap Circeo, zwischen Rom und Neapel: Eustathios, Clüver, Soave, Bradford, v. Coudenhove-Kalergi. Für Lipari: Butler. Für Ustica: Pocock, Gebr. Wolf. Für Elba: Champault. Für Ischia: Obrégon. Für eine Insel im Schwarzen Meer: Ricci, v. Wilamowitz-Moellendorff. Für eine Ostsee-Insel: Ramus, Zeller. Für eine der Kanarischen Inseln: Breusing. Für Madeira: Schulten.

87 E. Wasmund, Der unterseeische Rücken von Südstrand, in Geologie der Meere und Binnengewässer, 1937; Spanuth, und doch: Atlantis enträtselt!, S. 81.

88 Über die Topographie von St. Kilda vgl. Handbuch der Westküste Schottlands, 4. Aufl., Hamburg 1961, S. 293. Die heute unbewohnte Insel war in vorgeschichtlicher Zeit bewohnt, wie ein dort gefundenes Steingrab beweist. v. Cles-Reden, Die Spur der Zyklopen, S. 264. – Über Foula vgl. Nordsee-Handbuch, Nördlicher Teil, 6. Aufl., Hamburg 1957, S. 208.

89 Handbuch der Westküste Schottlands, a.a.O., S. 296. A. C. O'Dell u. Walton, The Highlands and Islands of Scotland, London 1962, S. 318: »There is no beach.« – Statt North-Rona steht häufig nur Rona, doch darf die Insel nicht verwechselt werden mit der im Inner Sound gelegenen Island Rona (South Rona).

90 Nordsee-Handbuch, a.a.O., S. 211.

91 R. M. Lockley, I know an island, London 1938, S. 148f. – Über die ursprüngliche Bewaldung der Orkney- und Shetland-Inseln vgl. Sölch, Die Landschaften der brit. Inseln, II, S. 1090f. – Die Insel Fair besitzt einen Flugplatz und seit 1946 eine Vogelschutzwarte; sie gehört verwaltungsmäßig zu den Shetland-Inseln.

92 v. Cles-Reden, Die Spur der Zyklopen, S. 279.

93 Nordsee-Handbuch, a.a.O. Auf den Shetlands dauert der längste Tag 18 1/2, der kürzeste Tag 5 1/2 Stunden. Sölch, a.a.O., II, S. 1087.

94 Strabo, Geographie IV, 6 u. VI; Pomponius Mela, Chorographia III, VI 8. Die Insel Sena ist die heutige »Ile de Sein«. Vgl. Chadwick, Die Kelten, S. 246.

95 Siehe N. Chadwick, a.a.O., S. 248f.; Tacitus, Annalen XIV 30.

96 Moreau, Die Welt der Kelten, S. 102; Dillon, Die Kelten, S. 33.

97 Für eine keltische Besiedlung Britanniens in der 2. Hälfte des 2. Jahrtausend v. Chr. haben sich ausgesprochen: J. Abercromby, A Study of the Bronze Age Pottery of Great Britain and Ireland, Oxford 1912; O. G. S. Crawford, J. Loth, Revue Celtique, Bd. 38, 1921; H. Hubert, The rise of the Celts, London 1934, und neuerdings M. Dillon, a.a.O., S. 14 u. 380. Dagegen v. Adelmann u. Whittet, Schottland, Wien 1938. Ebenso hält Moreau, a.a.O., S. 18, eine keltische Invasion der Britischen Inseln in der ausgehenden Kupfer- und beginnenden Bronzezeit für nicht vertretbar. Demgegenüber K. Kluxen, Geschichte Englands, Stuttgart 1968, S. 4: »Nach 900 v. Chr. begannen die Kelten einzusik-

kern, die nach 750 v. Chr. in größeren Scharen an den Südost-Küsten anlangten«. H. Kühn in K. Ploetz, Auszug aus der Geschichte, 26. Aufl., Würzburg 1960, S. 45: »Die keltische Einwanderung fällt in das 8. Jahrhundert.«

98 Dillon, a.a.O., S. 53; Moreau, a.a.O., S. 102; Bibby, Faustkeil und Bronzeschwert, S. 344f.

99 Abbildungen von Skara Brae und Maes Hove bei Bibby, a.a.O., S. 248 u. 325f. Abbildungen von Steinsetzungen auf den Orkney-Inseln bei v. Adelmann u. Whittet, a.a.O. Leider ist das Grab von Maes Hove i. J. 1150 n. Chr. von dem Wikingergraf Rognvald geplündert worden; dabei wurde ein großer Schatz entführt, wie eine Runeninschrift erzählt.

100 H. Marzell, Zauberpflanzen, Hexentränke, Kosmos, Bd. 241, Stuttgart 1963, S. 7f.

101 H. Hertwig, Knaurs Heilpflanzenbuch, München 1954, S. 134 u. 169. – Eine weitere Lauchart mit gelblich-weißen Blüten und brauner Zwiebelwurzel, die auch in den nördlichen Gebieten Europas an felsigen Orten vorkommt, ist der Allermannsharnisch *(Allium victorialis)*. Er wird gleichfalls als Antizauberkraut öfter erwähnt. Vgl. Bradford, Reisen mit Homer, S. 119; Marzell, a.a.O., S. 21; G. Hegi, Illustrierte Flora von Mitteleuropa, München 1939, II, S. 275. Es wurde ihm nachgesagt, er mache seinen Träger gegen alle Einflüsse unverwundbar, auch solle er das Vieh vor Verhexung schützen. Man vergrub ihn deshalb unter der Stalltür.

102 Hertwig, a.a.O., S. 134.

103 Marzell, a.a.O., S. 47f. Bemerkenswert sind die dort erwähnten, nicht ungefährlichen Selbstversuche zweier deutscher Wissenschaftler aus den Jahren 1954 und 1960 mit Hexensalben nach alten Rezepten, die zu den gleichen wilden, bedrückenden Träumen führten, wie sie die Hexen in den Gerichtsprotokollen bekundeten.

104 Über die Verwandlung in Schweine vgl. R. Wildhaber, Kirke und die Schweine, Schweiz. Archiv f. Volkskunde, Bd. 47, 1951, S. 234. – J. G. Kohl, Reisen in Schottland, Dresden u. Leipzig 1844, II, S. 65f. Die Speise wurde Atholl broose genannt.

105 A. Weiher, Odyssee, 3. Aufl., 1967, S. 281, übersetzt zutreffend »Rauschtrank«. Über die Etymologie von *methy* vgl. J. B. Hofmann, Etymologisches Wörterbuch des Griechischen, Darmstadt 1971, S. 194, und von »Met« F. Kluge, Etymologisches Wörterbuch der deutschen Sprache, 18. Aufl., Berlin 1960, S. 475, sowie Duden, Etymologie, Mannheim 1963, S. 437. – Vgl. zur Frage des Wildbeerenweins E. Stempflinger, Antiker Aberglaube in modernen Ausstrahlungen, Leipzig 1922, S. 74, und M. Höfler, Volksmedizinische Botanik der Germanen, Wien 1908. Zum Rotfärben des Weines dienten vor allem die Beeren des Holunders.

106 Für die Ableitung vom norwegischen *faar oe* = Schaf Insel Sölch, a.a.O., II, S. 1093, und Lockley, a.a.O., »Fair Isle is an anglicized form of ›Faeroe‹, meaning ›Sheep Isle‹.« Hierfür könnte der Umstand sprechen, daß ein großer Teil

der nordschottischen Insel- und Ortsnamen als Folge einer jahrhundertelangen Besetzung norwegischen Ursprungs ist. Das gilt aber nicht für die benachbarten Orkney-Inseln und eine ganze Reihe der Hebrideninseln, die Namen älteren Ursprungs tragen. Vgl. W. C. Mackenzie, Scottish Places-Names, London 1931, S. 123f. Er erwähnt auffallenderweise die Fair-Insel überhaupt nicht, dagegen deutet er den Namen der Insel Fiarey (nördlich von Barra) als *sheep isle* = Schafinsel (S. 128). Nach a. A. ist der Name von keltisch *fair ge* = stürmischer Ozean abzuleiten.

107 Dagegen sprechen auch nicht die im 10. Gesang, Vers 212f. erwähnten Löwen und Wölfe aus dem Bergland. Bei den Löwen dürfte es sich möglicherweise nicht um verzauberte Exemplare der afrikanischen Großkatze *(felis leo)*, sondern um gezähmte Luchse *(lynx lynx)* handeln. Der hochläufige (75 cm) Luchs, der eine Körperlänge von 130 cm erreicht, wozu noch 15–20 cm Schwanz kommen, der bis zu 45 kg schwer wird und ein rötlich braunes Fell mit einem mähnenartigen Backenbart, ähnlich dem Löwen, besitzt, bewohnt vorzugsweise bewaldete Bergzonen. Er war früher über Europa verbreitet und galt, da er an Stärke dem Leoparden gleichkommt, schon immer als eine gefährliche Raubkatze. In die Enge getrieben, greift er mit seinen mächtigen Pranken und scharfen Krallen auch den Menschen an, so daß die Furcht der Gefährten vor diesen Tieren nicht unbegründet war. Vgl. hierzu Brehms Tierleben, Der kleine Brehm, Berlin 1924, S. 621f. und Brehms Neue Tierencyclopädie, Bd. 2, Freiburg 1974, S. 82f. Die mit ihren »langen Schweifen wedelnden« Wölfe finden sich noch heute in den Wildreservaten Nordschottlands.

108 Cary u. Warmington, Die Entdeckungen d. Antike, S. 391; Th. v. Scheffer, Homer und seine Zeit, Wien u. Leipzig 1925, S. 74; Dörpfeld, Homers Odyssee, S. 206f.

109 So überzeugend Schulten, Iberische Landeskunde, I, S. 70, bei der Beschreibung der Fahrt des Pytheas: »... und England erreichte und umfuhr, wo das Nebelland der Kimmerier ... wirklich vorhanden war ...« Auch nach Breusing, Die Irrfahrten des Odysseus, S. 63, ist wegen des ewig trüben und wolkenbedeckten Himmels das Kimmererland in Britannien zu suchen, und zwar an der Südwestküste Englands. Nach Hennig, Die Geographie d. hom. Epos, ist Wales oder Cornwall das Kimmererland. Für ein Land im Norden Europas ferner E. Prigge, Homers Odyssee, Frankfurt–Berlin 1914, S. 191 Anm. 13; W. Marg, Gnomon, 42, S. 234; Bradford, Reisen mit Homer, S. 136. Etwas überspitzt, aber im Grunde nicht so abwegig, war darum die Ansicht des Krates von Mallos aus dem 2. Jh. n. Chr., der das Land der Kimmerer an den Nordpol (Polarzone) verlegte. – Andere Lokalisationen des Kimmererlandes: Für das Schwarze Meer: Eustathios, Nansen. Für Sizilien: Gebr. Wolf. Für Sardinien: Champault. Für Ceuta: Pocock. Für Gibraltar: Obrégon. Für Jütland: Poseidonios, Strabo, Diodor, Plutarch, Spanuth. Für die dänische Insel Seeland: Zeller. Für die Bretagne: P. Herrmann.

110 Der Name der Kymrer, der soviel wie »Landsleute« bedeuten soll (N. Chad-

wick, Die Kelten, S. 145), hat sich in Britannien nur vereinzelt erhalten. Da ist einmal in Schottland die im Firth of Clyde gelegene Insel Cumbraes. Cumbraes bedeutet »island of the Cymry« (Mackenzie, Scottish Places-Names, S. 130). Sodann hatte sich der Name bis zum Eindringen der Angeln und Sachsen in Wales erhalten, das zuvor Cymru hieß, bis es um 450 n. Chr. seinen jetzigen Namen Wales von angelsächsisch *wealth* = fremd von den Eindringlingen erhielt. Man bezeichnet aber heute noch die (vorwiegend keltischen) Bewohner von Wales als Kymren. – Die cymrische Sprache, das Walisische, gehört zum britannischen Zweig des Inselkeltischen, und zwar zum P-Keltischen, zusammen mit dem Cornischen und dem Bretonischen. Das Walisische enthält Reste einer nichtindogermanischen Satzlehre. Diese Sprachreste und eine dem Keltischen nicht eigentümliche Königsfolge in der weiblichen Linie gelten als Zeichen einer Verschmelzung mit einer vorkeltischen Urbevölkerung, deren Sprache und Symbole bis heute ungeklärt sind. Das gilt auch für den p-keltischen Dialekt in Schottland. Piggott, Vorgeschichte Europas, S. 283: »Für das Pikten-Gebiet im östlichen Schottland läßt sich aufgrund sprachwissenschaftlicher Überlegungen eine Verschmelzung eines p-keltischen Dialekts, der jedoch nicht identisch ist mit dem Alt-Britonischen und vermutlich älter ist, mit einer lokalen, nicht indoeuropäischen Sprache annehmen.«

111 Die lebhaft umstrittene Frage, ob die Picten ein vorkeltisches, vielleicht ein nichtindogermanisches Volk oder ob sie Kelten sind, ist bis heute ungeklärt. Vgl. Childe, The Prehistory of Scotland, S. 261; Sölch, Die Landschaften d. brit. Inseln, II, S. 975 f.; Mackenzie, a.a.O., S. 264, 265, spricht sich dafür aus, daß die Picten weder »Cymric Celts« noch »Gaelic Celts« sondern ein über See eingewandertes »fremdes« Volk seien. Forbiger, Handbuch der alten Geographie, III, S. 197 Anm. 32, meint, die Kymri oder Kimri seien die keltischen Ureinwohner Britanniens gewesen. – Die Picten (der angeblich lateinische Name *picti* = die Angemalten soll daher kommen, daß sich die Picten anmalten oder tätowierten) saßen vorwiegend in den nördlicheren Teilen, die Scoten im Süden Schottlands (und in Irland). Über die Kämpfe der Kymry in Südschottland mit den Scoten vgl. Sölch, a.a.O., II, S. 858.

112 Nordsee-Handbuch, Nördlicher Teil, S. 371, 374. Über die Gefährlichkeit des Pentland Firth für die Schiffahrt vgl. auch O'Dell-Walton, The Highlands... of Scotland, S. 30 f. Die sonst schwer erklärbare Tatsache, daß Kirke die schwierigen und ungewöhnlichen nautischen Verhältnisse an der schottischen Nord- und Westküste gut gekannt hat, überrascht nicht, wenn sie eine Angehörige des Megalithvolkes war; denn die Megalither nahmen auf ihren Seewanderzügen den Weg durch die Irische See entlang der Westküste Schottlands und an der nordschottischen Küste vorbei durch den Pentland Firth über die Nordsee. Vgl. C. A. Nordmann, The megalithic culture of Northern Europe, Suomen XXXIX, Helsinki 1935, S. 80.

113 Die Bemerkung über die Weiden, »denen die Frucht verdirbt«, bestätigt eine Lage im hohen, kühlen und feuchten Norden. Im Gegensatz zu den windblüti-

gen Pappeln sind die Weiden Insektenblütler. Da sie z. Teil, so die Sal- und die Korbweide, bereits im März und April blühen, unterbleibt bei der unfreundlichen kalten Witterung, die ein Ausfliegen der Insekten verbietet, meist die Bestäubung und damit die Fruchtbildung.

114 T. Strang, The Northern Highlands, Edinburgh 1970, S. 21, 164. Der Name Smoo wird vom norwegischen *smuga* abgeleitet, d. i. eine enge Spalte zum Durchkriechen. Ebenso ist *geodha* norwegischen Ursprungs und bedeutet Höhle. Mackenzie, Scottish Places-Names, S. 154.

115 Ob das griech. Wort *erebos* = Dunkel, Unterwelt, Totenreich, mit dem Namen der dicht bei der Höhle von Smoo liegenden Meeresbucht Loch Eriboll und dem Dorf Eriboll zusammenhängt, ist zweifelhaft. Während Loch keltisch ist und »See, Sund« bedeutet, soll Eriboll norwegisch sein und die Bedeutung »Stadt am Sandstrand« haben. Strang, a.a.O., S. 161: »Eriboll was Eyrr-bol or Beach Town.« Ob diese Deutung richtig ist oder der Name älteren Ursprungs, bleibt fraglich. – Nicht weit von der Höhle Smoo entfernt liegen die Orkney-Inseln, die nach dem nördlichsten Landvorsprung Britanniens Orkan oder Orkas, in der Antike Orkaden hießen. Ob zu dem röm. Wort *orcus* = Unterwelt eine Beziehung besteht, ist eine weitere philologische Frage, deren naheliegende Bejahung unsere Lokalisierung bestätigen würde.

116 Nordsee-Handbuch, a.a.O., S. 76f. u. 211f. Die Gegenströmung, mit der Odysseus zum Hades fuhr, setzt in südwestlicher Richtung auf die schottische Nordküste. – Bei den hier gegebenen harten Gesteinsformationen dürften sich die Strömungsverhältnisse seither nur unwesentlich verändert haben.

117 Es ließe sich auch eine befriedigende Erklärung der Ströme der Unterwelt (10, 513f.) geben. Die zwei starken Ströme, der Pyriphlegethon und der Kokytos, sind die beiden hier in Nordschottland aufeinander treffenden Ströme des Nordatlantiks und der Nordsee, die sich im Fluß der Höhle Smoo, im Acheron, vereinigen, während sich von der Erde herab der Allt Smoo, die Styx, in die Höhle ergießt. Vgl. dazu Dörpfeld, Homers Odyssee, S. 233. Da die inneren Teile der Höhle Smoo ständig unter Wasser stehen, kann man in sie als die eigentliche Unterwelt nur mit Hilfe eines Kahnes gelangen. Man benötigte also den Fährmann Charon.

118 Handbuch der Westküste Schottlands, S. 388f.

119 H. E. Friedrich, Großbritannien, Teil 2, Schottland/Irland, Opladen 1963, S. 359. Handbuch der Westküste Schottlands, S. 78: »Starkwind (Windstärke 6 und 7 Bft) und Sturm (Windstärke 8 Bft und mehr) können hier zu jeder Jahreszeit aus jeder Richtung auftreten; sw-liche bis NW-liche Richtungen sind aber bevorzugt.« – Von der nordirischen Küste bis nach Westschottland verlief einstmals eine vulkanische Störungslinie. Vielleicht ist die Stelle 12, 68, wo von verderblichen Feuerwirbeln die Rede ist, eine Erinnerung an diese tertiäre Vulkantätigkeit. Die erkaltete Lava hat in den Giant Causeway in Nordirland und in der Fingals-Höhle auf der Insel Staffa bizarre Formen zurückgelassen.

120 Mason, Das alte Peru, berichtet S. 87 von einem in ganz Amerika anzutreffen-

den Brauch im 1. Jahrtausend v. Chr., die Toten in ihren endgültigen Grabstätten erst dann beizusetzen, »wenn das Fleisch verwest war«. Zuweilen wurden nur die entfleischten Schädel beigesetzt. Aus Europa kennen wir aus zahlreichen Funden die isolierte Schädelbestattung mit Ockerbestreuung. Am bekanntesten ist der Schädelfund der Ofnet-Höhle. Vgl. dazu v. Cles-Reden, a.a.O., S. 23 f., 283 f.

121 Die später von den Kanalküsten und von Norddeutschland nach England eingewanderten Völker der Streitaxtkulturen kannten nur die Einzelbestattung. Nach den neuesten, 1972 bis 1974 durchgeführten Forschungen des Engländers C. Renfrew sind die ältesten Kammergräber auf Orkney in die Zeit um 3700 v. Chr. zu datieren. Die Ausgrabungen ergaben, daß hier nur die entfleischten Knochen beigesetzt wurden. Vgl. H. Steinert, Riesengräber auf kargen Inseln, in Der Tagesspiegel, Nr. 9590 vom 10. 4. 1977, S. 20. C. Renfrew, Ancient Europe is older than we thought, in National Geographic, Nov. 1977, Vol. 152, Nr. 5, S. 615 f.

122 Vgl. Lamer-Kroh, Wörterbuch der Antike, Stichwort »Seirenen«, S. 530 und »Seele«, S. 526 f.

123 Über die alte religiöse Beziehung des Inselnamens vgl. Mackenzie, Scottish Place-Names, S. 127: »The Shiant Isles in the Minch tell us by their name (»blessed« or »holy«) of their religious associations in the remote past...« Das sollen auch die Namen der einzelnen Inseln der Gruppe bestätigen.

124 Handbuch der Westküste Schottlands, Karte der Gezeitenströme, S. 144 f., die bei der besonderen geologischen Beschaffenheit dieses Gebietes im Laufe der Jahrhunderte keine wesentliche Änderung erfahren haben dürfte. Siehe aber auch Anm. 129.

125 Nach Diodor (bibliotheke 4, 56) sind die Argonauten vom Schwarzen Meer aus den Tanais-Fluß bis zu seiner Quelle hinaufgefahren. Nachdem sie ihr Schiff ein Stück über Land gezogen hatten, sind sie auf einem Fluß in den Atlantik gelangt und bei Gadeira in das Mittelmeer eingefahren. Vgl. dazu Schulten, Tartessos, S. 59 f. und Iberische Landeskunde, I, S. 41 u. 67, unter Hinweis auf Hesiod und Timaios. Vermutlich erreichten die Argonauten über Dnjestr und Weichsel die Ostsee oder über Donau und Elbe die Nordsee.

126 F. F. Darling, The Scottish Countryside, 1950/51, S. 37, hebt ausdrücklich die Unbesteigbarkeit hervor. Vgl. ferner H. A. Piehler, Schottland für jedermann, Stuttgart 1966, S. 180: »Für Anfänger ist ein Bergführer unerläßlich.« Friedrich, Großbritannien, Teil 2, S. 359; Nagels Reiseführer, Großbritannien und Irland, 3. Aufl., Genf 1973, S. 805. Hier zeigt sich wieder einmal die meisterliche Kunst Homers, einen Ort so zu charakterisieren, daß eine Lokalisierung noch heute möglich ist.

127 Bei Springtide erreicht die Flut lt. engl. Seekarte Nr. 1 594 eine Höhe von 15,4 feet = 4,69 m über Ankergrund, beim niedrigsten Stand, also bei Nipptide, 11,3 feet = 3,44 m.

128 Handbuch der Westküste Schottlands, S. 430. Bemerkenswert ist, daß sich

Spring- und Nipptide hier im Mittel wie 3:1 verhalten, in der Deutschen Bucht dagegen wie 4:3, a.a.O., S. 106. – Wenn Kirke dem Odysseus erzählt, daß die Charybdis dreimal am Tage das Wasser einschlürfe und ausspeie, so kann diese Dreizahl auch damit zusammenhängen, daß an der Nordküste Schottlands und den Orkney-Inseln die Gezeitenströme je etwa vier Stunden lang in der einen oder der anderen Richtung setzen, wobei der Richtungswechsel sich in langsamer Drehung vollzieht, ohne daß Stillwasser eintritt (Nordsee-Handbuch, Nördlicher Teil, S. 76); so entsteht der Eindruck, Ebbe und Flut wechselten dreimal am Tage.

129 Handbuch der Westküste Schottlands, S. 423, 430. Dabei ist zu bedenken, daß vor 2600 Jahren der Meeresspiegel höher lag, da er seit 4000 v. Chr. in Nordwesteuropa ständig absinkt. Clark, Frühgeschichte, S. 25; O'Dell-Walton, The Highlands and Islands of Scotland, S. 58.

130 Handbuch, a.a.O., S. 401. Die engl. Seekarte warnt vor gefährlichen Fallwinden am Südausgang der Kyle Rhea: »With southerly winds heavy overfalls on the S. going stream dangerous for boats.«

131 Handbuch, a. a. O., S. 430f. Auffällig im Zeitalter des Radargerätes und der guten Leuchtfeuermarkierung ist die Warnung des Handbuches, nachts sollten Ortsunkundige die Durchfahrt nicht unternehmen.

132 Gezeitenkarte S. 123–135 des Handbuches a.a.O. und die Angaben der engl. Seekarte Nr. 1 594.

133 Piehler, a.a.O., S. 178: »Notorisch ist der Regen dort.« Handbuch, a.a.O., S. 20: »Wolkenloses Wetter kommt selten vor. Relative Luftfeuchtigkeit unter 50 % ist... selten.« Im Jahresdurchschnitt betragen die Niederschläge auf den Cuillins mehr als 3 m! Sölch, Die Landschaften d. brit. Inseln, II, S. 1077.

134 Dafür, daß es sich um einen Riesenkraken gehandelt hat, auch Schulten, Tartessos, S. 58. Für einen Architeuthis ebenfalls Bradford, Reisen mit Homer, S. 179. Schon vorher ebenso Breusing, Die Irrfahrten des Odysseus, S. 67. – Über die Riesenkrake siehe B. Grzimeks Tierleben, Weichtiere und Stacheltiere, III, Zürich 1970, S. 209f. Bei der von Homer nur mit 6 angegebenen Zahl der Fangarme (»Hälse«) ist zu bedenken, daß das Untier sich mit den anderen Fangarmen in der Höhle festgehalten hat. – Bereits der römische Naturforscher Plinius d. Ä. berichtet (9, 89), daß an der andalusischen Küste ein Polyp gefangen wurde, der Fangarme von 10 m Länge und einen Kopf so groß wie ein Faß hatte. Wie die Stelle 5, 431 ergibt, kannte Homer den einfachen Polypen.

135 Inwieweit der Name des Ungeheuers Skylla mit dem Inselnamen Skye zusammenhängt, ist bislang nicht geklärt. Der Name der Insel ist jedenfalls sehr alt. Schon Ptolemaios erwähnt die Insel als Skitis oder Sketis; bei den Römern hieß sie Scitis. Vgl. W. J. Watson, The History of the Celtic Place-Names of Scotland, Edinburgh 1926, S. 39; O'Dell-Walton, a.a.O.

136 So dürfte es sich bei dem 12, 102, 432 erwähnten Feigenbaum weder um die echte Feige *(ficus carica)* noch um die Maulbeerfeige oder Sykomore *(ficus sycomorus)* mit ihren schwachen, milchigen Ästen gehandelt haben. Wahrscheinlich

war es ein Bergahorn *(acer pseudoplatanus)*, ein Baum der feuchten Gebirgswälder mit mächtigen Zweigen und feigenbaumähnlichen Blättern. Die große Ähnlichkeit mit dem Feigenbaum hat offenbar dazu geführt, daß der Bergahorn im Englischen *sycamore* heißt! Übrigens soll die Feige erst in der nachhomerischen Zeit in Griechenland eingeführt worden sein. Vgl. Das große illustrierte Pflanzenbuch, Lexikoninstitut Bertelsmann, Gütersloh 1966, S. 603. Eine Unsicherheit Homers wäre daher verständlich.

137 Während sich auf der Nordseite der Bernera-Bucht Sandgrund findet, ist der Grund der Kyle Rhea felsig (Handbuch, a.a.O., S. 426, 431), also ebenfalls schwarz.

138 Es ist die einzige aller Hebrideninseln, über deren Bedeutung ihres Namens = *insula porcorum* Einigkeit besteht. Mackenzie, Scottish Place-Names, S. 25.

139 Handbuch der Westküste Schottlands, S. 278, 279.

140 Handbuch, a.a.O., S. 76f. und 278.

141 Da die Insel aus demselben harten Tertiärgestein besteht wie Skye (vgl. I. G. McIntosh; C. B. Marshall, Face of Scotland, Oxford 1966, S. 2 und 164), ist eine erhebliche Formänderung im Laufe der Jahrhunderte unwahrscheinlich.

142 Sölch, Die Landschaften d. brit. Inseln, II, S. 985 und 1079. Über das unverwechselbare Aussehen der großgehörnten schottischen Hochlandrinder vgl. G. Rae and Ch. Brown, A Geography of Scotland, London 1966, S. 30: »... the picturesque Highland cattle, whose shaggy tancoulered hide and outspread horns are easy to distinguish.« – Der Rinderraub spielt in der irischen Sagenwelt eine große Rolle. Im sog. Ulsterzyklus ist der Viehraub von Cooley die zentrale Erzählung, vgl. Dillon, Die Kelten, S. 429. – Die der Anzahl der Tage im Jahr entsprechende, kultische Zahl 350 (7 × 50) der Rinder und Schafe des Sonnengottes deutet auf eine »heilige« Insel.

143 Nur die Shetlands und einige Strecken der isländischen Küste sind noch sturmreicher als die Hebriden, Handbuch, a.a.O., S. 78.

144 So z. B. noch in jüngster Zeit Gebr. Wolf, Der Weg des Odysseus, S. 61f. und S. 212 Anm. 70. Sehr zu Unrecht werfen sie Dörpfeld, A. Hermann und Bradford vor, daß diese eine zweite Durchfahrt ablehnen, wie das schon zuvor Clüver und Butler zutreffend getan hatten.

145 Über die Wassertemperatur an der Westküste Schottlands vgl. Klute, Handbuch der geographischen Wissenschaft, S. 234. Im August ist das Oberflächenwasser am wärmsten. Vgl. Handbuch der Westküste Schottlands, S. 97. Das gilt auch für die Irische See. Siehe Handbuch der Irischen See, Hamburg 1972, S. 72f. – Die »langen Tage« fallen in Nordschottland zwischen Ende Juni und Anfang Juli. Vgl. Nagels Reiseführer, Großbritannien und Irland, S. 847.

146 Handbuch der Westküste Schottlands, S. 109. Siehe dort auch die Gezeitenstromkarten S. 110–122. Über die starke Gezeitenströmung in der Irischen See vgl. Handbuch der Irischen See, S. 88f. Entsprechend bedeutend ist auch die Fluthöhe. Der mittlere Springtidenhub beträgt vor der schottischen Westküste 4 m, bei der Insel Man sogar 6–7 m!

147 W. Radcliffe, The Isle of Man, London 1925, S. 5: »The situation of the Island in the centre of the Irish Sea...«. R. H. Kinvig, A History of the Isle of Man, Liverpool 1950, S. 1: »Placed as it is in the middle of the Irish Sea...«. Selbst der neueste Polyglott Reiseführer England, 4. Aufl., 1974, beginnt die Beschreibung der Insel mit den Worten: »Mitten in der Irischen See...«.

148 Nagels Reiseführer, a.a.O., S. 685. Der Name Man ist etymologisch ungeklärt; er ist jedenfalls sehr alt. Cäsar nennt die Insel Mona, Plinius d. Ä. Monapia (während er mit Mona die Insel Anglesey bezeichnet) und Ptolemaios Monaoida. Vgl. hierzu A. W. Moore, A History of the Isle of Man, London 1900, I, S. 45; C. E. H. Stenning, Isle of Man, London 1950, S. 4. – Die Inselsprache Manx gehört als Zweig des Inselkeltischen zusammen mit dem Altirischen und dem schottischen Gälischen zur Gruppe des Goidelischen, also zum Q-Keltischen. Sie ist dem Gälischen sehr verwandt, enthält aber zugleich norwegisches Sprachgut, weil die Insel längere Zeit unter norwegischer Herrschaft stand. Vgl. Chadwick, Die Kelten, S. 131f.

149 Moore, a.a.O., S. 26, bemerkt vom Klima: »... the Isle of Man enjoys one of the mildest and most equitable climates in the world.« Ähnlich Radcliffe, a.a.O., S. 6. Über die subtropische Flora der Insel vgl. ferner Stenning, a.a.O., S. 286f. und Sölch, Die Landschaften d. Brit. Inseln, II, S. 1099f. – Mit dem in 5, 60 erwähnten *kedros* dürfte nicht die Libanonzeder *(cedrus libani)* gemeint sein, sondern wahrscheinlich der Wacholder *(juniperus)*, der auf griechisch ebenfalls *kedros* heißt. Auch seine Zweige und Beeren verbreiten beim Verbrennen einen wohlriechenden Duft. Das Wacholderharz diente lange als unechter Weihrauch. Der *thyon* ist der Lebensbaum *(thuja)*, der ebenfalls ein ätherisches Öl enthält. Die »wohlduftende Zypresse« (5, 65) dürfte weniger die in Kleinasien heimische gemeine Zypresse *(cupressus sempervirens)* als die aus Nordafrika und Spanien stammende Sandarakzypresse *(callitris quadrivalvis)* sein, die ein besonders aromatisches Harz besitzt, das Sandarak, das als Räucherpulver gebraucht wurde.

150 A. Schmitthenner, Weinbau und Weinbereitung, Leipzig 1910, S. 195; L. Reinhard, Kulturgeschichte der Nutzpflanzen, München 1911, S. 634. Zum Klimaoptimum in der Bronzezeit: Moreau, Die Welt der Kelten, S. 27: »In der Bronzezeit war das Klima in Mitteleuropa trockener und wärmer als heute.« Ferner W. Wilthum, Glazialgeologische Untersuchungen, Wien 1953. K. Kluxen, Geschichte Englands, S. 2: »Das feuchtwarme Klima der ›Atlantischen Periode‹ (5500 bis 2500 v. Chr.) schlug in ein mehr trocken-warmes Klima um, das nach 700 v. Chr. ozeanischer, aber auch kälter wurde, bis um die Wende zum 4. Jahrhundert n. Chr. die heutigen Klimaverhältnisse vorherrschten«. O'Dell-Walton, The Highlands and Islands of Scotland, S. 55: »From about 1500 B. C. onwards the climate became cooler and wetter...« – Der Hinweis auf den Trauben tragenden Weinstock spricht eher *gegen* eine Lage im Mittelmeerraum, weil er dort nicht erwähnenswert gewesen wäre.

151 R. Petersen, G. Mountfort, P. Hollom, Die Vögel Europas, Hamburg 1954,

S. 51. Vgl. ferner O. und M. Heinroth, Die Vögel Mitteleuropas, Frankfurt/M. 1967, II, S. 118f. Mit einer Spannweite von 135–150 cm sind die Kormorane tatsächlich Tauchvögel »mit langen Schwingen« und bei einer Schnabellänge von 77 mm sind sie »langzüngig«.

152 Nicht entscheidend ist, daß das Wort Druide in den manxschen Ortsnamen sonst kaum vorkommt und der Name »Druidale« neueren (altenglischen) Ursprungs ist. Vgl. Stenning, Isle of Man, S. 13. Die Unterdrückung des Druidennamens ist eine Folge der jahrhundertelangen Bekämpfung der Druiden durch die Römer, Norweger und Sachsen, da sie die Seele des britischen Widerstandes waren. Um so bemerkenswerter ist die spätere englische Namensgebung. An die Druiden erinnert noch das steinerne Grabkreuz von Ballaqueeney (heute im Manx-Museum) aus dem 5. Jh. n. Chr. mit der (übersetzten) Inschrift: »Der Stein von Dovaidu, Sohn des Druiden«. Vgl. Radcliffe, a.a.O., S. 22 und 26.

153 Dillon, Die Kelten, S. 33, weist ausdrücklich auf die vielen Heiligtümer an Quellen hin. Es erwähnt besonders ein Heiligtum der Dea Sequana an der Quelle der Seine und eines der Dea Matrona bei der Marne-Quelle in Frankreich. Für Britannien sind die Kultstätten von Llyn Cerrig Bach in Wales, Santon in Norfolk und Carlingswark in Schottland durch Weihegaben archäologisch nachgewiesen. Piggott, Vorgeschichte Europas, S. 297. Für die zahlreichen Quellheiligtümer auf der Insel Man vgl. Stenning, a.a.O., S. 261f., und Radcliffe, a.a.O., S. 26, 155, 195. Die von Lamer, Wörterbuch der Antike, 2. Aufl., 1933, vorgeschlagene etymologische Ableitung des Namens Kalypso von vorgriechisch *kalys* = Wasser, also Wassergöttin oder Wassernymphe, ließe sich damit vereinbaren.

154 Für die Übernahme megalithischer Kultstätten durch die Kelten vgl. Moreau, Die Welt der Kelten, S. 102. Archäologisch nachweisbar haben keltische Priester Kulthandlungen in den Megalithbauten von Stonehenge durchgeführt. – Bemerkenswert ist, daß die Kelten weder Sessel noch Stühle kannten und zum Essen keine Tische verwendeten, Moreau, a.a.O., S. 105, während sowohl Kirke als auch Kalypso welche benutzten.

155 Kinvig, A History of the Isle of Man, S. 23, 24 sowie die Karte S. 22 und die Abbildungen Fig. 9 und 11. Ferner Sölch, Die Landschaften d. Brit. Inseln, II, S. 1101; Stenning, a.a.O., S. 177 und 192 mit Abb. von Cashtal yn Ard. Mit Recht weist Radcliffe, a.a.O., S. 135, darauf hin, daß es sich bei King Orrys Grave nicht um das Grab eines norwegischen Fürsten, sondern um eine prähistorische Begräbnisstätte handelt.

156 Vgl. Dillon-Chadwick, Die Kelten, S. 130 und 246f.

157 Für eine Lage der Kalypso-Insel im Atlantik haben sich bisher ausgesprochen: Plutarch, De facie in orbe lunae, 26; Eustathios, Kommentar z. Odyssee, 1389; v. Wilamowitz-Moellendorff, Die Phäaken, in Intern. Monatsschrift f. Wiss., Kunst und Technik, 1914, Juniheft; A. F. Pauly – G. Wissowa, Realencyclopädie d. klass. Altertumswiss., Stuttgart 1948, V, S. 889: »im hohen Norden der Erde«; ebenso K. H. W. Völcker, Homerische Geographie und Weltkunde,

Hannover 1830, S. 120f.; Forbiger, Handbuch d. alten Geographie, III, S. 21 Anm. 40; A. v. Humboldt, Kritische Untersuchungen, Berlin 1852, S. 97 Anm. 35 (Madeira); ebenso Breusing, Hennig, Schulten. Für die Azoreninsel St. Miguel: Spanuth, Zeller, Bartholomäus. Für Island: Pillot, Le Code secret de l'Odyssée, Paris 1969.

Ob der Name »Ogygia« von dem phönizischen *uk* = Meer abzuleiten ist (so Hennig, Geographie d. hom. Epos, S. 41, und Schulten, Tartessos, S. 57) oder von *okeanos* (so v. Wilamowitz-Moellendorff, Hom. Untersuchungen, S. 16, Breusing, Die Irrfahrten des Odysseus, S. 68, und Dörpfeld, Homers Odyssee, S. 258) ist umstritten, zumal die Etymologie des griech. Wortes *okeanos* ungeklärt ist. Vgl. Hofmann, Etym. Wörterbuch d. Griechischen, S. 429. Beide Auffassungen sind mit unserer Lokalisation vereinbar.

158 Für die h. M. vgl. Marg, Gnomon, 42, 1970, S. 227f.: »Die einzige wirkliche Kursangabe steht nur bei der Fahrt von Kalypso zu den Phäaken: den Bär zur Linken, also allgemeine Richtung Osten«. Bradford, Reisen mit Homer, S. 227, nimmt an, Odysseus habe den Großen Bären »backbord voraus«, also nicht in einem Winkel von 90°, sondern von 45° zur Bootsrichtung nehmen sollen, und kommt so zu dem von ihm gewünschten Nordostkurs.

159 W. Widmann – K. Schütte, Welcher Stern ist das?, 18. Aufl., Kosmos, Stuttgart 1968, S. 36f. Die Sternkarten sind von H. und B. Römer. – Die Ansicht Obrégons, Odysseus auf Flügeln, S. 169, der Große Bär sei der einzige auf Ogygia sichtbare Zirkumpolarstern, beruht auf einem Mißverständnis. Von den vier genannten Sternen ist er der einzige Zirkumpolarstern.

160 Dafür, daß Odysseus hauptsächlich nachts segelte, auch Bradford, a.a.O., S. 228. Wie die heute noch vorhandenen Megalithmonumente beweisen, war sowohl die irische Ostküste als auch die englische Westküste von Anglesey bis Cornwall bereits im 2. Jahrtausend v. Chr. besiedelt.

161 T. Heyerdahl, Kon-Tiki, Wien 1949, S. 102, und Logbuch der Ra II., in Expedition Ra, Gütersloh 1970, S. 192, 224, 286, 293; Bradford, a.a.O., S. 229. Die Ansicht von Bartholomäus, Odysseus kam bis Helgoland, S. 64, Odysseus sei mit 4 Knoten gesegelt und habe daher 3200 km zurückgelegt, ist nicht haltbar. Sie beruht auf der unzutreffenden Annahme, Odysseus sei mit einem »Boot mit scharfer Kimm« gesegelt. Homer spricht von *schedia* (5, 163, 174, 178, 251, 264); das bedeutet zwar nicht nur Floß, sondern auch ein leicht gebautes Schiff, aber in nur 4 Tagen konnte Odysseus aus 20 Baumstämmen bestenfalls ein Floß herstellen. Es ist daher mit Recht nahezu einhellige Auffassung, daß Odysseus nur ein Floß benutzt hat.

162 Für die Auffassung, das Phäakenland sei eine Insel: Thukydides, Eustathios, Clüver, Soave, Baglio, v. Schwerin, Kranz, Coudenhove-Kalergi, Bradford, Spanuth, Obrégon, Bartholomäus. – Für Festland: E. Prigge, Homers Odyssee, S. 180, Anm. 7; Hennig, Von versunkenen Ländern, S. 43; Gebr. Wolf, Der Weg des Odysseus, S. 62f.; sie nehmen mit Recht an, daß der Hafen der Phäaken nicht an derselben Küste liegt wie der Landungsort des schiffbrüchigen

Odysseus. – Über die Bedeutung des Wortes *scheria* besteht Streit. H. Schliemann, Ithaka, der Peloponnes und Troja, Leipzig 1869, leitete es von dem phönizischen *schera* = Handel ab. Nach H. Frick, Griechisches Etymologisches Wörterbuch, Heidelberg 1960, I, bedeutet es »ununterbrochene Küste, Festland«. Unsere Lokalisation ist mit beiden Ableitungen vereinbar.

163 Grieben, England und Wales, S. 190. Aus der Stelle Od. 5, 283 läßt sich gegen eine Lokalisation in Cornwall schon deshalb nichts herleiten, weil die Annahme, es handele sich bei den »Solymer Bergen« um ein Gebirge in Kleinasien, nicht belegt ist. – Noch heute erklären die Einwohner von Cornwall stolz, »daß ihr Land von England durch den Tamar getrennt sei«. Nagels Reiseführer, Großbritannien und Irland, S. 324.

164 Vgl. Touristenprospekt der Stadt Penzance. Schon R. Carew, The Survey of Cornwall, London 1602, berichtet S. 156: »Pensans, by interpretation, The saints head, is a market towne«. Die Stelle, an der heute das Market Cross, das steinerne Marktkreuz, ein offensichtlich »christianisierter« Megalithmonolith, steht, kennzeichnet nicht die Lage des alten Cross Market. Dieser lag ehemals weiter nördlich, etwa in Höhe der Einmündung der Well Fields Straße. – Heute wird nur noch der nördliche Teil der Bucht als Hafen benutzt.

165 So der vom städt. Informationsamt von Penzance herausgeg. Führer, S. 32.

166 D. du Maurier, Romantisches Cornwall, Stuttgart–Zürich 1968, S. 155.

167 Grieben, England und Wales, S. 190. Von der subtropischen Pflanzenfülle in den Morrab Gardens bemerkt R. J. W. Hammond, West Cornwall and the Isles of Scilly, 6. Aufl., 1971, S. 53: »Probably no public grounds in England can equal the display, in the open air, of so many subtropical plants.« Das Überraschungsmoment betont der städt. Reiseführer, a.a.O.: »The palms and other tender plants growing and flowering freely in the open air are a constant source of wonder to visitors...«

168 du Maurier, a.a.O., S. 44: »Der in Cornwall vorherrschende feuchte und im Wesen milde Südwestwind...«, Nagels Reiseführer, a.a.O., S. 329. – Die große illustrierte Länderkunde vom Bertelsmann Verlag, 1963, I, Sp. 387.

169 Grieben, a.a.O.; Sölch, Die Landschaften d. brit. Inseln, I, S. 301.

170 du Maurier, a.a.O., S. 168.

171 Über die Streitfrage, welche Inseln die antiken Kassiteriden waren, siehe Anm. 35. – Der überaus prächtige, mit Gold, Silber und Bronze ausgestattete Palast des Alkinoos ist eher im reichen Cornwall als auf dem armen Korfu denkbar.

172 Dafür, daß es sich um einen Fluß handelt, der ins Weltmeer mit seinen Gezeiten mündet, auch Zeller, Auf des Odysseus Spuren, S. 72. Erstmals Pytheas befaßte sich mit dem Phänomen der Flußstauung durch die Gezeiten (vgl. Placidus, Glossae III, 17). Im Gegensatz zu Korfu, wo nur ein Tidenhub von 6 cm (!) feststellbar ist, beträgt der Gezeitenhub in Nordcornwall 7 Meter!

173 du Maurier, a.a.O., S. 53f.; Jennett, Cornwall and the Isles of Scilly. Kulte an Heilquellen dauerten mitunter von der Jungsteinzeit bis in die Jetztzeit, wofür es zahlreiche Beispiele gibt.

174 Jennett, a.a.O. Der Altarstein und einige Mauerbänke sind erhalten geblieben. Die Taufe wurde in die Kirche von Madron verlegt, die ein besonderes Baptisterium hat. Eine eingehende Beschreibung des heutigen Zustandes der Quelle gibt du Maurier, a.a.O.

175 Jennett, a.a.O. Es sei hier an das Quellheiligtum an der Marne erinnert, das einer »Dea Matrona« geweiht war. Siehe Anm. 153.

176 Die englische Ortsbezeichnung ist *holy head,* was dasselbe besagt. Beide Bezeichnungen ergeben allerdings auch die Bedeutung »heiliges Vorgebirge«.

177 Vgl. Piggott, Vorgeschichte Europas, S. 242. Über den Maultierhandel mit Spanien in der Antike vgl. Schulten, Iberische Landeskunde, II, S. 585, unter Hinweis auf Plinius (8, 170) und Lumbroso (expositio totius mundi). – Die Entfernung Morvah–Penzance stimmt auch zeitlich, da der Aufbruch am frühen Nachmittag erfolgte (7, 289) und Odysseus bei Sonnenuntergang im Hain eintraf (6, 321). In dieser Zeit konnte er die 9 km zurücklegen.

178 du Maurier, a.a.O., S. 59.

179 Der 1. Bau dürfte um 2200 v. Chr. errichtet worden sein. Zwischen 1600 und 1300 v. Chr. wurde die Anlage umgebaut. Bei den Umbauten haben Leute der Glockenbecher- und der Wessex-Kultur mitgewirkt. Es ist bis heute nicht völlig geklärt, ob es sich in Stonehenge um eine Kultstätte der Erdmutter, ein Sonnenheiligtum, eine astronomische Warte oder eine besondere Begräbnisstätte handelte. Vgl. R. J. C. Atkinson, Was ist Stonehenge?, Broschüre, Swindon 1974. Für Sonnenheiligtum Kluxen, Geschichte Englands, S. 3; Bibby, Faustkeil u. Bronzeschwert, S. 344.

180 Vgl. Kühn, Wenn Steine reden, S. 104; Bibby, a.a.O., S. 338f.; Sieveking, Wanderung der Megalithen, S. 301, mit z. T. etwas abweichenden Entfernungsangaben. Auch der glimmerhaltige, 5 m lange Altarstein ist ortsfremd. Er stammt aus einem Steinbruch in Milford Haven, 40 km südlich der Prescelly Berge. – Über die soziale Organisation der Erbauer vgl. Piggott, a.a.O., S. 191f. – Bei dem in der Odyssee 7, 87 im Palast des Alkinoos erwähnten blauen Rundgesims (vgl. Weiher, Odyssee, »Blaustein«) könnte es sich ebenfalls um walisischen Dolerit handeln.

181 Bereits Strabo (Geographie IV, 199f.) sagt von den Britanniern: »Die Menschen sind größer als die Kelten und nicht so blond, aber sie sind dicker.« Wie Carew, The Survey of Cornwall, S. 159, aus dem Anfang des 17. Jh. n. Chr. berichtet, fanden Zinngräber im 16. Jahrhundert in einem Grab unweit von Land's End bei dem kleinen Dorf Trevegean, »Stadt des Riesengrabes«, die Knochen eines sehr großen menschlichen Skelettes (»the bones of an excessive bigge carkas«). Wenn sich in den megalithischen Grabkammern nur selten Knochenreste von großgebauten Menschen finden, so darf man nicht vergessen, daß diese Bauten, die im 4. bis 2. Jahrtausend v. Chr. errichtet worden waren, nach Ende der Megalitherherrschaft von den nachfolgenden Völkern viele Generationen lang weiter benutzt worden waren. Dabei dürften sie nicht nur etwaige Grabbeigaben, sondern auch die Skelette ihrer Vorgänger entfernt haben. – Nach dem Sprach-

gebrauch der Odyssee deutet auch die Bezeichnung »götterverwandt« oder »götternah geboren« für die Phäaken (5, 35) auf großen Körperwuchs. Vgl. auch die Bemerkung Poseidons (13, 130), die Phäaken seien ebenfalls Söhne aus seinem Geschlecht, wie die riesenhaften Kyklopen.

182 Übrigens würde, falls die Phäaken Kelten waren, dasselbe gelten, weil alle griechischen und römischen Autoren der Antike die Kelten als große, starke Menschen mit goldblonden Haaren und milchweißer Haut beschreiben. Vgl. Strabo Geographie V, Kap. 28; Moreau, Die Welt der Kelten, S. 9. Wie Schulten, Tartessos, S. 57 Anm. 1, hervorhebt, hielt man im Altertum die Kelten wegen ihrer Größe für Abkömmlinge von Kyklopen und Titanen. – Odysseus hatte, wie damals alle Griechen der Oberschichten, blondes oder hellbraunes Haar (13, 399, 431), allerdings nicht hellblond wie Menelaos (z. B. 4, 147). Entsprechend stellten sich die Griechen ihre Götter mit heller Haarfarbe vor. Als offensichtliche Ausnahme wird das dunkle Haupthaar des Poseidon besonders erwähnt (3, 6; 9, 528, 536). Die Haarfarbe der britannischen Megalither war von einem Mittelblond (siehe Strabo i. d. Anm. 181). Besonders Hellblonde wie der »blonde Rhadamanthys« werden ausdrücklich hervorgehoben (z. B. 4, 564).

183 Das hat nichts damit zu tun, daß man einst die Götter mit Tierköpfen darstellte. Wenn *glaukopis* mit blau- oder helläugig übersetzt wird (z. B. Voß, H. G. Meyer, Schadewaldt), so ist das ebenfalls richtig, weil die Augen der Megalither, ebenso der Achaier, und damit auch die Augen ihrer Gottheiten, vermutlich blau oder jedenfalls hell waren. – Die große Stadtmauer der Phäaken mit ihren hohen Türmen (6, 9, 262), die »wie ein Wunder anzuschauen war« (7, 45), deutet gleichfalls auf ein megalithisches Bauwerk. Auch die Megalithsiedlungen von Los Millares in Spanien und Vila Nova de Sao Pedron in Portugal waren von einer steinernen Mauer mit Türmen umgeben gewesen. Offensichtlich handelt es sich nicht um eine keltische Mauerbefestigung, den *murus gallicus* Cäsars. Die von Homer erwähnte, mit Holzeinlagen verstärkte Mauer gab es in England schon in vorkeltischer Zeit. Piggott, Vorgeschichte Europas, S. 116, 263f.

184 Die Angabe der Odyssee, die Phäaken hätten ursprünglich in der Nähe der Kyklopen gewohnt, seien aber von ihnen vertrieben worden und nach Scheria abgewandert (6, 5f.), könnte für die in der Wissenschaft umstrittene, aber überwiegende Annahme eines Zuges der Megalithwanderungen von Süden aus dem Mittelmeerraum nach Norden sprechen. Die neuesten Datierungen der Grabkammern auf den Orkney-Inseln, die in das 4. Jahrtausend v. Chr. reichen, sind allerdings ein gewichtiges Gegenargument. – Über die Abwendung der Guanchen von der See vgl. Wölfel, Monumenta linguae canariae, S. 143, und Giese, Rätselhafte Guanchen, S. 68, sowie Heß, Die Kultur der Kanarischen Inseln, S. 189. Von einem anderen Megalithvolk, den Sarden, sagt v. Cles-Reden, Die Spur der Zyklopen, S. 162: »Sie haben sich vom Meer zurückgezogen und überlassen seit Menschengedenken nicht nur die Schiffahrt, sondern sogar die Fischerei eingewanderten Genuesen und Neapolitanern.«

185 So H. Menge, Langenscheidts Taschenwörterbuch, Griechisch–Deutsch,

30. Aufl., Berlin 1964, I, S. 476; H. G. Meyer, Homers Odyssee, Berlin 1915, S. 56: Kreuzdornbaum. Für »wilder Ölbaum oder eine Rhamnusart«: Hofmann, Etymol. Wörterbuch d. Griechischen, S. 400.

186 O. Schmeil, Leitfaden der Botanik, 58. Aufl., Leipzig 1914, S. 127.

187 J. Hoops, Geschichte des Ölbaums, Heidelberg 1944, S. 79f.

188 Auf die Problematik weist Marg, Buchbesprechung, Wolf, in Gnomon 42 (1970), S. 228, hin, der mit Recht feststellt, daß der Dichter hier jede Richtungsangabe vermeidet. – Es bedarf nicht der Annahme eines Wunderschiffes. Die Stelle 8, 557 könnte allerdings bedeuten, daß die Phäaken bereits einen Magnetstein als Kompaß besaßen.

189 So zutreffend Gebr. Wolf, Der Weg des Odysseus, S. 217, Anm. 46. Denn Rhadamanthys, der sich von den Phäaken nach Euböa hatte rudern lassen, lebte am Ende der Welt, in Elysions Gefilden, wo es keinen Regen und Schnee gab, sondern kühlenden Westwind (4, 563f.), also auf den Kanarischen Inseln. Aber selbst bei der Annahme, das Land der Phäaken sei Korfu gewesen, hätte die Fahrt nach Euböa nicht an einem Tag hin und zurück durchgeführt werden können.

190 Hennig, Terrae Incognitae, S. 107; Nansen, Nebelheim, I, S. 53; Gebr. Wolf, a.a.O., S. 92; ebenso Obrégon, Odysseus auf Flügeln, S. 155.

191 Vgl. Schulten, Tartessos, S. 79.

192 Diodor, bibliotheke, 5. Buch, Kap. 22. – Die weitere Drohung Poseidons, er werde die Stadt der Phäaken mit großen Bergen umgeben (13, 152f.), konnte offenbar durch ein Stieropfer abgewendet werden (vgl. 13, 182f.). Penzance ist übrigens von einem Ring von Hügeln umgeben.

193 Jennett, Cornwall and the Isles of Scilly: »The most astonishing and beautiful thing at Marazion is the first close view of the Mount...« Es gibt Anzeichen dafür, daß ein in vorgeschichtlicher Zeit untergegangener Wald einen großen Teil der Mount's Bay bedeckte. Noch heute kann man gelegentlich, besonders nach einem schweren Sturm, Überreste von Bäumen auf dem Grund der Bucht sehen. Nagels Reiseführer, a.a.O., S. 333. Bezeichnend ist auch der cornische Name des Eilandes; er lautet »Carek Loys yn Cos«, was soviel wie »weißer Felsen im Wald« bedeutet.

194 Lamer-Kroh, Wörterbuch d. Antike, S. 244: »am ehesten Smyrna.« Ebenso Gottschalk, Lexikon d. Mythologie, S. 35f.

195 R. Payne, Der Triumph der Griechen, Stuttgart 1966, S. 74, weist zutreffend darauf hin, daß Homer auf den Münzen der Insel Ios mit weit geöffneten Augen dargestellt ist, »um anzudeuten, daß er... nicht immer blind war«.

196 Hofmann, Etym. Wörterbuch, S. 232, *omeros* = Geisel, eigentlich Begleiter, »zum Mitgehen Gezwungener«, oder blind = »mit dem Führer gehend«.

197 Lamer-Kroh, a.a.O. Für den Personennamen Homeros auch Luce, Archäologie auf den Spuren Homers, S. 10. Ebenso meint Luce, a.a.O., »blind war er wohl nicht«.

Literatur

Hier sind nur die öfter zitierten Werke aufgeführt; weitere Literaturangaben finden sich in den Anmerkungen.

Bartholomäus, K., Odysseus kam bis Helgoland, in Bild der Wissenschaft, 1977, Heft 1, S. 54f.
Bibby, G., Faustkeil und Bronzeschwert, Berlin 1960
Bradford, E., Reisen mit Homer, 3. Aufl., Bern und München 1965
Breusing, A., Die Irrfahrten des Odysseus, Bremen 1889
Carew, R., The Survey of Cornwall, London 1602
Cary, M./Warmington, E. H., Die Entdeckungen der Antike, Zürich 1966
Childe, V. G., The Prehistory of Scotland, London 1935
v. Cles/Reden, S., Die Spur der Zyklopen, Köln 1960
Dillon, M./Chadwick, N. K., Die Kelten, Zürich 1967
Dörpfeld, W., Homers Odyssee, München 1925
Forbiger, A., Handbuch der alten Geographie, 2. Aufl., Hamburg 1877, 3 Bde.
Handbuch, hrsg. vom Deutschen Hydrographischen Institut Hamburg,
- der Irischen See, 1972
- der Nord- und Westküste Spaniens und der Küste Portugals, 1968
- der Westküste Schottlands, 1961
Mittelmeer-Handbuch, III. Teil, Die Nordküste von Afrika, 1967
Hennig, R., Von rätselhaften Ländern, versunkenen Städten der Geschichte, München 1925
–, Terrae Incognitae, 2. Aufl., Leiden 1944
Herrmann, P., Sieben vorbei und acht verweht, Hamburg 1952
Jennett, S., Cornwall and the Isles of Scilly, 1965
Kinvig, R. H., A History of the Isle of Man, Liverpool 1950
Lautensach, H., Portugal, Gotha 1932
–, Iberische Halbinsel, München 1964
Luce, J. V., Archäologie auf den Spuren Homers, Bergisch Gladbach 1975
Mackenzie, W. C., Scottish Places-Names, London 1931
Maurier, D. du, Romantisches Cornwall, Zürich 1968
Moreau, J., Die Welt der Kelten, Stuttgart 1958
Moscati, S., Die Phönizier, Zürich 1966

Nansen, F., Nebelheim, Leipzig 1911, 2 Bde.
Obrégon, M., Odyssee auf Flügeln, Wiesbaden 1975
O'Dell, A. C./Walton K., The Highlands and Islands of Scotland, London 1962
Piggott, St., Vorgeschichte Europas, Zürich 1972
Radcliffe, W., The Isle of Man, London 1925
Schulten, A., Tartessos, 2. Aufl., Hamburg 1950
–, Iberische Landeskunde, Hamburg 1955, 2 Bde.
Sieveking, G., Wanderung der Megalithen, in Versunkene Kulturen, München 1963, S. 299f.
Sölch, J., Die Landschaften der Britischen Inseln, Wien 1952, 2 Bde.
Spanuth, J., Das enträtselte Atlantis, Stuttgart 1953
–, und doch: Atlantis enträtselt, Stuttgart 1957
Stenning, H., Isle of Man, London 1950
Watson, W. J., The History of the Celtic Place-Names of Scotland, Edinburgh 1926
Wolf, H.H. u. A., Der Weg des Odysseus, Tübingen 1968

Register

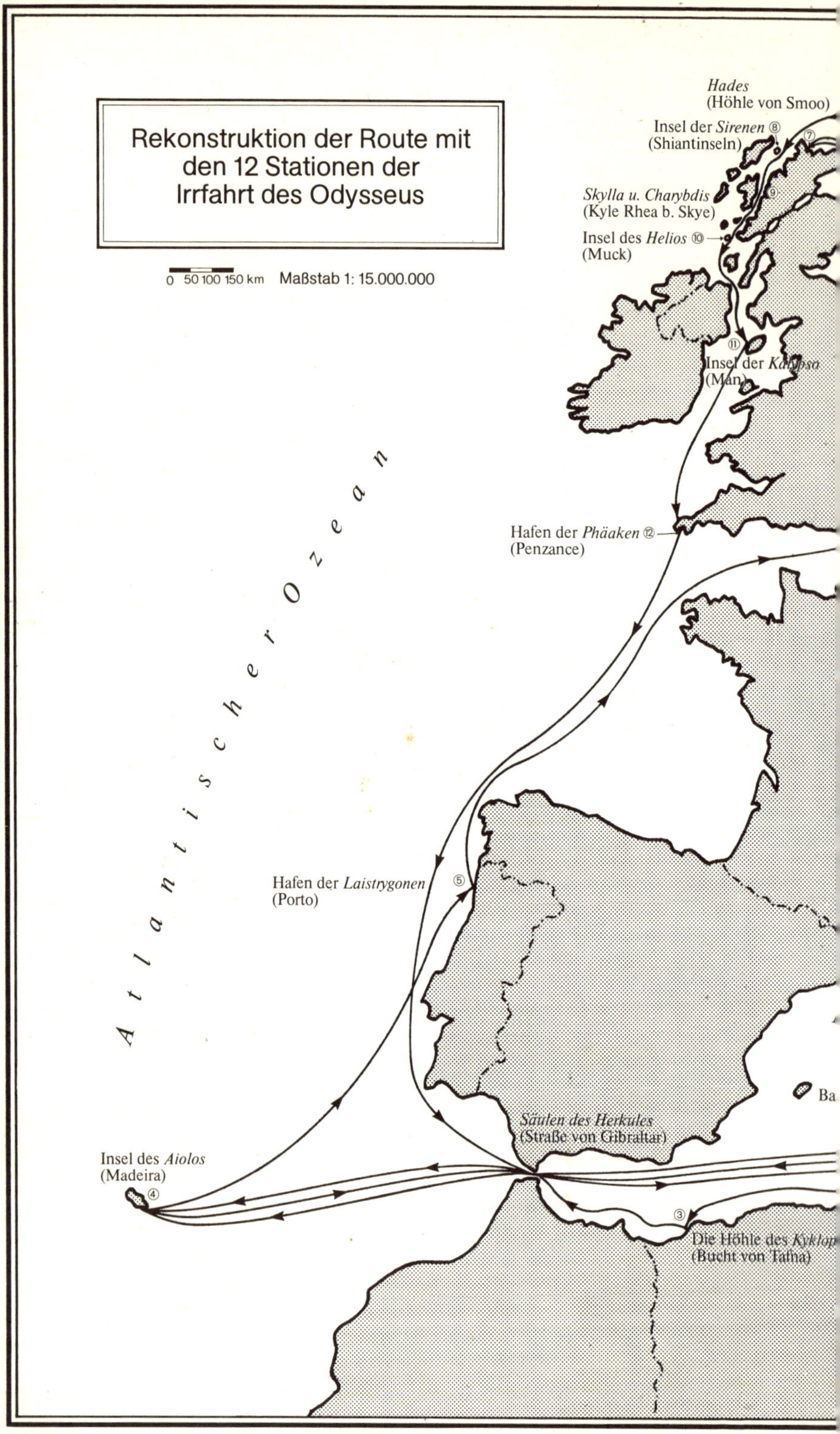

Rekonstruktion der Route mit den 12 Stationen der Irrfahrt des Odysseus
0 50 100 150 km Maßstab 1: 15.000.000
Hades (Höhle von Smoo)
Insel der Sirenen ⑧ (Shiantinseln)
⑦
Skylla u. Charybdis (Kyle Rhea b. Skye)
⑨
Insel des Helios ⑩ (Muck)
⑪ Insel der Kalypso (Man)
Atlantischer Ozean
Hafen der Phäaken ⑫ (Penzance)
Hafen der Laistrygonen ⑤ (Porto)
Säulen des Herkules (Straße von Gibraltar)
Insel des Aiolos (Madeira) ④
③ Die Höhle des Kyklop (Bucht von Tafna)
Ba